행복한 삶을 위한

생각처방전

행복한 삶을 위한

생각처방전

박성희 지음

머리말: 마음 한번 바꾸면 천국이 따로 없다

OECD 국가 가운데 자살률 부동의 1위

OECD 국가 가운데 행복지수 최하위

남부끄러운 일을 굳이 다른 나라와 비교까지 하면서 들먹이는 이유가 있습니다. 사람들이 행복하게 살도록 도움을 주는 상담업에 종사하는 사람으로서 정말 자기 일을 제대로 못하고 있다는 자격지심 때문입니다. 상담자는 늘어나고 상담업은 성황을 이루는데, 사람들의 삶은 여전히 척박한 모양입니다. 상담자로서 부끄럽기도 하고 한편 세상을 향해 조금 더 소리를 크게 내야겠다는 생각이 듭니다.

세상 사람 누구나 좋은 기분으로 행복하게 살기를 원합니다. 그런데도 정말 기분 좋게 상쾌하게 살아가는 사람을 만나기가 쉽지 않습니다. 일부러 기분 나쁘게 살고 싶은 사람은 없을 텐데도 좋지 않은 기분으로 마지못해 살아가는 듯한 사람들이 참 많습니다. 심지어 어떤 사람은 사는 게 너무너무 기분 나쁘고 싫어서 스스로 목숨을 끊기도 합니다.

　기분이 나쁠 때 제 모습을 가만히 들여다보면 기분이 나빠질 수밖에 없는 생각에 푸~욱 빠져 있다는 사실을 깨닫곤 합니다. 좋지 않은 생각을 하고 있으니 기분이 나빠질 수밖에 없는 거죠. 그러니까 괜히 기분이 나빠지는 게 아니라 기분 나쁜 생각을 하기 때문에 기분이 나빠진다는 것입니다. 좋은 기분도 마찬가지입니다. 기분 좋은 생각을 하면 기분이 좋아집니다. 이렇게 생각이 우리 기분과 느낌에 미치는 영향력은 엄청납니다.

　기분을 좌우하는 게 생각이라면 이 생각을 잘 관리하는 일이 행복으로 가는 지름길이라고 말할 수 있습니다. 상담학계에서 옛날부터 '인지상담'이라는 이름으로 생각을 중요하게 다룬 이유가 여기에 있습니다. 하지만 인지상담을 다룬 전문서적들은 너무 어려워서 일반인이 쉽게 다가갈 수가 없습니다. 게다가 개별 이론을 벗어나 메타적인 관점에서 '생각을 잘 관리하고, 생각을 바람직하게 바꾸는 전략'을 체계적으로 탐색한 글은 찾기가 쉽지 않습니다.

　이 글은 일반인과 인간관계를 다루는 전문가 모두를 위하여 쓰였습니다. 인지상담의 정수를 다루면서도 누구나 쉽게 읽으며 재미를 느낄 수 있게 하려고 노력했습니다. 글쓴이의 개인 경험담과 여러 곳에서 발굴한 다양한 사례와 예화들이 글 읽는 재미를 쏠쏠하게 해 줄 것입니다. 특히 세 가지 차원으로 나누어 제시한 74개의 전략은 독자 여러분을 매료시키기에 충분할 것입니다. 책에 빠져 읽다 보면 어떤 생각 때문에 자기가 고통을 당하는지, 좋은 생각을 어떻게 끌어들여야 할지, 생각을 어떻게 바꿔야 할지 등 생각을 이해하고 다루는 방법적 지식을 듬뿍 얻게 될 것입니다. 이 지식을 일상생활에 제대로 적용하기만 하면 여러분의 삶은 기분 좋은 일로 가득 차게 될 것입니다. 얼굴을 맞대고 상담하듯 대화체로 글을 쓴 것도 이 글을 읽는 데 도움이 될 것입니다.

제가 이 책에서 '생각'이라고 뭉뚱그려 표현한 용어는 이른바 인지적 기능을 일컫는 모든 정신 과정을 포괄합니다. 그러니까 '생각'이라는 말 속에 지각, 기억, 상상, 개념, 판단, 추리, 사고, 신념, 결단, 해석, 평가 등이 모두 포함되어 있습니다. 기분, 감정, 느낌, 정서에 대해서도 의미를 명확하게 구분하지 않고 문맥에 어울리는 용어를 섞어 썼습니다. 그러므로 너무 지엽적인 데에 신경쓰지 마시고 큰 흐름에 초점을 두고 읽어 나가시기 바랍니다.

'마음 한번 바꾸면 천국이 따로 없다.'는 말이 있습니다. 그렇습니다. 마음, 또 그 안에서 진행되는 생각이 우리 삶의 모습을 결정합니다. 문제는 마음을 바꾸고 생각을 바꾸는 방법적 지식입니다. 방법적 지식이 없거나 허술하면 생각 바꾸는 일을 제대로 할 수가 없습니다. 이 책에서 소개하는 다양한 방법과 전략을 잘 소화하셔서 부디 좋은 기분으로 행복하게 사시기를 기원합니다. 짧은 시일 안에 OECD 국가 중 우리나라가 자살률 1위, 행복지수 꼴찌라는 오명을 벗어나기를! 그리고 이 책이 그런 변화를 가져오는 데 조금이라도 도움이 되기를! 간절한 마음으로 빌어 봅니다.

2010년

박성희

Contents

머리말: 마음 한번 바꾸면 천국이 따로 없다 • 5

하나, 생각의 힘 • 12

둘, 마음을 괴롭히는 생각의 정체 • 30

'못한다' '안 된다'는 부정적 생각 • 32
절대적·당위적 생각 • 42
침투적 생각 • 56
오류가 개입된 생각 • 65

셋, 좋은 생각 끌어들이기 • 76

'잘한다' '할 수 있다'는 긍정적 생각 • 79
유연성 · 삼투성이 높은 생각 • 86
침투적 생각을 무력화시키는 생각 • 93
인지적 오류가 없는 생각   100
좋은 느낌을 끌어들이는 생각   106

넷, 생각을 바꾸는 전략 • 108

1차원적 방법: 생각을 활성화하는 전략 • 114

육하원칙 따르기/ 기억 재구성하기/ 긍정적 심상 활성화하기/ 감정에 의심 품기/ 합리성에 의심 품기/ 시간 변수 고려하기/ 자신을 우주의 중심으로 삼기/ 신념 굳히기/ 끊임없이 소망하기/ 위인전 읽기/ 유리한 환경 요소 선택하기/ 감정의 거품 걷어 내기/ 자기 탓 덜하기/ 방어기제 활용하기/ 언어의 함성 피해 가기

2차원적 방법: 생각의 틀을 바꾸는 전략 • 159

고통스러운 경험에 대하여 • 159

음미하기/ 환영하며 끌어안기/ 새로운 유형의 관계 시작하기/ 혜택에 눈 돌리기/ 신체 언어의 정체 드러내기/ 상황을 우스꽝스럽게 만들기/ 자신이 주도하는 상황으로 바꾸기/ 자신이 주도하는 우스꽝스런 상황으로 만들기/ 초점 넓히기/ 지켜보기/ 뇌의 작동방식 바꾸기/ 긍정적 목표 찾기/ 결함 드러내기/ 예외 찾기/ 기적 맛보기

관계 갈등에 대하여 • 185

뒤집어 받아들이기/ 잃는 것 부각시키기/ 미끼를 던져 잡아 두기/ 외눈박이 벗어나기/ 맥락 바꾸기/ 전제 바꾸기/ 인물 치켜세우기/ 생산적으로 풀어내기/ 몰아서 풀어내기/ 입장 바꾸기/ 더 베풀어 주기/ 진심으로 이익 챙겨 주기/ 거울처럼 비추기/ 에너지 방향 바꾸기/ 타협점 찾아 순응하기/ 거꾸로 읽기/ 같은 행동 그만두기/ 선의의 태업하기/ 자신을 위해 용서하기

관계 발달에 대하여 • 217

칭찬으로 교정하기/ 대담소실하기/ 진정성으로 마음 먼저 얻기/ 숨어 있는 진심 알아주기/ 동일한 논리를 따라 깊은 속 드러내기/ 동일한 행동으로 피드백하기/ 필요에 맞춰 배려하기/ 자신을 낮추어 상대방

Contents

높여 주기/ 열심히 반응하는 모습 보이기/ 무관심하게 대하기/ 구미가 당기는 실마리 던지기/ 자발적으로 따르게 하기/ 예측을 뛰어넘는 포용하기/ 사람 됨됨이 미루어 판단하기/ 잘하는 쪽에 초점을 맞춰 해결책 찾기

3차원적 방법: 생각을 넘어서는 전략 · 247

증상 되어 보기/ 다른 사람으로 살아 보기/ 우주 중심의 소명 의식 갖기/ 전체인 '나'로 살아가기/ 하고픈 일을 찾아 한계에 도전하기/ 존재의 본질로 치고 들어가기/ 집중하기로 '나'를 넘어서기/ 알아차림으로 '나'를 넘어서기/ 꾸밈없이 자연스럽게 살아가기/ 머무름 없이 마음을 내기

다섯, 생각의 발달에 대한 대담한 가설 · 288

합리성 단계 · 292
통합 단계 · 294
초월 단계 · 297
포월 단계 · 299

생각은 이렇게 자신의 삶을 바꾸기도 하지만
다른 사람의 삶까지 바꾸기도 합니다.

하나,
생각의 힘

하나, 생각의 힘

<mark>옛날 우산장사와</mark> 짚신장사를 하는 두 아들을 둔 어머니가 있었습니다. 이 어머니는 맑은 날에는 우산장사를 하는 아들을 걱정하고, 비 오는 날에는 짚신장사를 하는 아들을 걱정하느라 하루도 편안하게 살 수가 없었습니다. 맑은 날에는 우산이 팔리지 않고 비 오는 날에는 짚신이 팔리지 않으니까요.

이 이야기는 우리가 잘 아는 이야기입니다. 이 어머니의 생각이 장사가 제대로 되지 않는 아들에게 가 있으면 정말 하루도 편안할 날이 없을 겁니다. 그 아들을 걱정하느라 마음이 우울해져 있을 게 뻔하기 때문입니다. 거꾸로, 이 어머니의 생각이 장사가 제대로 잘 되는 아들에게 가 있으면 어떻게 될까요? 아마 이 어머니는 매일 편안하고 즐거운 나날을 보낼 수 있을 겁니다. 돈을 잘 버는 아들 생각에 기분이 좋을 테니까요.

똑같은 상황에 처해서도 사람들은 서로 다른 기분을 느낄 때가 많습니다. 그런데 가만히 살펴보면 그 중간에 생각이 작용하고 있음을 알아챌 수 있습니다. 그러니까 '상황'과 '기분' 사이에 생각이라는 놈이 자리를 잡고서 어떤 기분을 느낄지 결정해 버린다는 겁니다. 장사하는 두 아들을 놓고 어머니가 생각을 어느 쪽에 두느냐, 다시 말해 장사가 안 되는 쪽에 두느냐 아니면 장사가 잘 되는 쪽에 두느냐에 따라 기분이 전혀 달라진다는 말입니다.

의식을 하지 않아서 그렇지, 생각이 기분을 좌우하고 그래서 행동을 달리하게 되는 경험을 우리는 매일 밥 먹듯 하고 있습니다. 제 얘기를 해 볼까요. 오늘 몇 시간의 차이를 두고 논문 지도를 해 주어야 할 대학 4학년생 두 명에게 이메일을 받았습니다. 논문 내용을 살펴보니 두 학생 모두 원래 있는 자료들을 짜깁기해 놓은 게 분명합니다. 처음 학생의 메일을 받았을 때는 표절 중심의 짜깁기 논문이라는 게 언짢아서 일방적으로 야단치는 답신을 했습니다. 몇 시간 후에 받은 두 번째 학생의 메일 역시 표절 중심의 짜깁기 논문이었지만 제 반응은 훨씬 부드러웠습니다. 두 학생에 대한 편견이 있었냐고요? 아닙니다. 첫 번째 학생의 메일을 받았을 때는 지금이 임용고시 기간 요즘 임용고시는 3차에 걸쳐 실시됩니다 이라는 생각이 전혀 떠오르지 않았습니다. 오로지 학생으로서 불성실하다는 생각이 전부였습니다. 두 번째 학생의 메일을 받았을 때는 불성실하게 논문을 작성했다는 생각과 아울러 임용고시 기간이라 무척 바쁘고 힘들겠다는 생각이 함께 들었습니다. 결국 두 학생에 대한 나의 반응은 이메일을 받은 순간 나에게 어떤 생각이 들었느냐에 따라 결정된 셈입니다.

생각은 이렇게 어느 순간 우리의 감정과 행동을 결정하는 힘을 가지고 있습니다. 어디 그뿐입니까? 생각은 우리 삶의 기본 방향을 좌우하기도 합니다. 어떤 생각을 품느냐에 따라 인생의 목표가 달라지고 세상을 살아가는 방식도 달라지기 때문입니다. 백범 김구 선생의 일생을 살펴보면서 정말 그런지 확인해 볼까요?

백범 김구 선생은 조선시대 반역죄인 김자점의 후손이었습니다. 그리하여 백범의 선조들은 김자점의 집안임을 숨기고 멸문지화를 면하기 위하여 일부러 상놈이 되어 서울에서 멀리 떨어진 궁벽한 곳에 자리를 잡고 살았습니다. 그곳에서 백범은 고달프고 힘든 유년기를 보냅니다. 먹을 것, 입을 것이 넉넉하지 못했음은 물론이요, 천연두를 비롯한 각종 질병에 시달렸습니다. 하지만 어린 백범에게는 이런 육체적 고통보다 상놈이기 때문에 양반에게서 받아야 했던 멸시와 천대가 더 고통스러웠습니다. 이렇게 자라던 백범의 일생에 중대한 전환이 일어납니다. 백범의 글을 직접 인용해 봅니다.

하루는 집안 어른들이 지난 이야기를 하는 중에 크게 격동을 받았다. 몇 해 전 문중에 새로 혼인한 집이 있는데, 그 집 할아버지가 서울을 갔던 길에 말꼬리로 만든 갓 하나를 사다가 감추어 두었다. 그 뒤 사돈을 보려고 밤중에 그 관을 쓰고 갔다가 이웃 동네 양반에게 발각되어 관을 찢기고 나서는 다시는 관을 못 쓴다고 했다. 나는 힘써 물었다.

"그 사람들은 어찌하여 양반이 되었고, 우리 집은 어찌하여 상놈이 되었습니까?"

"침산에 사는 강씨도 그 선조는 우리 선조만 못하였으나 한 집안에 진사가 3인씩 생존하지 않았느냐. 오담의 이 진사 집도 그렇다."

나는 또 물었다.

"진사는 어찌하면 되는 건가요?"

"진사급제는 학문을 공부하여 큰 선비가 되면 과거를 보아서 되는 것이다."

이 말을 들은 후부터 공부할 마음이 간절하였다.

백범이 열두 살 때의 일입니다. 백범은 이때부터 서당에 다니며 글공부에 매달렸습니다. 상놈 신세를 벗어날 길은 글공부에 달렸다고 생각한 까닭입니다. 하지만 과거시험을 치르며 목격했던 관리들의 부패상을 보고 백범은 과거시험에 건 희망을 미련 없이 털어 버렸지요.

그리고 나서 접한 것이 관상학인데, 백범은 이 공부를 하며 두 번째 중대한 결단을 합니다. 석 달 동안이나 문밖에도 나가지 않고 관상 서적을 파고들며 자신의 관상을 관찰하였는데 아무리 자세히 보아도 부귀를 얻고 높은 인물이 될 상이라는 단서가 한 군데도 없을 뿐 아니라 얼굴과 온몸이 천하고 가난한 흉상으로 그득한 것이었습니다. 비관에 빠졌던 백범은 책 한구석에서 "얼굴 좋은 것이 몸 좋은 것만 못하고 몸 좋은 것이 마음 좋은 것만 못하다."라는 글귀를 만나면서 생각을 바꿉니다. 관상이 좋은 사람보다 마음이 좋은 사람, 즉 호심인好心人이 되자고 결심한 것입니다. 종전에 공부를 잘하여 과거를 보고 벼슬을 하여 천함을 떨치겠다는 생각은 순전히 허영이요 망상이며, 호심인이 취할 바가 아니라고 생각하면서 백범은 평생을 호심인으로 굳은 결심을 한 것입니다.

백범의 삶에서 찾을 수 있는 세 번째 커다란 결단은 그가 서른 아홉 살에 신민회 사건으로 감옥에 갇혔을 때 일어납니다. 단순히 마음이 좋은 사람에 머물 것이 아니라 생명을 바쳐 헌신할 무엇인가를 찾은 것입니다. 그는 이 결단을 다음과 같이 말하였습니다.

결심의 표로 이름을 구九라 하고 호를 백범白凡이라 고쳐 가지고 동지들에게 선포하였다. 구龜를 구九로 고침은 왜놈이 관리하는 백성들의 호적에서 떨어져 나감이요, 연하라는 호를 백범으로 고침은 감옥에서 다년간 연구한 바 우리나라 하등사회, 곧 백정白丁, 범부凡夫들이라도 애국심이 지금의 나의 정도는 되어야 완정한 독립국민이 되겠다는 원망을 가지는 것이다. 감옥에 갇혀서 뜰을 쓸 때나 유리창을 닦을 때는 이런 생각을 하며 상제께 기도하였다. 우리도 어느 때 독립정부를 건설하거든 나는 그 집의 뜰도 쓸고 창호도 잘 닦는 일을 하여 보고 죽게 하여 달라고……

이렇게 생각을 바꾼 백범 선생이 얼마나 철저하게 독립운동에 몰입하는 삶을 살았는지 우리 모두가 잘 알고 있습니다. 백범이 내린 세 번의 커다란 결단^{생각}은 백범이 살아가야 할 이유와 방법을 한꺼번에 결정해 버린 것입니다.

생각이 우리 감정과 삶의 방향을 결정하는 엄청난 힘을 가지고 있다는 주장에 대해 아직 뭘 잘 모른다고 혀를 찰 분들도 있을 겁니다. 모든 것의 원인을 생각에 두는 분들이 바로 그렇습니다. 이들은 만물의 근원이요, 창조의 밑바탕을 생각이라고 주장합니다. 인류가 지금까지 발명하고 창조한 모든 것이 생각 하나에서 비롯되었다는 것입니다. 그리하여 온 우주는 본질적으로 생각에서 비롯되었고, 우주를 가득 채운 모든 존재와 물질은 생각이 형태로 변화한 것에 불과하다고 봅니다. 어디 그뿐인가요? 심지어 우리를 힘들게 하는 질병까지도 사실은 좋지 않은 생각이 원인이랍니다. 혹시 지금 몸이 아프십니까? 그렇다면 그것은 아마도 당신이 좋지 않은 생각을 많이 한 탓이라고 합니다.

'의식혁명'이니 '끌어당김의 법칙'이니 하는 새로운 용어를 퍼뜨리면서 베스트셀러 자리를 굳힌 책들은 바로 이런 내용을 다루고 있습니다. 이들 주장의 배후에는 양자물리학, 양자생물학, 양자의학, 양자심리학 등 '양자적 특성'을 중심으로 대상 세계를 설명하려는 새로운 패러다임이 있으니 온통 허황된 것이라고 내칠 수만은 없습니다.

하나, 생각의 힘

생각이 생각을 끌어들이고, 결국 무엇인가를 만들고 이루게 하는 것은 분명해 보입니다. 에디슨은 701번째 실험에 성공하여 백열전구를 발명했다고 합니다만, 이 701번째 성공에 이르기까지 에디슨은 얼마나 생각에 생각을 거듭했을까요. 일상생활에서도 마찬가집니다. 처음에는 "그래~~ 당신은 효자니까~~."라는 아내의 비아냥거림이 대수롭지 않았는데 생각에 생각을 거듭할수록 아내가 괘씸하고 화가 치밀어 올라서 견디기가 힘듭니다. 결국 아내에게 시비를 붙여서 싸움판이 크게 벌어지게 되었죠. 좋은 쪽이든 나쁜 쪽이든 거듭 반복되는 생각이 무엇인가 결과를 이끌어 내는 것만은 틀림없습니다.

저는 이 원리를 대학원생의 논문 지도를 할 때 잘 써먹습니다. 논문을 쓰려면 우선 논문 주제를 정해야 하는데, 이때 저는 학생의 관심사를 물어 가며 아주 친절하게 도움을 줍니다. 하지만 일단 논문 주제가 확정되면 그때부터 저는 거의 모든 것을 학생 손에 맡겨 둡니다. 관련 자료를 읽고 생각을 깊이 하다 보면 길이 보일 거라고 말하면서요. 대부분의 학생은 이 단계에서 막막하다고 호소를 해 옵니다. 마치 캄캄한 밤길처럼 아무것도 보이지 않는다고요. 그러나 시간이 흐르면서 안개가 걷히듯 조금씩 앞길이 내다보이고 학생들은 서서히 길을 찾아가기 시작합니다. 그리하여 드디어 한 편의 논문을 써냅니다. 거듭되는 집요한 생각이 결국 논문을 완성하게 만들어 준 것입니다. 1년 남짓의 시간 동안 새로운 내용을 담은 석사논문이 탄생하는 것을 보면서 저는 매번 사람의 생각하는 힘에 감탄하곤 합니다.

그런데 나에게서 비롯된 생각이 나에게만 머물지 않고 주변 사람의 반응에 영향을 끼치는 경우도 종종 발견됩니다. 내가 좋게 생각하는 사람은 어느새 나를 좋아하는 행동을 하는 반면, 내가 좋지 않게 생각하는 사람은 어느새 나를 싫어하는 반응을 보입니다. 특별히 주고받은 것이 없는데도 좋아하고 싫어하는 마음은 이미 서로의 생각 속에서 자리를 잡아 갑니다. 마치 서로를 좋아하고 싫어할 때 작용하는 주파수가 따로 있는 듯합니다.

지난 학기에 저는 '생활지도와 상담'이라는 과목을 두 개 학과에서 가르친 적이 있습니다. 똑같은 사람이 똑같은 과목을 똑같은 방법으로 가르치는데도 이렇게 반응이 다를 수도 있다는 점을 실감했는데요, 더 놀라운 것은 학생들의 수업 태도에 따라 저 역시 상당히 다른 반응을 한다는 사실이었습니다. 처음 학기가 시작될 때 A과의 학생들은 조는 아이 하나 없이 저를 주시하며 상당히 진지하게 수업에 임했습니다. 제 입에서 떨어지는 말이 무슨 금과옥조나 되는 것처럼 소중하게 여기는 듯했고, 이런저런 질문으로 수업에 활기를 더해 갔습니다. '아, 이 놈들이 내 수업이 소중한 줄 아는구나.' 이렇게 생각한 나는 그야말로 있는 지식, 없는 지식을 다 동원해서 열정적으로 강의를 했습니다. 수업이 끝나면 목이 뻑뻑해서 소리가 안 나올 정도였으니까요. 그런데 같은 날 수업을 한 B과의 학생들은 달랐습니다. 첫날부터 주의가 산만하고 조는 아이도 여럿 보였습니다. 학생들을 집중시키려고 나름대로 여러 방법을 써 봤지만 제대로 먹히지 않았지요. 그렇게 하기를 몇 번, 속으로 B과 학생들에 대한 나의 생각이 달라지기 시작했습니다. '에이 뭐, 저놈들이 원하지 않는데 억지로 할 게 뭐 있어. 대충하자.' 이렇다 보니 B과 수업은 전혀 신이 나지 않았고 수업을 하는 저조차도 지루하게 느낄 때가 많았습니다. 열정이요? 열정은커녕 시간 때우느라 바빴지요. 학생이 교수를 좋아하면 교수도 학생을 좋아하게 되고, 학생이 교수를 대수롭지 않게 생각하면 교수도 학생을 대수롭지 않게 생각하나 봅니다. 그런데 이런 경우 손해는 누가 보았을까요? 접니까, 아니면 학생들입니까?

생각은 이렇게 개인 자신의 삶을 바꾸기도 하지만 다른 사람과의 관계는 물론이요, 심지어는 다른 사람의 삶까지 바꾸기도 합니다. 사람들이 꾸려 가는 삶의 모습을 '생각'에서 찾으려는 노력이 타당성을 갖는 이유가 여기에 있습니다.

혹시 여러분은 지금까지 말한 생각 지상주의에 불을 당긴 사람이 누군지 아십니까? 바로 석가모니 부처입니다. 그는 "현재 우리의 모습은 우리가 했던 생각의 결과"라고 단언했습니다. 지금 현재 나의 모습은 태어나서 지금까지 내가 해 온 크고 작은 모든 생각의 종합판이라는 것이지요. 아니, 인연법에서 본다면 태어나기 훨씬 이전인 전생부터 해 온 모든 생각의 총체라는 편이 맞겠네요. 그리고 보니 '인연'을 쉬운 우리말로 풀어쓰면 '끌어당겨 이어짐'이네요.

2500여 년 전의 석가모니와 최첨단을 걷는 현대 과학이 '생각'에 대해 똑같은 사고를 한다는 사실이 재미있기도 하고 경이롭기도 합니다. 그렇습니다. 인류는 아주 오래전부터 생각에 대해 생각해 왔는데 지금도 여전히 생각에 대해 생각하고 있습니다. 인류에게 생각은 아주 오래된, 그러나 여전히 새로운 주제인 것이 분명합니다.

지금까지는 상당히 긍정적인 측면에서 생각의 중요성을 말했습니다만, 생각 자체는 가치 차원에서 중립적이라고 말할 수 있습니다. 다시 말해, 생각은 좋은 일, 나쁜 일 가리지 않고 똑같이 작용합니다. 좋은 일을 많이 생각하면 좋은 결과가 나오는 것처럼 나쁜 일을 많이 생각하면 나쁜 결과가 나온다는 말입니다. '자성예언'을 예로 들어 설명할 수 있겠네요. 자성예언이란 '기대를 하면 그와 같은 결과가 일어난다.'는 뜻으로 흔히 피그말리온 효과라고도 부릅니다. 그리스 신화에 나오는 조각가 피그말리온은 자기가 조각한 아름다운 여인상을 진심으로 사랑하게 되는데, 이에 감동한 여신 아프로디테가 이 여인상에 생명을 주어 피그말리온의 사랑이 이루어지게 하였다는 이야기에서 나온 용어입니다. 피그말리온의 경우 자성예언이 좋은 방향으로 작용했지만, 이 자성예언은 나쁜 방향으로 작용할 수도 있습니다.

다들 알고 있을 온달장군에 대한 이야기를 볼까요? 당시 임금이던 평원왕은 어린 평강공주가 울기를 잘해서 놀리는 말로 늘 "네가 울기를 잘하니 바보 온달에게나 시집보내겠다."고 말하곤 했습니다. 공주의 나이가 열여섯 살이 되어 왕이 공주를 귀족에게 시집보내려 하자 공주는 '임금은 해 놓은 말을 어길 수 없다.'고 궁궐을 나와 온달을 찾아가 부부가 되었습니다. 공주를 놀리기 위해 장난삼아 반복한 평원왕의 자성예언이 정확하게 들어맞은 셈입니다. 또 기록에 보면 온달은 얼굴이 우습게 생겼다는 점 말고는 남다르게 모자라는 점이 없었습니다. 그럼에도 온달이 살던 마을 사람들은 온달에게 '바보'라는 별칭을 달아 주었고, 결국 멀쩡한 온달을 바보로 만들었습니다. 나중에 평강공주가 나타나서 '당신은 장군이 될 수 있다.'는 긍정적 자성예언을 하지 않았다면 온달은 평생 바보로 살았을 것입니다.

자성예언을 예로 들었지만, 이렇게 생각은 좋은 쪽 나쁜 쪽, 긍정적인 쪽 부정적인 쪽 가리지 않고 어느 것이든 실현시킬 수 있는 힘을 지니고 있습니다.

생각 에너지는 엄청난 힘을 가지고 있지만 생각에 담기는 내용에 따라 전혀 다른 결과를 가져올 수 있다는 사실은 생각을 잘 관리할 필요가 있음을 말해 줍니다. 생각을 하되 제대로 잘해서 우리의 삶에 유익하게 활용할 수 있어야 한다는 말입니다.

생각을 들여다보면 참 이상한 현상을 발견하게 됩니다. 나의 생각이 분명한데도 내가 원하는 대로 이것을 조절하는 게 그리 쉽지 않다는 점입니다. 단 1분 동안도 한 가지 생각에 집중하지 못할 때가 있는가 하면, 전혀 떠올리고 싶지 않은 생각이 자꾸 떠올라서 몹시 괴로울 때도 있습니다. 꽉 잡으려고 하면 도망가고 도망가려고 하면 꽉 잡고 늘어지는 변덕쟁이처럼 묘한 속성이 생각에 있나 봅니다. 분명 자신에게 속하는 것임에도 불구하고 자신의 뜻과 마음대로 움직이지 않을 때가 있으니 참 야속할 때도 많습니다. 한창 입시공부에 매달리던 고등학교 시절 짝사랑을 하던 소녀 생각에 애태우던 추억이 지금도 눈앞에 아련합

생각은 좋은 쪽 나쁜 쪽, 긍정적인 쪽 부정적인 쪽 가리지 않고
어느 것이든 실현시킬 수 있는 힘을 지니고 있습니다.

니다. 공부는 해야겠는데 그 소녀 얼굴이 자꾸 떠올라 몹시 괴로웠지요. 그 당시 유행하던 대중가요 속 "생각을 말자, 다짐해 봐도 그대 아련히 떠올라 오네~~눈을 감으면 그대의 고운 미소가 눈을 뜨면 그대의 정든 얼굴이……."이라는 노래 구절은 정말 깊은 공감을 불러일으켰습니다. 생각을 하지 말자고 고개를 흔들고 아무리 다짐을 해도 그 소녀의 생각을 지우기가 정말 어려웠습니다. 저는 그때 어렴풋이나마 "아! 내 생각인데 내가 어쩌지 못할 수도 있구나." 하는 사실을 눈치챘습니다.

생각을 떨쳐내는 일만큼이나 생각을 꽉 잡고 있는 일도 그다지 쉽지 않습니다. 지금 저는 글을 쓰고 있는데요, 한 가지 주제를 정해 놓고 글을 쓰는 이 순간에도 생각은 수시로 이곳저곳을 넘나들며 바람을 쐬고 다닙니다. 어디 저만 그렇겠습니까. 제 말이 의심스러우면 지금 눈을 감고 딱 1분 동안만 한 가지 주제에 집중해 보세요. 생각을 집중할 주제를 '어머니'로 정하고 1분 동안은 오로지 어머니만 생각해 보세요. 자, 시작입니다.

　　……

그만! 지금 1분 동안 생각이 전혀 다른 곳으로 튀지 않고 온전히 어머니에게 집중되었습니까? 혹시 주변에서 들리는 다른 소리, 냄새, 촉감에 주의가 흐트러지지는 않았나요? 어머니와 이어진 다른 생각이 떠오르지는 않았습니까? 만일 정말로 1분 동안 전혀 흐트러짐 없이 어머니에게만 생각을 집중할 수 있었다면 당신은 상당한 경지에 도달한 도인과 다름없습니다. 그런 분은 이 책을 더 읽지 않으셔도 되겠네요.

생각잡기가 얼마나 어려우면 적개심에 불타 원수에게 복수하려는 사람까지도 그 생각을 잊지 않기 위해서 특별한 방법을 사용했을까요. 바로 '와신상담(臥薪嘗膽)' 이라는 고사에 얽힌 이야기입니다.

기원전 496년, 오나라의 왕 합려는 월나라로 쳐들어갔다가 월나라 왕 구천에게 패했습니다. 이 전투에서 합려는 화살에 맞아 심각한 중상을 입었습니다. 병상에 누운 합려는 죽기 전에 아들 부차에게 원수를 갚아 달라는 유언을 남겼습니다. 부차는 가시가 솟은 장작 위에 자리를 펴고 자며, 방 앞에 사람을 세워 두고 출입할 때마다 "부차야, 아비의 원수를 잊었느냐!" 하고 외치게 하였습니다. 부차는 매일 밤 눈물을 흘리며 아버지의 원한을 되새겼습니다. 이 소식을 들은 월왕 구천은 먼저 오나라에 쳐들어

하나, 생각의 힘　27

갔으나 크게 패했습니다. 포로가 된 구천과 신하 범려는 3년 동안 부차의 노예가 되어 온갖 고통과 모욕을 겪었고 구천의 아내는 부차의 첩이 되었습니다. 그리고 월나라는 영원히 오나라의 속국이 될 것을 맹세하고 겨우 목숨만 건져 귀국하였습니다.

고국으로 돌아온 구천은 잠자리 옆에 항상 쓸개를 매달아 놓고 앉거나 눕거나 늘 이 쓸개를 핥아 쓴맛을 되씹으며 "너는 부차에게 당한 치욕을 잊었느냐!" 하며 자신을 채찍질하였습니다. 20년 후 오나라 부차가 중원을 차지하기 위해 북벌에 신경을 쏟는 사이 구천은 오나라를 정복하고 부차를 생포하여 자살을 하게 했습니다. 와신상담은 가시가 솟은 장작 위에 눕는다는 부차의 와신과 쓸개를 핥아 쓴맛을 되씹는다는 구천의 상담이 합쳐서 이루어진 말입니다.

사실 와신상담까지 갈 것도 없습니다. 일상생활에서 우리도 생각을 붙잡아 두기 위해서 여러 가지 전략을 사용합니다. 대입준비를 하는 우리 아들 책상에는 'ㅇㅇ대학교 경영학과 ㅇㅇ학번 박유석'이라고 쓴 문구가 붙어 있습니다. 그 문구를 볼 때마다 생각을 새롭게 하고 마음을 다지려고 한 것이겠지요. 유치하지만 저는 고등학교 때 책상머리에 '죽으면 썩을 몸, 아껴서 무엇하리' 이렇게 써 놓은 기억이 있습니다. 아마 '정신일도 하사불성'이라는 문구는 아주 많은 사람이 애용하는 글귀일 겁니다.

어쨌거나 생각을 떨쳐내는 일이나 붙잡는 일이나 모두 쉽지가 않습니다. 평소에는 잘 모르다가도 인생에 중대한 영향을 미치는 사건이 생기거나 피할 수 없는 위기 상황에 부닥치면 이 점을 절절히 느낍니다. 이럴 때 생각을 내 뜻대로 잘 관리할 수 있다면 얼마나 좋겠습니까?

이 책에서는 생각을 관리하는 방법을 소개하려고 합니다. 특히 아픔과 갈등을 해소하고 마음의 평화를 얻기 위해 생각을 어떻게 다루고 가꾸어야 할지에 대해 집중적으로 다루려고 합니다. 생각이 중요하다는 사실을 아는 것만으로 충분하지 않습니다. 정말로 필요할 때 적절한 생각을 하고 좋은 생각으로 바꿀 수 있어야 진정으로 생각이 가진 힘을 풍요롭게 누릴 수 있습니다. 흔히 긍정적 사고를 하고 낙천적으로 살라고 말합니다만, 실제 상황에 부딪혀 어떻게 생각하는 것이 긍정적인 사고를 하고 낙천적으로 사는 것인지 잘 모르면 이 말은 헛된 구호에 그칠 가능성이 높습니다. 얼마나 성공할지 모르겠지만 이제부터 마음의 평화를 얻고 밝고 건강하게 살기 위해 '생각 잘하는 법'을 찾아 여행을 떠나 봅시다.

최소한 한 가지 영역 이상에서 유능함을 보이거나
훌륭한 업적을 쌓아야 한다는 생각은
마음을 불편하게 하는 생각입니다.

둘,

마음을 괴롭히는
생각의 정체

둘, 마음을 괴롭히는 생각의 정체

생각 잘하는 법을 배우기 전에 우리 마음을 괴롭히는 생각들이 어떤 놈들인지 그 정체를 먼저 밝혀 볼 필요가 있습니다. 이놈들의 정체를 잘 알아야 이들의 농간에 빠져 헤매지 않을 테니까요.

 '못한다' '안 된다'는 부정적 생각

'못한다' '안 된다'는 생각은 크게 두 가지 영역으로 나누어 볼 수 있습니다. 하나는 자신이 수행하는 일과 관련된 영역이고, 다른 하나는 자아 개념과 관련된 영역입니다. 먼저, 일과 관련된 영역을 살펴봅시다.

내가 수행하는 일의 성공 여부는 여러 가지 요소에 달려 있습니다. 그렇지만 그 일을 해 가면서 내가 무엇을 기대하는가 하는 문제가 아주 중요합니다. '이거 잘 안 될 거 같은데…….'라는 의심을 품고 일을 대하면 아무래도 그 일을 성공적으로 마무리하기가 쉽지 않습니다. 오늘 다른 사람들 앞에서 발표를 해야 하는

내가 수행하는 일의 성공 여부는 여러 가지 요소에 달려 있습니다. 그렇지만 그 일을 해 가면서 내가 무엇을 기대하는가 하는 문제가 아주 중요합니다.

사람이 계속 '어휴, 이따가 발표할 때 사람들 앞에서 실수할 것 같아. 제발 그러면 안 되는데······.' 라는 생각을 하고 있다면 발표를 제대로 잘 할 수 있을까요? 아마 이런 생각 자체가 발표할 때 실수할 확률을 높이게 될 겁니다. 생각의 주파수를 '실수' 하는 데 맞추고 있으니 에너지가 '실수' 하는 쪽으로 쏠리고 결국 발표할 때 실수를 할 수밖에 없는 거지요.

새해가 되면 금연과 금주를 결심하는 사람들이 많지만, 실제로 금연이나 금주에 성공하는 사람들의 비율은 그리 높지 않습니다. 왜일까요? 물론 여기에도 여러 가지 사정이 있겠습니다만, 금연이나 금주를 결심하면서도 마음 한편에 자신이 그것을 해내지 못할 거라는 생각이 자리 잡고 있을 가능성이 높습니다. 이런 상태에서 신경을 쓰게 하는 큰일이 생기면 "얼씨구나, 때가 왔구나." 하고 이를 핑계 삼아 담배나 술을 찾게 됩니다. 그러니까 "나는 금연할 거야." 하고 시작하는 시점부터 동시에 "나는 금연에 성공하지 못할 거야."라는 부정적인 자성예언을 하고 있는 셈입니다.

제가 잘 아는 노처녀가 있습니다. 나이가 많이 든 이 처자는 무척 시집을 가고 싶어 합니다. 그래서 제 주변 사람들은 물론이요 다리 건너 아는 사람들에게도 부탁을 해서 중매를 여러 번 서 봤습니다. 그런데 지금까지 한결같이 결론은 'No' 라며 퇴짜를 놓고 있습니다. 따로 만나서 이야기를 해 보면 나름대로 여러 가지 이유가 있습니다. A 총각은 키가 너무 작아서 안 되고, B 총각은 성격이 너무 꼼꼼해서 안 되고, C 총각은 부모 배경이 시원찮아서 안 되고, D 총각은 윤리의식이 부족해서 안 되고, E 총각은 느낌이 안 생겨서 안 되고……. 열심히 중매를 서다가 한 걸음 물러서서 곰곰이 생각해 본 후 '이 처자는 아직 시집갈 생각이 없다.'는 결론을 내렸습니다. 나이도 이미 마흔에 가까운 사람이 정말 시집을 가고 싶다면 웬만한 단점은 눈을 질끈 감아야 하는데 요모조모 꼬치꼬치 따지며 퇴짜를 놓는 행동은 아직 시집을 가지 않겠다는 것 아니겠습니까? 만일 프로이트가 이 처자를 만나면,

> 당신은 지금까지 만난 모든 총각에게 퇴짜를 놓았는데, 그런 행동을 반동형성이라고 합니다. 그러니까 그쪽에서 퇴짜를 놓을까 봐 당신이 먼저 퇴짜를 놓는 거지요. 그리고 당신이 그렇게 행동하는 진짜 이유는 그들 총각에게 문제가 있어서가 아니라 당신이 결혼에 자신이 없어서 그런 게 틀림없습니다.

라고 말해 주었을 것입니다. 그러니까 "나는 결혼을 못할 거야." 또는 "나는 제대로 된 결혼생활을 할 수 없어."라는 생각이 마음속 밑바닥에 깔려 있어서 그렇게 행동한다는 것입니다. 여러분 생각은 어떻습니까?

전에 했던 좋지 않은 경험이 우리 마음을 위축시켜 '못한다' '안 된다'는 생각을 발동시키는 경우도 흔합니다. 자전거를 처음 타다가 심하게 넘어져 다친 경험이 있는 사람이 그다음부터

아예 자전거 타기를 피한다면 바로 이런 경우입니다. 다행히 자전거는 타기 싫으면 안 타면 그만입니다. 하지만 피하고 싶은데도 어쩔 수 없이 맞닥뜨려야 하는 상황이 되풀이되면 신경을 안 쓸 수가 없습니다. 국어시간에 학생들 앞에서 글을 읽다가 우연히 더듬거린 적이 있는데 이때 아이들과 선생님이 웃는 것을 보고 심하게 상처를 받은 아이가 있다고 합시다. 이 아이는 국어시간만 되면 지명당해서 책을 읽다가 또 웃음거리가 되지 않을까 불안에 떨며 지냅니다. 그러던 어느 날 다시 지명을 당해 책을 읽게 되었습니다. 이번에는 절대로 더듬거리지 말아야지 다짐을 하며 책을 읽어 가는데 아뿔사! 또다시 더듬거리는 실수를 저지릅니다. 이런 식으로 상황이 되풀이되면 어떻게 될까요? 아이의 불안은 점점 더 심해질 것이고 읽기에 대한 자신감은 점점 더 없어질 것입니다. 그리하여 아이는 어떤 짓을 해서라도 사람들 앞에서 '읽기'를 해야 하는 상황을 피하려고 할 것입니다.

    심리학자들은 실제 불안보다 아직 사태가 닥치지도 않았는데 미리부터 걱정하는 '예기불안'을 더 심각한 것으로 여깁니다. 그렇게 미리 걱정하는 행동이 정말로 불안을 불러들일 가능성을 높이기 때문입니다. 또 하나의 문제는 미리부터 불안을 걱정하는 사람은 불안을 일으킬 만한 상황이나 장면을 아예 피해 버리기 때문에 실제로 불안을 접하면서 이를 극복하는 방법을 배울 기회를 놓치게 됩니다. 만일 예기불안의 대상이 그 사람의 인생에 아주 중요한 일이라면 정말 심각한 문제가 아닐 수 없습니다.

    얼굴이 빨개지는 홍조불안을 가진 총각이 있습니다. 이 총각은 자기 마음에 드는 처녀 앞에만 서면 얼굴이 빨개져서 얼굴을 들지 못합니다. 나이가 차서 장가를 갈 때가 되었는데 이 홍조불안 때문에 이러지도 저러지도 못하는 심각한 상태에 빠져 있습니다. 이 총각은 누가 여자를 소개시켜 준다고 하면 그때부터 고민을 시작합니다. '이번에 만나는 여자 앞에서는 얼굴이 빨개지면 안 되는데 또 빨개지면 어떻게 하지? 속 편한 건 아예 여자를 만나지 않는 건데 그렇게 하면 결혼을 할 수가 없고…….' 그야말로 진퇴양난입니다. 만일 이 총각이 홍조불안을 무릅쓰고 상대 여자를 만나려고 결단하지 않는 한 결혼은 생각도 말아야겠지요.

예기불안은 대부분의 불안장애, 공포장애, 공황장애에서 발견됩니다. 이 글을 쓰고 있는 저는 고소공포증이 있습니다. 심하지는 않지만 어느 정도 높은 곳에 올라가면 불안해집니다. 옛날 9층 아파트에 살 때는 불안해서 가능하면 베란다 쪽으로 가지 않으려고 했습니다. 지금도 눈을 감고 높은 곳에 올라간 내 모습을 상상하면 갑자기 불안해집니다. 이러다 보니 높은 곳에 대해 예민하게 신경을 쓰게 됩니다. 등산을 가더라도 아슬아슬한 낭떠러지 코스가 있는지 꼭 사전 점검을 해야 하고, 스키를 잘 타면서도 아래가 내려다보이지 않는 코스에는 아예 발을 들여놓지 않습니다. 암벽 등반을 그렇게 하고 싶건만 아직 엄두도 못 내고 있습니다. 예기불안이 제가 활동할 수 있는 종류와 범위를 현저하게 위축시킨 탓입니다.

이제 자아 개념과 관련된 영역을 살펴봅시다.

'못한다' '안 된다'는 부정적인 생각을 삶 전반에 두루 내보이는 사람들도 있습니다. 그러니까 특정한 어떤 일 하나에 자신감이 없는 것이 아니라 거의 모든 일에 자신감을 잃고 살아갑니다. 이들의 삶을 조금 더 파고들어가 보면 일에 대한 자신감 부족이 실은 자기 자신에 대한 부정적인 시각에서 비롯됨을 알 수 있습니다. 자신이 못났기 때문에 무슨 일이든 못하거나 잘 안 된다는 식입니다.

사람들은 각기 독특한 분위기를 지니고 삽니다. 따뜻한 느낌을 주는 사람과 차가운 느낌을 주는 사람, 밝은 느낌을 주는 사람과 어두운 느낌을 주는 사람, 무언가 들떠 있는 사람과 가라앉은 사람, 에너지가 넘치는 사람과 에너지가 다 떨어진 사람……. 사람들이 이렇게 다양한 분위기를 연출하는 데는 아마 그 사람이 살아온 인생이 커다란 역할을 할 것입니다. 정신분석학자들은 흔히 인생 각본이라는 말을 합니다. 무대 위의 배우가 각본에 쓰인 대로 연기를 하는 것처럼 우리네 인생도 '미리' 쓰여 있는 각본에 따라 살아간다는 거죠. 그렇다면 이 '미리'는 언제를 말할까요? 정신분석학자들은 태어나서 만 5세까지를 여기에 포함시킵니다. 그러니까 평생을 살아가는 기본 프로그램이 만 5세 정도면 깔린다는 말인데요, 만 5세라면 대부분의 사람은 기억조차 하지 못하는 아주 어린 시절입니다. 이 시기에는 아직 자의식이 형성되기 전이기 때문에 외부 세계의 영향력이 상당히 클 수밖에 없습니다. 아이의 내부에 거름 장치가 없으므로 바깥에서 하는 말들이 가감 없이 그대로 아이에게 영향을 미친다는 겁니다. 더구나 아이가 반복해서 듣는 말은 아이의 뇌리에 깊은 흔적을 남겨서 무의식이라는 거대한 정신세계를 구성하기도 합니다. 사실이 그렇다면 이 시기에 듣고 자란 말이 사람의 미래를 결정하는 인생 각본이 되는 셈입니다. 실제로 있었던 상담 사례를 봅시다.

종식 씨는 성실한 회사원입니다. 그도 여느 회사원들과 마찬가지로 어려운 가운데서도 열심히 일을 하여 주위의 인정을 받게 됩니다. 어느덧 세월이 흘러 평사원과 대리를 거친 종식 씨도 이제 과장으로 승진할 차례가 되었습니다. 그런데 종식 씨가 다니는 이 회사는 과장을 선발하기 위하여 대상자들을 상대로 과장 승진 시험을 봅니다. 과장 승진 시험을 보는 첫해 종식 씨는 시험을 보러 가는 도중에 갑자기 배가 아파 병원에 입원을 하게 되고, 그래서 시험을 치르지 못했습니다. 다음 해에는 승진 시험을 보러 가는 길에 자동차가 고장이 나는 바람에 또 시험을 치르지 못했습니다. 세 번째가 되는 해에는 승진 시험을 보러 가는 길에 교통사고로 다쳐서 또 시험을 치르지 못했습니다. 결국 종식 씨는 과장 승진을 포기하고 회사를 그만둘 수밖에 없었습니다.

우연히 그렇게 됐겠지 하고 넘기기에는 뭔가 허전하지요? 종식 씨를 상담한 상담자는 이렇게 해석하고 있습니다. 종식 씨는 종손집 둘째 아들로 태어났습니다. 그런데 가부장적 전통이 강한 이 집안에서 아버지와 어머니는 늘 둘째 아들을 바라보며 밥 먹듯이 이렇게 말했다고 합니다.

"너는 이담에 형을 잘 보좌해야 한다. 항상 형 뒤에서 형을 따라가며 형을 도와야 해. 형이 잘 돼야 너도 잘 되는 거야. 그러니 무슨 일이 있어도 절대로 형을 앞서는 일이 없도록 해라."

부모가 보낸 이 메시지가 종식 씨의 무의식에 자리를 잡고서 인생 각본 역할을 했다는 겁니다. 종식 씨가 과장으로 승진하려고 할 때 종식 씨의 형은 다른 회사에서 대리로 일하고 있었다고 하는데, 승진할 수 없는 이유가 바로 여기에 있었다고 합니다. 그러고보니 종식 씨는 지금까지 살아오면서 형을 추월하는 일은 절대로 하지 않았다고 하네요.

비슷한 예를 하나 더 들어 봅시다.

'전 여자라서 안 돼요.'

이 말 어디서 많이 들었지요? 여자분 중에는 주변에서 뭐라고 떠들기도 전에 스스로 자신을 낮추고 "저는 못해요, 저는 안 돼요."라고 말하는 분들이 있습니다. 정말로 겸손에서 나오는 말이라면 전혀 문제가 없지만 자신이 여자라는 사실 때문에 줄곧 그렇게 생각하고 사는 분이라면 자신의 인생 각본을 한 번 따져 볼 만합니다. 아마 이분들은 아들을 몹시 안타깝게 기다리는 집

안에서 태어났을 확률이 높습니다. 그렇게 애타게 기다렸건만 아들이 아니라 딸이 태어났을 때 부모 친지들의 실망이 매우 컸겠죠. 더구나 이미 딸이 가득한 집안이라면 그 실망은 더욱 클 것입니다. 그래서 주변 사람들은 이 실망스러운 마음을 여러 가지로 표현합니다. '또 딸이야?' 부터 '에구구, 이 애가 고추를 달고 나왔으면 얼마나 좋을까!' 에 이르기까지 다양한 방식으로 실망감을 드러낼 것이고, 이 딸은 이런 말과 주변 사람들의 태도에서 점차 자신이 환영받지 못하는 존재라는 낌새를 알아차려 갑니다. 그러니까 인생 각본이 "나는 태어나지 않았어야 해." 또는 "나는 환영받지 못하는 쓸모없는 존재야." 하는 식으로 형성되는 거지요. 이렇게 자아 개념이 부정적이니 늘 무언가 부족한 듯 자신감도 없고 열등감에 시달리며 살 수밖에요.

인생 각본이라는 말을 끌어들였지만 실제로 사람들의 자아 개념은 오랜 세월을 두고 서서히 자리 잡습니다. 그런데 이 자아 개념은 '나'를 둘러싸고 있는 사람들이 지속적으로 '나'에 대해서 말하고 평가한 내용을 중심으로 형성됩니다. 그러니까 다른 사람들이 '나'를 평가한 내용이 스스로 '나'를 평가하는 내용으로 굳어져 '나'가 된다는 말입니다. 그중에서도 아직 자의식의 틀이 잡히지 않은 유아기, 아동기 때 듣는 말이 차지하는 비중은 아주 큽니다.

자! 자아 개념이 이런 과정을 거쳐 만들어진 것이라면 여러분은 지금 자신이 가진 자아 개념을 얼마나 신뢰하겠습니까? 아무것도 모르는 시절 주변 사람들이 했던 말들에 의해 만들어진 자아 개념을 '나'라고 믿고 산다는 게 얼마나 황당한 일입니까? 더구나 그 자아 개념이 부정적인 내용으로 가득하다면 얼마나 억울한 일입니까? '못한다' '안 된다'로 일관하는 인생을 사는 분들이라면 한 번쯤 자신의 자아 개념을 심각하게 고민해 볼 필요가 있을 겁니다.

부정적으로 자아 개념이 굳어진 사람들은 자기 탓을 많이 합니다. '잘되면 내 탓, 못되면 조상 탓'이라는 속담과는 반대로 잘 안 되면 꼭 자기 탓을 합니다. 선생님이 자기를 싫어하는 것도 자신이 모자라서 그런 것이요, 소풍 가는 날 비가 오는 것도 모두 자신이 재수가 없어서 그렇다고 생각합니다. 심하면 골프공이 삐딱하게 나가는 것도, 세상에 밥을 굶는 사람이 저렇게 많은 것도 자기 탓으로 돌릴지 모릅니다. '머피의 법칙' 아시지요? 무슨 일을 하려고 들면 일이 꼬여 결국 좋지 않은 결과를 가져오게 될 때 쓰는 말입니다. 남들이 할 때는 아무 이상 없이 일이 잘 풀리는데 자신이 하려면 꼭 탈이 생겨 일이 뒤틀려 버립니다. 그러니 매사에 자신감이 떨어져 뒤로 물러서려고 합니다. 부정적인 자아 개념을 가진 사람들과 머피의 법칙은 찰떡궁합이 틀림없습니다.

절대적 · 당위적 생각

'무슨 일이 있어도 반드시 ~을 해야만 한다.'는 생각을 절대적 생각 · 당위적 생각이라고 합니다. 우리말로 꼭, 반드시, 무조건 등과 같은 부사가 따라붙고, 영어로 must, should, ought to 등과 같은 조동사가 따라붙는 생각을 말하지요. '나는 부모님에게 꼭 인정을 받아야 해.' '좋은 아내라면 나한테 반드시 이렇게 해 줘야만 해.' '무슨 일이 있어도 내가 설정한 인생 목표는 꼭 달성하고 말 거야.' 뭐 이런 식의 생각을 말합니다. 이 절대적 생각은 예외를 잘 인정하지 않고 유연성과 융통성이 떨어져 앞뒤가 꽉 막힌 느낌을 줍니다. 우리가 잘 아는 정몽주 선생의 단심가는 절대적 생각을 잘 나타내고 있습니다.

> 이 몸이 죽고 죽어 일백 번 고쳐 죽어
> 백골이 진토되어 넋이라도 있고 없고
> 님 향한 일편단심이야 가실 줄이 있으랴.

정몽주 선생의 '님 향한 일편단심'은 그야말로 아무도 건드릴 수 없는 절대적인 성역입니다. 얼마나 절대적인가 하면, 이를 위해 목숨을 내놓는 것은 물론이요, 그것도 일백 번을 더하고 뼛가루가 흙으로 변해 흔적조차 없어질지라도 결코 바꿀 수 없는 것입니다. 그러니 아무리 이방원이 "이런들 어떠하리 저런들 어떠하리." 하고 유혹하고 죽음으로 협박을 해도 코웃음으로 대응할 수 있었겠지요. 융통성이라곤 털끝만치도 찾아볼 수 없는 것입니다. 사람이 이렇듯 어떤 한 생각에 절대적인 가치를 부여하고 온 인생을 바쳐 헌신하면 거의 예외 없이 훌륭한 업적을 남길 수 있습니다. 인류를 놀라게 한 수많은 역사적 사건은 '절대적'

이라고 표현할 수 있는 개인이나 집단의 생각, 신념, 가치관이 가져온 결과입니다.

　절대적 생각이 이룰 수 있는 업적을 생각하면 여기에 딴지를 거는 짓은 참 어리석어 보입니다. 무언가 훌륭한 일을 해내는 일을 포기하자고 하면 몰라도 말입니다.

　맞습니다. 그래서 저는 절대적 생각에 딴지를 걸되 초점을 다른 곳에 맞추려고 합니다. 마음을 불편하게 하는 원인이라는 시각에서 절대적 생각의 역할을 따져 보겠습니다.

　제가 스물여섯 살 때 이야기입니다. 대학을 졸업하고 대학원까지 마무리되어 가던 그때 국가에서 국비유학생을 선발한 적이 있습니다. 그 당시 저는 진로에 대하여 심각한 고민에 빠져들고 있었습니다. 공부를 하겠다고 결심은 굳혔지만 뭐 하나 뚜렷하게 방향을 잡을 수 없었습니다. 땟거리를 걱정해야 하는 집안에서 뒤를 대 줄 리는 만무하고 유학은 꼭 가야 하는 것인 줄 알았고, 거기다 자칫 잘못하면 아무 대책 없이 군대도 가야 하고, 그야말로 앞날이 깜깜했지요. 그런 상황에서 국비유학생 선발은 제 모든 것을 걸 만했습니다. 그래서 이 선발시험을 생명줄로 여기고 여기에서 떨어지면 모든 것이 끝이라는 각오로 정말 열심히 공부했습니다. 그런데 "무슨 일이 있어도 꼭 합격해야 된다."라고 결심을 굳힐수록 '혹시나' 하는 생각에 마음 한구석 어디선가 불안한 기운이 감도는 것을 느낄 수 있었습니다. 그렇다고 별 수 있습니까? 억지로 불안한 기운을 떨쳐 내고 다시 공부에 전념할 수밖에요. 일은 시험 치르는 날 터졌습니다. 시험장을 향해 집을 나설 때부터 조금씩 불안해지더니 시험장에 앉아 시험지 배부를 기다리는 동안 정말 심해지더군요. 드디어 시험지를 받아 펼쳐 보는 순간, 아뿔사! 눈앞이 하얗게 되더니 아무것도 읽을 수가 없었습니다. 가슴은 불안으로 터질 것 같고, 시험지에 박힌 글자는 전혀 눈에 들어오지 않고……. 마음을 진정시키려 책상에 엎어져 있기를 30여 분, 그제야 시험지를 펼쳐 들고 참담한 마음으로 문제풀이를 시작했습니다만 결과야 뻔한 거 아니겠습니까.

반드시 합격해야 한다는 절대적 생각이 내 마음을 심하게 압박해 왔고 결국 시험을 망치게 하는 결과를 가져오게 한 겁니다. 이렇게 절대적 생각은 사람의 마음을 불편하게 하고 심하게 옥죄는 역할을 할 수 있습니다. 만일 그때 제가 좀 더 여유로운 마음으로 국비유학생 선발 시험에 임했다면 어땠을까요?

'그래, 내 인생에서 굉장히 중요한 시험이기는 해. 그러니 최선을 다해야지. 하지만 만의 하나 잘못될 수도 있겠지. 그런 경우 또 다른 방법을 찾을 수 있을 거야.'

이렇게 유연하고 탄력적으로 생각할 수 있었다면 오히려 결과가 더 좋았을 수도 있었겠지요.

앞에서 하던 이야기를 마무리해야겠네요. 2년 후 군대를 제대한 다음 저는 다시 국비유학생 시험에 응시하여 이번에는 1등으로 합격했습니다. 2년 사이에 어떤 변화가 있었냐고요? 삶을 조금 더 융통성 있게 받아들일 수 있었던 것, 그리고 시험을 대하는 저의 태도에 상당한 유연성이 갖춰졌다는 것이라고 말할 수 있습니다. 물론 시험장에서 다소 긴장을 하기는 했지만 2년 전과 비교하면 '새 발의 피' 정도라고 할까요?

제 경험담을 쏟아 놓았지만 아마 여러분도 일상생활에서 절대적 생각이 가져오는 불편함을 느낀 적이 있을 겁니다. '작심삼일' 이라는 말이 있습니다. 이 말은 무언가를 하겠다고 굳은 마음을 먹고 철저하게 계획을 세워 놓았는데 3일이 지나지 않아 실행을 포기하는 사태를 일컫는 말입니다. 작심한 이후 포기하기 전까지 우리는 굉장히 많은 생각과 느낌을 경험합니다. 실행을 잘하는 동안에는 성취감에 스스로 대견하고 뿌듯한 느낌을 받지만, 계획과 어그러지기 시작하면 자책으로 자괴감, 열패감, 후회감, 열등감, 연민 등 불편하고 좋지 않은 느낌에 둘러싸이게 됩니다. 잘하려고 한 일이 오히려 상처만 남겨 놓은 꼴이지요.

절대적 생각이 개인의 내면에 가져오는 불편을 주로 이야기했습니다만, 절대적 생각에 빠져 있는 사람들은 주위 사람들까지 불편하게 하는 특징이 있습니다. 자기 자신에게 하는 요구를 어느덧 자신이 접하는 사람들에게도 요구하게 되기 때문입니다. 흔히 '자신에게는 엄하게, 남에게는 관대하게' 라고 말들 하지만, 심리학적인 관점에서 보면 이거 정말 쉽지 않은 일입니다.

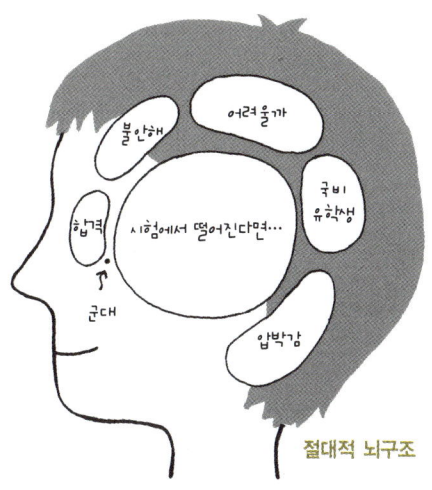

사람은 일관성을 유지하려는 강한 성향이 있습니다. 따라서 자신에게 엄한 사람은 다른 사람에게도 엄하게 마련입니다. '나는 쓰레기를 버리면 안 되지만 다른 사람들은 쓰레기를 버려도 된다.'고 진짜로 믿고 쓰레기를 버리는 다른 이들의 행동을 편안하게 받아들일 사람은 없을 것입니다. 자신에게 관대한 사람이 다른 사람에게도 관대할 수 있는 것 역시 마찬가지 원리 때문입니다. 물론 예외는 항상 있습니다. 생각을 자유자재로 조절할 수 있는 도인이라면야 뭐가 어렵겠습니까.

제 주변에서 일어나는 일입니다. 대학도 사람들이 사는 곳이고 그러다 보니 이런저런 일들이 일어납니다. 제가 아는 교수님 중에 선배 교수님들을 잘 모시는 P 교수가 있습니다. 선배 교수들의 마음을 잘 헤아려 이런저런 일을 잘 챙겨 줄 뿐 아니라 때로는 자신에게 손해가 되는 일도 선배들의 말이라면 참고 잘 견디기도 합니다. 한번은 제가 "어떻게 그렇게 선배 교수들에게 잘하실 수 있습니까?"라고 물은 적이 있는데 P 교수는 "그분들은 인생의 선배일 뿐 아니라 대학에서 오래 근무하신 분들이므로 후배들로부터 존경을 받아 마땅하지요."라고 대답하셨습니다. 그런데 문제가 생겼습니다. P 교수가 소속한 학과에 후배 교수들이 들어왔는데, 이 후배 교수들이 P 교수가 생각하는 만큼 예절 바르게 P 교수를 모시지 못하는 것이었습니다. P 교수가 보기에 윗사람을 알아볼 줄 모르는 참으로 배은망덕한 놈들이었습니다. 그러니 어떤 일이 벌어졌겠습니까? P 교수는 후배 교수들을 잡으려고 온갖 악다구니를 치고 후배 교수들은 P 교수 때문에 아주 괴로운 대학교수 생활을 이어가고 있습니다. 나름대로 최선을 다했다고 생각한 후배 교수들로서는 참 황당하고 원망스러울 수밖에 없겠지요. '후배들은 반드시 성심을 다해 윗사람을 잘 모셔야 한다.'는 P 교수의 절대적 생각이 자신은 물론이요 한솥밥을 먹고 사는 후배 교수들의 삶을 황폐하게 만들고 말았습니다.

세계적으로 유명한 상담학자 엘리스는 종교를 인류가 발명한 가장 고약한 악이라고 규정합니다. 그러고 보니 공산당에서도 '종교는 아편'이라고 강조하며 멀리할 것을 주장하네요. 왜 이들은 종교를 그렇게 나쁘다고 보는 것일까요? 대답은 분명합니다. 교리로 무장한 종교는 사람들에게 절대적 사고를 주입시켜서 세뇌를 하려고 하기 때문입니다. 신의 뜻에 무조건 복종하고 종교가 주장하는 교리 외에 다른 것은 보지도, 듣지도, 말하지도 말 것을 요구함으로써 삶을 주도해 나가는 인간의 자율성 자체를 말살해 버리기 때문입니다. 한마디로 닫힌 세계에서 로봇처럼 살기를 요구하는 것이 종교라는 거지요. 이렇게 종교적으로 세뇌를 당한 사람들은 그야말로 '무섭게' 삽니다. 종교적 삶을 위해서 시간과 물질을 희생하는 것쯤은 아무것도 아니고 심지어 목숨까지도 서슴없이 내놓습니다. 그뿐입니까? 전도하고 개종시키기 위해 다른 이들의 사생활을 침범하는 일쯤 아무렇지도 않게 여깁니다. 필요하다면 전쟁도 불사합니다. 종교전쟁이 얼마나 무서운 것인지 우리 모두는 잘 알고 있습니다. 지금도 세계 곳곳에서 종교전쟁이 끊이지 않고 있습니다. 최근 뉴스에서는 중동에서 이스라엘과 하마스 사이에 전쟁이 벌어져 수백 명이 사망했거나 부상했다는 소식을 전하고 있습니다.

아무래도 종교가 세계 평화에 기여하기는 참 어려울 것 같습니다만, 한걸음 더 들어가 생각해 보면 종교 자체가 문제라기보다 종교를 통해 사람들에게 주입되는 절대적 생각이 진짜 세계 평화를 방해하는 원흉이라고 판단됩니다. 그러므로 절대적 생각을 만만하게 볼 게 아닙니다.

절대적 생각의 해악을 말한 엘리스는 동서양의 여러 나라를 연구 대상으로 삼아 도대체 사람들이 어떤 절대적 생각에 시달리고 있는지 조사한 적이 있습니다. 그리고 모든 문화권에서 사람들을 괴롭히는 10여 개의 절대적 생각그는 절대적 생각을 비합리적 신념이라고 불렀습니다을 찾아냈다고 발표했습니다. 이 10여 개의 절대적 생각 중에서 우리에게도 익숙하고 또 재미있을 법한 것 몇 개를 소개하겠습니다.

중요한 모든 사람에게 사랑과 인정을 받아야 한다는 생각

부모, 형제, 친척, 친구, 동료, 선후배 등 나의 인생에 중요한 사람들의 사랑과 인정을 받아야 한다는 생각이 어째서 문제가 될까요? 이 생각이 왜 우리를 괴롭게 할까요? 얼핏 보면 전혀 문제가 될 게 없는 것 같은데 이게 문제가 된답니다. 한번 따져 봅시다.

- ☺ 우리 인생에서 중요한 영향을 끼치는 사람들은 아주 많습니다. 그 모든 사람에게 사랑과 인정을 받는다는 일은 불가능합니다. 혹 지금까지 만난 99번째 사람에게는 사랑을 받았다고 하더라도 100번째, 101번째 만나는 사람에게 사랑받지 못할 가능성은 항상 있습니다.
- ☺ 사랑이 절대적으로 필요하다고 느끼게 되는 순간부터 당신은 상대방이 얼마나 많이, 그리고 얼마나 오래 사랑하게 될지 걱정하게 됩니다. 정말 충분히 사랑해 줄 건지, 내일도 오늘처럼 사랑해 줄 건지 불안에 떨게 됩니다.
- ☺ 사람들의 사랑을 항상 받으려면 늘 사랑스러워 보여야 합니

다. 늘 사랑스러워 보이려면 많은 시간과 에너지를 들여 그렇게 보이도록 가꾸어야 합니다. 이렇게 되면 자기 스스로의 성장과 발전을 위해 투자할 시간과 여력이 모자라게 됩니다. 결국 사랑과 인정을 받기 위해 끊임없이 노력한다는 것은 자신의 인생을 팽개치는 대신 다른 사람들의 기대에 맞추어 산다는 뜻에 불과합니다.

◎ 사람들의 사랑을 원하면 원할수록 역설적이게도, 그들이 당신을 존경하고 관심을 갖는 정도가 줄어듭니다. 오히려 그들은 당신의 약점을 비웃고 뒤에서 욕을 할 수도 있습니다. 또한 사람들의 사랑과 인정을 얻으려고 처절하게 노력함으로써 당신은 그들을 짜증나고, 화나고, 지겹게 만들어 부담을 느끼게 할 수 있습니다.

◎ 당신이 사랑받는다는 느낌을 일단 얻고 나면, 오히려 상대방의 사랑이 귀찮고 성가시다고 느낄 수도 있습니다. 이는 당신을 사랑하는 그 사람이 빈번하게 당신의 시간과 에너지를 빼앗아 가기 때문입니다. 상대방이 요구하는 강렬하고 지속적인 사랑 때문에 사랑이 파괴될 수도 있습니다.

◎ 사랑과 인정을 얻으려는 절박한 요구는 거의 항상 자신에 대한 무가치감을 느끼게 합니다. 자기 자신의 가치가 다른 사람이 베푸는 사랑에 달려 있다고 생각하는 한 사랑이 없으면 자신도 가치 없는 사람이 되기 때문입니다. 따라서 사랑을 많이 받으려는 잘못된 목표에 성공하면 할수록 당신이 느끼는 무가치감도 증폭될 것입니다.

자, 이 정도 이유면 왜 '반드시 사랑과 인정을 받아야만 한다.'는 절대적 생각에 문제가 있다고 하는지 고개를 끄덕이게 됩니까?

==최소한 한 가지 영역 이상에서 유능함을 보이거나 훌륭한 업적을 쌓아야 한다는 생각==

성공을 지상 최대의 가치로 여기며 사는 현대인이 너무나 당연하게 여기는 이 생각에도 문제가 있다고 하네요. 이 글 전체가 그렇지만, 마음을 불편하게 하는 생각이라는 데 초점을 맞춰 따져 봅시다.

☺ 일단 모든 면에서 완벽하고 유능한 사람은 없습니다. 레오나르도 다빈치조차도 많은 약점과 결함을 가지고 있었습니다. 또 어느 한 분야에서 탁월함을 성취하려고 노력하는 것 역시 매우 어렵습니다. 두루두루 여러 방면에서 성공하려는 당신의 목표는 당신을 낙담시키고도 남을 완벽주의적인 요소를 내포하고 있습니다.

☺ 당신이 이룩한 업적과 당신의 가치는 아무 상관이 없습니다. 혹시 당신은 어떤 일에 성공하였기 때문에 자신을 '좋다' '가치 있다'고 느낄지 모르지만, 성공했다는 사실 자체가 당신의 본질적 가치를 변화시키는 것은 아닙니다. 실패가 사람의 사람됨, 당신의 당신됨을 깎아내리지 못하는 것과 마찬가지입니다. '더 좋다'는 느낌이 더 '좋은 사람'을

만들어 주는 것은 아니며 살아 있다는 사실로 자신을 '좋은' '가치 있는' '고귀한' 존재라고 여기면 그것으로 족합니다.

☺ 당신은 당신이 하는 일이 아닙니다. 당신은 '교수'가 아니고, 'CEO'가 아니고, '아내'가 아니고, '성공한 사람'이 아닙니다. 당신은 어떤 종류의 직업에 종사하고 여타 많은 일을 행하는 하나의 개별적인 존재입니다. 어떤 특정한 활동의 수행에 따라 자신을 평가하고 그것과 자신을 동일시하는 행위는 인격으로서의 당신이 오로지 그 활동만큼의 가치를 갖는다는 착각을 일으키게 합니다.

☺ 성공이 상당한 이득을 가져다주는 것은 사실이지만 여기에 미친 듯 집착하는 행위는 불편을 가져옵니다. 막무가내로

성공에 매달리는 사람들은 신체적·정신적으로 인내의 한계를 넘어 자신을 혹사하게 마련입니다. 성공에 눈이 멀면 자신이 하는 일을 느긋하게 즐길 만한 충분한 여유와 보다 나은 존재를 향해 나아갈 시간을 내지 않게 됩니다.

☺ 지나치게 높은 수준의 성공을 추구하면 실패에 대한 불안과 두려움도 비례해서 커집니다. 어느 영역에서 훌륭한 업적을 쌓는 것은 누구에게나 엄청나게 부담스러운 일입니다. 성공하겠다는 포부 수준을 비현실적으로 높게 설정하면 실패할 가능성이 커지는데, 실패 자체보다 더 해로운 실패에 대해 두려워하는 마음을 낳을 수도 있습니다.

그러니까 열심히 살다가 결과적으로 훌륭한 업적을 쌓게 되는 것과 처음부터 인생의 목적을 훌륭한 업적을 쌓는 데 두고 열심히 사는 것 사이에는 엄청난 차이가 있다는 말입니다.

과거에 있었던 중요한 사건은 지금도 영향을 미쳐야 한다는 생각

☺ 한때 일어났던 일이 똑같이 반복해서 영원히 일어날 수는 없습니다. 상황도 변하고 '나'도 변하기 때문입니다. 어릴 때 아버지에게 당한 부당한 폭력 때문에 커서 모든 성인 남자를 피한다면 지나친 일반화의 오류를 범하는 셈입니다. 모든 성인 남자가 아버지처럼 폭력적이지 않을 뿐더러 설사 폭력을 당해도 성인인 지금은 다양한 방법으로 대처할 수 있습니다.

☺ 성공 경험이라고 해도 지나치게 과거에 의존하면 새로운 대안을 찾아 나서지 않게 됩니다. 문제를 해결하는 방식은 딱 한 가지만 있는 것이 아니므로 더 좋은 해결책을 찾기 위해 연구하는 일을 게을리하지 말아야 합니다. 하지만 과거에 너무 깊이 빠져 있으면 과거 경험을 헤집고 다니면서 부적절한 '해결책'만 들추어 낼 가능성이 높습니다.

☺ 한때 적절했던 행동이 시간이 바뀌면 부적절한 것으로 돌변하기도 합니다. 아이들은 자신의 문제를 해결하기 위하여 부모에게 울부짖으며 매달리는 행동을 합니다. 그러나 성인이 되어서도 비슷한 방식으로 행동했다가는 망신만 당하고 말 것입니다.

☺ 과거에 만난 사람들의 영향을 지금도 깊게 받고 있다면 일종의 '전이효과'에 시달리는 셈입니다. 과거에 만났던 사람들에 대해 가진 부적절한 느낌을 오늘 만나는 사람들에게 쌓아 놓는 상태가 되기 때문입니다. 오늘 직장상사가 내리는 지시가 20년 전 부모가 내린 강압적 명령을 상기시켜서 저항감이 일어난다면 문제가 있습니다. 전이효과는 현실성도 없고 별 도움도 되지 않습니다.

☺ 과거의 영향을 아무 의심 없이 받아들이면 사람이 매우 비현실적이 됩니다. 왜냐하면 현재는 과거 그대로 남아 있지 않고 그와 상당히 달라져 있기 때문입니다. 아내가 분명 어머니와 다름에도 불구하고 어머니를 대하는 방식과 동일하게 아내를 대한다면 당신은 쉽게 곤경에 처하게 될 것

입니다.

살아온 과거가 우리에게 아름다운 추억과 삶의 지혜를 남겨 주기도 하지만 때로는 우리의 발목을 잡는 덫이 되기도 합니다. 따라서 소중한 추억은 간직하되 나머지는 털어 버리고 '지금-여기'에서 벌어지는 살아 있는 현실을 싱싱하게 맞이할 준비를 하라는 것입니다.

 **침투적 생각**

'기우杞憂'라는 고사성어가 있습니다. 이 말은 옛날 "기나라에 한 사람이 있었는데, 그는 하늘이 무너지고 땅이 꺼지면 몸 둘 곳이 없음을 걱정한 나머지 침식을 전폐하였다."라고 한 데서 유래한 말입니다. 참 걱정도 팔자라고 하더니, 먼 옛날부터 쓸데없는 걱정에 시달리는 사람들이 제법 있었나 봅니다.

'쓸데없는 걱정'이라고 쉽게 말했지만, 만일 '하늘이 무너지고 땅이 꺼진다.'는 생각이 들어와 떠나지 않고 계속 머물러 있으면 어떻게 될까요? 정말 그렇다면 걱정이 되지 않는 게 이상한 거 아닐까요? 사실 '기우'에 등장하는 기나라 사람이 우스운 것은 '하늘이 무너지고 땅이 꺼진다.'는 생각을 한 것 때문이 아니라 이 생각을 떨쳐 버리지 못한 데 있습니다. 이 생각을 손쉽게 떨쳐 버릴 수만 있었다면 도대체 문제될 게 없습니다.

사람들은 별별 생각을 다 하면서 삽니다. 오늘 하루 내 머릿속에도 수없이 많은 생각이 지나갔습니다. 그중에는 내가 의도적으로 생각을 떠올린 것도 있고 내 의도와는 아무 상관없이 그냥 치고 들어오는 생각들도 있었습니다. 여기서 '그냥 치고 들어오는 생각들'을 침투적 생각이라고 합니다만, 침투적 생각 중에는 기분 좋은 내용과 기분 나쁜 내용, 받아들이기 편한 내용과 불편한 내용 등 긍정적인 것과 부정적인 것들이 혼합되어 있습니다. 이들 중 문제가 되는 것은 대개 부정적인 생각들이지요. 부정적인 생각이 치고 들어와서 나가지 않고 머릿속에 오래 자리를 잡으면 이게 골치를 일으키는 겁니다. 생각해 보세요. 다음과 같은 부정적인 생각들이 계속 머릿속에 머물러 있다면 어떤 일이 벌어지겠습니까. '애들에게 사고가 나면 어떻게 하지?' '우리 남편 바람을 피우는 거 아니야?' '담임선생님 개새끼' '강론하는 스님 얼굴에 똥을 처바르고 싶다.' '잔소리하는 엄마의 저 입을 꽉 비틀어 버렸으면…….' '저 여자와 거친 섹스를 해 봤으면…….'

실제로 있었던 사례를 하나 들어 봅시다.

열심히 성당을 다니던 대학생 B군의 이야기입니다. 늘 그런 것처럼 어느 주일날 신부님 설교를 듣고 있는데 갑자기 저 신부님 뺨을 한 대 갈기고 싶다는 생각이 들었습니다. 깜짝 놀라서 이게 웬일인가 하고 자신을 단속하려고 하는데 그 생각이 떠나지를 않습니다. 아니 벗어나려고 노력

사람들은 별별 생각을 다 하면서 삽니다.
오늘 하루 내 머릿속에도 수없이 많은 생각이 지나갔습니다.
그중에는 내가 의도적으로 생각을 떠올린 것도 있고 내 의도와는 아무 상관없이
그냥 치고 들어오는 생각들도 있었습니다.

하면 할수록 점점 더 그 생각이 강렬해지는 것이었습니다. 이런 사건이 일어난 이후 B군은 시도 때도 없이 같은 생각에 시달리고 있습니다. 이제 성당에 가서 신부님 설교를 듣는 일이 정말 힘든 고역이 되었습니다.

다른 사람 예를 들었지만 자신의 경우를 한번 생각해 보세요. 혹시 여러분도 남이 알면 민망한 생각이 들어서 혼자 부끄러워한 경험은 없습니까? '없다'고 말씀하시면 저는 거짓말이라고 하겠습니다. 사람의 마음은 그릇이라는 말도 있고 흐름이라는 말도 있습니다. 그러니까 사람의 마음은 무엇을 받아들이게끔 만들어졌는데 마음에 들어온 그 무엇은 마냥 머물러 있지 않고 물처럼 흘러간다고 보는 겁니다. 물론 그 뒤를 이어서 새로운 무엇이 마음을 다시 채우겠지요. 그런데 우리 마음에 들어오는 그 무엇은 특별한 자격을 갖춰야 하는 것이 아닙니다. 의식, 개인무의식, 집단무의식 등 우리 내면에 있는 것이 적절한 자극을 만나면 마음에 구체적인 형상을 띠고 나타날 따름입니다. 그렇기 때문에 우리가 생각할 수 있는 좋은 것, 나쁜 것, 선한 것, 악한 것 등 온갖 것이 모두 마음에 들어올 수 있습니다.

마음에 들어오는 생각을 우리가 볼 수 있다면 어떤 일이 벌어질까요? 머릿속에서 일어나는 모든 생각과 심상을 대형 화면에 영상으로 띄워 볼 수 있는 장치를 만들었다고 가정하고 이 장치를 여러분과 연결하여 여러분 머릿속에서 하루 동안 진행되었던 모든 생각을 다른 사람과 함께 감상한다고 합시다. 과연 처음부터 끝까지 아무런 부끄러움 없이 당당하게 그 장면들을 볼 수 있는 사람이 몇 명이나 될까요? 못된 생각이 많이 들어서 그런지 저는 자신이 없습니다.

어떤 생각이 치고 들어오느냐 하는 문제와 그 생각에 얼마나 오랫동안 매달려 있느냐, 그리고 그 때문에 얼마나 괴로워하느냐 하는 문제는 전혀 다른 문제입니다. 못된 생각이 많이 들어와도 아주 편안한 마음으로 살아가는 사람이 있는가 하면 아주 자그마한 잡된 생각 때문에 가슴을 치며 괴로워하는 사람도 있습니다. 왜 이런 차이가 생길까요?

인생을 참 잘 살았다고 인정받는 세계적인 위인을 상대로 '자아실현인'에 대한 연구가 있었습니다. 우리가 잘 아는 링컨, 아인슈타인, 루스벨트, 제퍼슨 같은 사람들입니다. 이 자아실현인들의 특징 중 시선을 끄는 항목이 하나 있습니다. 바로 '자기 경험에 개방적'이라는 것입니다.

'자기 경험에 개방적'이라는 말은 자신이 지각하고 경험하는 모든 일에 열려 있다는 뜻입니다. 다시 말해, 세상에 있는 온갖 존재와 활동에 관심을 가지고 접근하면서 동시에 자신이 경험하는 모든 내용을 중요하게 간직할 줄 안다는 뜻입니다. 경험의 대상으로서, 그리고 경험의 내용으로서 '이것은 되고, 저것은 안 되고'가 아니라 '모든 것'을 허용할 준비가 되어 있다는 거지요. 생각에 대해서도 마찬가지입니다. 자신에게 일어나는 생각이면 그것이 무엇이든 흥미를 갖고 살필 준비를 합니다. '어이쿠! 이런 생각을 하면 안 되는데!' 이렇게 속삭이며 잽싸게 도망갈 길을 찾는 대신 그 생각이 무슨 메시지를 전하고 싶은 것인지 귀를 기울여 들어보려고 합니다. 그러다 보면 그 생각의 정체가 드러나고 더 파고들어야 할지 아니면 그냥 흘러가게 두어야 할지 자연스럽게 판단이 섭니다. 모든 생각을 허용하면서도 마음의 평화를 잃지 않는 비결이 여기에 있는 듯합니다.

앞의 예로 돌아가 봅시다. '신부님 뺨을 갈기고 싶다.'는 생각이 들자 B군은 화들짝 놀라서 이 생각을 떨쳐 버리려고 애를 썼습니다만 만일 링컨이라면 어떻게 행동했을까요. 잘은 모르겠지만 아마 링컨은 '안 돼!' 하며 그 생각을 떨치려고 하기보다 신부님과 관련하여 그런 생각이 왜 들었는지 곰곰이 따져 볼 것입니다. '그 생각이 전달하려는 내용이 무엇일까?' '나에게 어떤 욕구가 있어서 그런 생각이 들게 된 걸까?' '그 생각이 얼마나 깊고 간절한 거지?' 등 차분하게 생각의 정체를 알아내기 위한 작업을 하겠지요. 그러다 보면 그 생각은 링컨과 신부님의 관계에 대해 새로운 통찰을 가져오게 한 계기로서 존중받을 수도 있고, 아니면 그냥 슬그머니 사라질 수도 있습니다. 통찰의 계기로서 존중받는 경우에도 그 생각은 자기 역할을 다했기 때문에 결국 힘을 잃고 사라집니다. 자, 이러니 '신부님 뺨을 갈기고 싶다.'는 생각 때문에 링컨이 가슴을 치며 괴로워할 일이 있을까요?

사람의 마음속에는 온갖 생각이 다 들어올 수 있다고 했습니다. 자신을 괴롭히는 몹쓸 생각도 마찬가지입니다. 문제는 이 생각들이 머무는 시간에 있습니다. 침투적 생각들이 금세 지나가 버리지 않고 자리를 잡고 길게 눌러앉을 때 문제가 발생한다는 말입니다. 그렇다면 그 생각들이 왜 그렇게 자리를 잡고 길게 눌러앉게 될까요? 침투적 생각에 강력 접착제가 묻어 있어서요? 침투적 생각으로 괴로워하는 대표적인 사람이 강박증에 시달리는 사람들입니다. 강박증에 시달리는 사람들이 침투적 생각에 어떻게 대응하는지 살펴보면서 실마리를 찾아보도록 합시다.

모태신앙을 가져 독실한 기독교 신자로 성장한 K양은 최근 갑자기 치고 들어오는 '기독교는 세상에서 가장 악한 종교'라는 침투적 생각 때문에 심한 불안감과 죄책감에 시달리고 있습니다. 예배당에서 설교를 듣고 있을 때도 그렇고 혼자 있을 때도 그렇고 아무 때나 이 생각이 불쑥불쑥 들어와 미칠 지경입니다. K양은 이런 생각이 들 때마다 이 생각을 떨쳐 버리기 위해 엄청난 노력을 합니다. 머리를 강하게 흔들면서 속으로 '그만! 그만! 안 돼!'라고 외치기도 하고 이 생각 대신 다른 좋은 생각을 하려고 온갖 애를 쓰는데도 아무 소용이 없습니다. 오히려 털어 내려고 애를 쓰면 쓸수록 이 생각은 찰거머리처럼 달라붙어 더 자주 떠오릅니다. 이 방법이 효과가 없다는 것을 알게 된 K양은 '기독교가 세상에서 가장 악한 종교'라는 침투적 생각이 잘못되었음을 논리적으로 증명하는 쪽으로 방향을 바꿉니다. 그리하여 치열한 머릿속 싸움이 시작됩니다. 한쪽에서는 '기독교는 세상에서 가장 악한 종교'라는 생각이, 다른 한쪽에서는 '기독교는 신이 인류에게 내린 최고의 선물'이라는 생각이 맞붙어 꼬리에 꼬리를 물고 각자 자기 입장을 정당화하는 다툼을 벌입니다. 그러다 보니 상대 쪽을 공격하기 위한 논리를 다듬기 위해 백과사전과 도서관을 뒤지고 인터넷을 들쑤시는 지경에 이르게 되고, 처음에 한 시간 걸리던 싸움이 점점 더 길어져 두세 시간을 넘게 됩니다. 간신히 '기독교가 세상에서 가장 악한 종교'라는 생각이 가라앉으면 비로소 안도감을 느끼지만 이미 심신은 지칠 대로 지쳐 버립니다. 잠시 휴식을 갖는 듯했는데, 어느새 마음 한구석에서 싸움을 걸어오는 목소리가 다시 들리기 시작합니다.

읽기만 해도 숨이 턱턱 막히지요? K양의 인생은 참 피곤하겠습니다. 자신의 강박증에 대하여 K양이 다른 태도를 취하지 않는 한, K양은 자신 내부의 싸움으로 날로 악화되는 숨 막히는 인생을 계속 살아야 할 겁니다. 강박증을 부르는 침투적 생각은 이렇게 무섭습니다.

침투적 생각에 대하여 K양이 어떻게 대처했는지 살펴봅시다. K양의 전략은 기본적으로 생각 떨쳐 내기입니다. 머리를 흔들면서 부인하는 행동, 다른 생각으로 대치하려는 노력, 논리적인 정면 공격 등이 사실은 모두 침투적 생각을 떨쳐 내기 위해 사용한 방법들입니다. 하지만 이 방법들을 사용한 결과는 오히려 더 참

담합니다. 그러니까 떨쳐 내기 방법들은 침투적 생각을 해결하기는커녕 그 힘을 강화하는 역할을 했다고 말할 수 있습니다. 마치 늪에 빠진 듯, 올가미에 걸린 듯 털어 내려고 안간힘을 쓰면 쓸수록 오히려 더 단단하게 들러붙게 만들고 말았으니까요.

역설이라는 말이 생각납니다. 논리적 차원에서는 모순을 일으키는 듯하지만 그 속에 중요한 진리가 담겨 있을 때 쓰는 말입니다. 칸트와 관련된 일화가 하나 있습니다. 평생 총각으로 지낸 칸트를 성심으로 뒷바라지한 가정부가 있었습니다. 그런데 어느 날 이 가정부가 돌이키기 어려운 큰 실수를 했습니다. 그래서 칸트는 이 가정부를 해고하려고 했습니다만 가정부가 깊이 반성하는데다 그동안에 살아온 정을 생각해서 마음을 바꾸기로 했답니다. 하지만 가정부를 볼 때마다 그 실수가 다시 생각나면 곤란하지요. 그래서 칸트는 가정부의 실수를 빨리 잊어버리기 위한 방법을 하나 찾아냈습니다. '우리 그 실수를 빨리 잊고 새로운 기분으로 살아갑시다.' 라는 글귀를 써서 문설주 위에 붙여 둔 것입니다. 문을 드나들 때마다 그 글귀를 읽으면 빨리 잊어버릴 수 있다고 판단했던 거지요. 결과는 어떻게 되었을까요? 빨리 잊기는커녕 문을 드나들 때마다 오히려 그 실수를 떠올리게 되는 바람에 낭패를 보았다고 합니다. 역설의 효과 때문입니다. '이성'에 관해 길이 남을 불후의 명저를 남긴 논리적 사고의 대가 칸트가 이런 실수를 했다니 참 재미있습니다.

침투적 생각으로 괴로워하는 사람들은 칸트와 마찬가지 역설에 빠진 듯합니다. 침투적 생각을 떨쳐 내려고 하는 일들이 오히려 그 생각을 불러들이고 영향력을 더 키워 주고 있습니다. 그럼 어떻게 해야 할까요? 글쎄요, 이미 한 가지 힌트는 드린 것 같습니다만.

오류가 개입된 생각

앞에 든 세 가지 생각도 오류가 있는 생각들이기는 합니다만 마음의 평안을 방해하는 정도가 크다고 여겨져서 따로 다루었습니다. 그렇다고 지금부터 이야기하는 내용이 중요하지 않다는 말은 전혀 아닙니다.

우리 머릿속에는 어떤 상황을 맞닥뜨리면 자동적으로 돌아가는 생각들이 있습니다. 이렇게 자동적으로 돌아가는 생각 중 삶을 고단하게 하고 불편한 마음을 일으키는 것들을 '자동화된 사고' 또는 '역기능적 사고'라고 부르는데, 이들은 대개 짧고 간단하지만 우리의 감정과 행동에 지대한 영향을 미칩니다. 심리학자인 아론 벡은 자동화된 사고에 여러 가지 논리적 결함과 오류가 있음을 지적하고 이를 몇 가지로 나누었습니다. 그 내용을 살펴볼까요.

흑백논리

흑백논리는 양극단적 사고, 이분법적 사고라고도 불립니다. 중간 지점이 없이 이것 아니면 저것, 전부 아니면 전무로 가르는 생각을 말합니다. 색깔로 치면 다양한 중간색 없이 흑 아니면 백으로 치우치고 선·악, 호·불호의 선택이 분명합니다. 흑백논리를 사용하는 사람은 반드시, 항상, 절대로, 완전히, 100%, 전적으로, 목숨 걸고 등등 화끈하고 절대적인 어휘를 많이 사용합니다. SKY 대학이 아니면 대학도 아니라고 무시한다면, 사람을 대할 때 내 편과 네 편 또는 선인과 악인으로 재빠르게 편 가르기를 하고 있다면, 세상 사람을 성공한 사람과 실패한 사람으로 나누고 있다면, 마음은 항상 편안해야 한다고 생각한다면, 그 사람은 흑백논리에 빠져 있다고 말할 수 있습니다. 무슨 일을 하든지 최고가 되기 위해 노력해야 한다든가, 살아 있는 동안 늘 최선을 다해야 한다고 생각하는 사람도 흑백논리에 빠져 있을 가능성이 높습니다.

재앙화

재앙화는 어떤 사태에 대해 지나치게 비관적이고 부정적으로 내다보는 생각을 말합니다. 현실에 대한 정확한 검증 없이 막연한 상태에서 어떤 일이나 사태가 커다란 재앙이 될 거라고 예측하는 것입니다. '임용고시에 떨어지면 나의 인생은 비참해질 것이다.'와 같은 자동적 생각이 예가 될 수 있습니다. 임용고시에 떨어지면 실망스러운 여러 가지 일이 벌어지겠지만 그것이 곧바로 비참한 인생과 직결되는 것은 아닙니다. 출근 시간에 지각을 했다고 직장상사의 눈 밖에 날 것을 심히 염려한다면 이것도 재앙화에 가깝습니다. 재앙화는 공황장애를 가진 사람들의 큰 특징이기도 합니다. 불안을 가져오는 사태를 맞이하면 금방 숨이 막히고 죽을 것 같은 생각이 들어서 정신을 못 차립니다. 불안이라는 놈이 왔다가 사라지는 것임에도 불구하고 자신을 죽여 버릴 것 같아 참아 내기가 힘듭니다. 이렇게 현실 검증 없이 부정적인 결과를 과장하여 비관적으로 흐르는 상태가 재앙화입니다.

터널시야

공책만한 종이를 둘둘 말아서 대롱을 만들어 그 대롱을 통해서 밖을 내다본다고 생각해 봅시다. 그러면 우리 시야에 들어오는 대상은 현저하게 축소됩니다. 이처럼 터널시야는 주어진 사태를 총체적으로 판단하지 않고 특정 측면, 특히 부정적 측면에 집중하여 지각하는 현상을 말합니다. 다양한 정보가 주어져 있음에도 불구하고 오로지 부정적이고 잘못된 측면에 선택적으로

주의를 기울이는 것이지요. 시험에서 평균 90점을 받은 학생이 잘한 과목은 거들떠보지도 않고 그중 제일 못한 과목에 집중하여 '시험을 망쳤다.'고 생각한다면, 부모님이 자신을 키우기 위해 애쓴 여러 일을 망각한 채 호되게 맞았던 기억을 떠올리며 '우리 부모님은 사랑이 없다.'고 생각한다면, 나라를 위해 성심을 다해 정치에 임하는 정치인들이 있음에도 불구하고 국회를 난장판으로 만든 사태를 생각하며 '정치인들은 모두 나라를 말아먹는 놈들'이라고 생각한다면, 이들은 터널시야에 빠져 있다고 말할 수 있습니다.

감정적 추론

　감정적 추론은 자신의 감정과 느낌을 판단의 근거로 삼는 것을 말합니다. 자신이 그렇게 느끼기 때문에 꼭 그렇게 되어야 한다고 생각하는 거죠. 예를 들어 봅시다. 시험을 보기 전에 '왠지 자신감이 없는 것을 보니 이 시험을 잘 볼 것 같지 않다.' '첫 데이트에서 괜히 마음이 불안한 걸 보니 이 여자와는 잘 안 될 거 같아.' '꿈자리가 사나우니 오늘 장사는 글렀다.' '불길한 느낌이 드는 것을 보니 오늘 대형 사고가 날 거야.' 라는 식으로 생각한다면 감정적 추론을 하는 셈입니다. 어떤 사람은 감정적 추론을 직관과 오해할 수도 있습니다. 하지만 직관은 어느 주제에 오래 몰입함으로써 자연스럽게 새로운 인식에 도달케 하는 세련된 방법임에 비해 감정적 추론은 그냥 우연히 그런 느낌이 들었다는 사실에 바탕을 둔 매우 거친 방법입니다. 누구나 어떤 일을 대할 때 속에서 감정이 일어나지만, 객관적 증거 없이 지나치게 감정에 의지하려 할 때 판단을 그르치게 될 가능성이 높습니다.

지나친 일반화

한두 가지 증거나 우연히 발생한 사건을 바탕으로 어떤 결론을 내리고 이 결론에 의존하여 다른 모든 사태를 설명하는 것이 지나친 일반화입니다. 대부분의 미신적 사고는 바로 이 과도한 일반화 때문에 생깁니다. 심한 가뭄에 시달리던 어느 날 하늘에 기도를 드렸더니 비가 오는 것을 보고 제사와 비를 연결시켜 기우제가 발생했다는 이야기를 들어보셨을 겁니다. 사람들이 징크스라고 말하는 현상도 유사한 논리입니다. 면도를 하고 시합에 임했더니 꼭 지는 거 같아서 시합 전에는 절대 면도를 하지 않는다, '넉 4자'를 보면 불길한 일이 생기니 계단을 올라갈 때도 네 번째 계단은 밟지 않는다, 아내와 성관계를 하다가 발기가 되지 않아서 망신을 당했는데 앞으로 아내와 성관계를 할 때 계속 발기가 되지 않을까 걱정스럽다는 식의 생각은 모두 지나친 일반화입니다. 한두 번 예외적으로 발생한 사실을 근거로 어떤 원칙을 세워 행동한다면 부당하게 손해 볼 상황이 많이 생길 것입니다.

낙인찍기

한 가지 행동 또는 어떤 상황의 부분적인 특성을 바탕으로 사태 전체를 단정적인 용어로 표현하는 것을 낙인찍기라고 합니다. 어쩌다 실수를 하면 '멍청이', 잠자리에서 늦게 일어나면 '잠꾸러기', 말을 듣지 않으면 '고집불통', 일을 열심히 하면 '일벌레', 사람을 바꿔가며 자주 데이트하는 것을 보면 '바람둥이', 시험에 떨어지면 '낙오자', 수업 시간에 장난을 치면 '말썽꾸러기', 동생을 때리면 '깡패', 거짓말 한두 번 하면 '사기꾼', 남의 물건을 모르고 가져갔는데 '도둑놈'이라고 이름을 붙이는 경우가 다 그렇습니다. 낙인찍기는 선입견을 심어 부정적인 감정을 유발하고 인격 전체를 바라보는 통합성을 해침으로써 사람들의 마음에 커다란 상처를 안겨 줄 수 있습니다. 낙인찍기 역시 지나친 일반화에 속합니다만, 지나친 일반화가 주로 자신에게 적용되는 것이라면 낙인찍기는 타인의 행동을 평가할 때 주로 사용됩니다.

축소

어떤 사태를 지나치게 확대하여 비관적인 의미를 부여하는 생각을 재앙화라고 했는데, 거꾸로 어떤 사태가 지닌 의미를 지나치게 줄이고 낮추어 버리는 생각을 축소라고 합니다. 시험 성적이 좋지 않게 나온 학생이 "시험 점수가 잘 나오면 어떻고 못 나오면 어떤가. 어차피 인생은 성적으로 사는 게 아닌데 별 신경 쓸 것 없다."라고 생각하며 공부를 등한시한다면 축소를 하는 셈입니다. 남편과 사이가 어그러져 이혼이라는 말이 오가는데도 부부싸움은 누구나 하는 것이라고 억지로 가볍게 생각하려는 여인, 어린 아들에게 자폐증상이 의심되는데 자신도 어렸을 때 언어 발달, 사회성 발달이 늦었다고 위안하며 대책을 세우지 않는 아버지, 경제 상황이 현저하게 악화되어 가는데도 억지 논리를 들이대며 괜찮을 거라고 우기는 정치인들도 마찬가지입니다. 사태의 심각성이나 위험성을 축소하면 잠시 마음의 평안을 얻겠지만 나중에 그 대가를 호되게 치를 수 있습니다. 호미로 막을 일을 가래로도 막지 못하게 키우는 거지요.

인지적 회피

축소보다 한 걸음 더 나아간 생각이 회피입니다. 분명히 어떤 상황에 문제나 결함이 있음에도 이를 무시하거나 무관심으로 일관할 뿐 아니라 도망칠 방법에 골똘해 있다면 인지적으로 회피하고 있는 것입니다. 앞에서 말한 여인, 즉 남편과 이혼이라는 말이 오가는 여인이 실제 자신은 남편과 아무 문제가 없다고 생각하고 있다면 인지적 회피를 의심할 수 있습니다. 대인관계에 심하게 불안을 느끼는 사람이 "불안은 모든 사람이 겪는 일상적 경험에 불과한 거야."라고 생각하며 아무 노력도 하지 않는 경우, 몸에 큰 병이 들었을까 봐 두려워하면서 오히려 문제가 없다고 큰소리치며 건강검진을 피하는 경우도 마찬가지입니다. 대구 지하철 참사를 겪었는데 그 사건을 전혀 기억하지 못하는 환자, 어릴 때 당한 아동학대를 기억하지 못하는 남자, 성추행당하던 전후 사정을 기억하지 못하는 여인 등 충격적 외상을 경험한 사람 중에는 사건 자체의 존재를 아예 기억에서 삭제해 버리는 경우도 있습니다.

독심술

별다른 정황 증거도 없고 확인 절차도 거치지 않은 채 상대방의 마음이 이러저러하다고 판단하고 믿어 버리는 것이 독심술입니다. '선생님이 저렇게 말하는 것은 나를 미워하기 때문이야.' '눈치를 보아 하니 사장님은 나를 싫어하는 게 분명해.' '저 자식은 내가 미우니까 저렇게 째려보는 걸 거야. 한번 본때를 보여 줘야겠어.' 독심술을 하는 사람들은 이런 식으로 마치 상대방의 속을 들여다보는 듯 자기 마음대로 상상하고 결론을 내립니다. 우리나라처럼 감정을 제대로 드러내지 않는 체면 사회에서는 독심술이 성행하기 쉽습니다. 특히 윗사람의 기분을 잘 살펴야 할 위치에 있는 아랫사람들은 상대방의 마음을 읽어 내는 데 비상한 재주가 있어야 합니다. 그래서 눈치를 발달시키고 독심술에 많이 의존합니다만 객관적인 증거가 부족하기 때문에 잘못해서

낭패를 볼 수도 있습니다.

==비논리적 오류==

서로 아무런 관련이 없는 두 사건을 부당하게 연관 짓는다면 비논리적 오류를 저지르는 셈입니다. 다른 말로 '독단적 추론'이라고도 합니다. '내가 공부를 못하는 것은 얼굴이 못생겼기 때문이다.' '병에 걸린 이유가 나에게 힘이 없어서 그런 것이므로 앞으로 이 병에서 헤어날 가망은 없다.' '우리나라 경제가 이 지경에 이른 것은 미네르바라는 정신 나간 놈이 인터넷에 잘못된 정보를 올려놓았기 때문이다.' '심한 댓글을 달아 나를 괴롭히는 사람들에게 복수하는 길은 자살뿐이다.' '가방끈도 짧은 졸부들이 떵떵거리고 잘 사는 것을 보면 마음이 우울해진다.' 는 식으로 자기 마음대로 선후관계나 인과관계를 규정하고 그 때문에 괴로워한다면 참 딱한 일입니다. 하지만 그런 생각이 왜 비논리적이고 독단적인지 다른 사람이 지적하려고 들면 의외로 강하게 반발합니다. 이는 나름대로 그렇게 되어야 하는 충분한 이유가 있다고 생각하기 때문입니다.

==반 추==

이미 지나가 버려 돌이킬 수 없는 사태나 사건을 반복하여 떠올리면서 후회하고 자책한다면 반추의 오류를 저지르는 것입니다. 실패한 과거를 잊지 못하고 현재로 가져옴으로써 괴로움을 자초하기 때문입니다. '아! 수능시험에서 언어영역을 한 개만 더 제대로 맞췄다면 원하는 대학에 갈 수 있었고 내 인생이 달라졌을 텐데…….' '맞벌이도 중요하지만 아이가 어렸을 때 그렇게 혼자 내버려 두지 않았어야 했는데…….' '그때 내가 좀 더 적극적으로 행동했으면 그 사람이 떠나지 않았을 텐데…….' '아! 그날 음주운전을 하지 말았어야 했는데…….' 등등 곰곰이 따질수록 안타까움만 늘어갈 따름입니다. 반추가 단순히 과거 잘못한 일을 후회하고 반성하는 데서 그친다면 그나마 다행이지만 죄책감이나 죄의식을 덜어 내는 수단으로써 자신을 벌하는 성격을 띠고 있다면 문제가 복잡해집니다. 과거가 마무리되지 않은 채 현재의 삶을 계속 오염시키며 부정적인 영향을 끼치기 때문입니다.

스타의식

자신이 다른 사람의 관심의 초점이라고 느끼고 타인의 시선을 지나치게 의식하는 사람은 스타의식에 빠져 있을 가능성이 높습니다. 자기중심성이 매우 높은 사람이지요. 특히 부정적 스타의식에 사로잡힌 사람은 다른 사람이 자신의 손짓 발짓 하나에 신경을 곤두세우고 민감하게 반응한다고 생각합니다. 그래서 자신이 실수를 하거나 잘못을 저지르면 틀림없이 비웃고 거부하며 비난할 거라고 단정해 버립니다. 단추가 하나 떨어진 옷을 입고 나오면 당황해서 이를 가리려고 쩔쩔매고, 길을 가다가 넘어지면 남이 볼까 봐 얼른 일어나서 꽁지가 빠지게 달아나고, 얼굴이 붉어져서 창피하다며 뜻있는 자리에서도 굳이 한 잔 술을 거부합니다. 자신을 세상의 중심이라고 여기는 거야 좋은 일이지만 때때로 거리를 두고 자신을 객관적으로 바라볼 줄 모르면 참 곤란합니다. 유명한 연예인에게조차 사람들이 그렇게 세심하고 민감한 관심을 보이지 않는다는 사실을 이들은 잘 모르는 듯합니다.

지금까지 우리 마음을 괴롭히는 생각들의 정체들에 대해 대충 살펴보았습니다. 생각이 빠질 수 있는 덫들이 제법 많군요. 그러나 덫은 어디까지나 덫에 불과합니다. 이들의 정체와 속성을 잘 이해하고 동시에 놓인 덫을 피하고 걸린 덫을 풀어 낼 방법만 알고 있다면 문제될 게 없을 겁니다.

절대적 생각들을 유연한 생각과 삼투성 높은 생각으로 바꾸면
마음도 덜 괴로워 집니다.

셋,
좋은 생각
끌어들이기

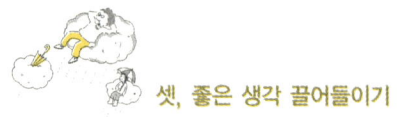 셋, 좋은 생각 끌어들이기

'좋은 생각'을 보는 시각은 매우 다양하겠습니다만, 저는 '마음을 편안하게 하는 생각'이라는 측면에서 살펴보려고 합니다. 생각을 어떻게 가져야 마음이 편안해질까요? 또는 마음을 편안하게 하는 좋은 생각은 어떤 것일까요?

우선 '마음을 괴롭히는 생각들'을 하지 않으면 될 것 같습니다. 그러니까 '못한다' '안 한다'는 생각을 안 하고, '절대적, 당위적 생각'을 안 하고, '침투적 생각'을 안 하고, '인지적 오류가 있는 생각'을 안 하는 거지요. 그런데 이렇게 '생각을 안 하는' 소극적인 쪽으로 방향을 잡으면 성공할 확률이 그다지 높지 않습니다. 앞에서도 잠깐 말했지만 생각을 안 해야 한다는 바로 그 생각 때문에 오히려 그런 생각을 끌어들일 수 있기 때문입니다. 그렇다면 아예 방향을 바꿔 버리는 게 어떨까요? 다시 말하면, 괴롭히는 생각들을 '안 하는' 대신에 좋은 생각들을 '하는' 쪽으로 방향을 트는 겁니다. '잘한다, 할 수 있다는 생각'을 하고, '유연한 생각'을 하고, '침투적 생각을 무력화시키는 생각'을 하고, '인지적 오류가 없는 생각'을 하자는 거지요. 어떻게 하냐고요? 뻔한 이야기지만 설명을 조금 덧붙여 보겠습니다. 아울러 좋은 생각을 끌어들이는 다른 방법들도 함께 살펴봅시다.

'잘한다' '할 수 있다'는 긍정적 생각

대입시험을 약 한 달 정도 앞둔 시점에 있었던 일입니다. 누구나처럼 저에게도 그때 함께 열심히 공부하며 꿈을 키우던 친구들이 있었는데, 그중에서도 뛰어나게 공부를 잘하는 친구 C가 몹시 불안해하고 있었습니다. 그 친구는 서울대학교 사회계열을 지원했는데요, 담임선생님 말로는 합격하고도 남는 실력이라고 했지요. 배치고사 성적에서도 그렇고 지금까지 그 친구가 유지해 온 성적을 보면 합격은 무난한 듯했습니다. 그럼에도 불구하고 이 친구는 불안한 기색을 감추지 못하고 있었어요. 그때 제가 한마디를 해 주었습니다.

"야, 뭘 걱정하냐. 네가 실력이 되니까 선생님이 거기 원서 써 주신 거잖아. 합격했다고 생각하고 맘 편하게 먹어."

친구에게 이렇게 말한 저는 어땠을까요? 실제로 저는 별로 불안을 느끼지 않았습니다. 중요한 시험이라 다소 긴장하기는 했지만 시험을 방해할 정도는 아니었습니다. 결국 친구는 그해에 떨어지고 재수를 해서 다음 해에 원하는 대학에 들어갔습니다. 물론 저는 그 해에 합격했고요. 돌이켜 보면 제가 그렇게 대범하게 입시를 대할 수 있었던 것은 고등학교 때 읽었던 책의 영향이 컸던 것 같습니다. 노먼 빈센트 필이 쓴 『적극적 사고방식』

이라는 책인데요, 책의 내용 중에서 아침에 일어나자마자 '나는 할 수 있다.'고 외치며 자기최면을 하라는 부분이 인상적이었습니다. 아침 일찍부터 '나는 할 수 있다.'는 자신감으로 무장하고 하루하루 충실하게 살다 보니 정말 자신감이 충만한 사람으로 바뀌게 된 거지요. 지금 생각하니 이때 제가 한 일이 나날의 삶에 대하여, 그리고 삶을 맞이하는 자신에 대하여 긍정적인 태도를 갖추도록 도왔던 것 같습니다. 양자학적으로 말하면 우주에 흐르는 긍정적인 기에 주파수를 맞추고 이 기를 저에게 끌어당긴 셈이었던 겁니다.

편안한 마음으로 세상을 살아가려면 삶을 긍정적으로 대하라고 했습니다만, 이것은 저절로 되지 않고 공을 들여야 하는 일입니다. 삶을 긍정적으로 대한다는 말은 삶에서 일어나는 모든 일에서 좋은 점, 바람직한 점, 보다 나은 점을 찾는다는 말과 통합니다. 그러니까 삶에서 일어나는 일들을 밝은 양지로 가져와 따뜻한 빛을 비추어 주는 거지요.

어떤 사람이 병에 걸렸다고 합시다. 보통 사람들은 병을 싫어할 뿐 아니라 병에 걸리지 않기 위하여 여러 가지로 노력을 하다가 막상 병에 걸리면 불안과 공포에 떨게 됩니다. 그야말로 병은 생명을 위협하는 가장 치명적인 '적'이 됩니다. 이렇게 병이 '적'으로만 여겨지면 병을 긍정적으로 대할 수 있는 시각이 설 자리를 잃게 됩니다. 그러니 병과 화해하여 좋은 결과를 얻어 낼 길이 처음부터 차단되어 버리고 맙니다. 하지만 삶을 긍정적으로 대하는 사람이라면 병이 두려워 공포에 떠는 대신 그 병이 자

아침 일찍부터 '나는 할 수 있다.'는 자신감으로 무장하고
하루하루 충실하게 살다 보니 정말 자신감이 충만한 사람으로 바뀌게 됩니다.
지금 생각하니 이때 제가 한 일이 나날의 삶에 대하여
그리고 삶을 맞이하는 자신에 대하여 긍정적인 태도를 갖추도록 도왔던 것 같습니다.

신에게 전해 주려고 하는 메시지가 무엇인지 알아내기 위하여 노력할 것입니다. 아울러 병이 나을 거라는 확신을 가지고 차분하게 치료에 임할 테지요. 통계 자료를 보면, 이른바 '죽을 병'에 걸렸다고 선고를 받았던 사람들이 깨끗하게 치유되는 사례가 상당수 있습니다. 아마 이들 대부분은 긍정적인 태도로 삶을 받아들이는 사람들이었을 겁니다. 긍정적인 자세로 삶을 포용하고 '죽을 병'을 바라보는 시선에 생명의 온기를 더함으로써 기적을 연출하게 되었다면 지나친 해석일까요?

그래서 연습해야 합니다. 삶을 긍정적으로 따뜻하게 바라보는 시선을 배워야 합니다. 그리하여 '해낼 수 있다, 잘 할 수 있다.'는 신념이 피와 살 속으로 스미고 배어야 합니다. '죽을 병' 속에서도 부활의 희망을 볼 줄 알고, 좌절과 고통 속에서도 승리의 기운을 감지할 수 있으며, 작은 일에서도 기쁨과 즐거움을 찾아내는 역량은 이렇게 연습을 통해 키워지는 것입니다.

무엇을 어떻게 연습하냐고요? 아주 간단한 데서부터 시작하면 됩니다. 우선 제가 했던 것처럼 자신에게 긍정적인 말 걸기를 해 보세요. 하루를 시작하기 전 아침 시간도 좋고, 일과 중 짬이 나면 언제든 좋습니다. 자기 스스로에게 "나는 해낼 수 있어, 잘 할 수 있어."라고 말해 주세요. 때로는 속삭임으로, 때로는 커다란 외침으로 이렇게 말함으로써 긍정적 분위기로 자신을 감싸 안아 주는 겁니다.

마음속에 긍정적인 그림을 그리는 방법도 좋습니다. 자신이 원하는 일을 성공적으로 이루어 내는 영상을 생생하게 그려 보

는 겁니다. 시험을 준비하는 사람이라면 당당한 모습으로 시험을 치르고 원하는 점수를 얻어 환호하는 영상을, 활을 쏘는 사람이라면 자신이 쏜 화살이 과녁의 중앙을 꿰뚫는 영상을 계속 머릿속에 떠올리는 거지요. 심상훈련이라고 알려진 이 방법은 꽤나 효과가 있습니다. 세계 양궁계를 휩쓸고 있는 우리나라의 양궁사들이 이 방법으로 마인드 컨트롤한다는 사실은 많이 알려져 있습니다.

앞에서 예기불안이 문제라고 말했는데요, '순간에 몰입하는 삶'을 살게 되면 예기불안의 힘은 그만큼 약해집니다. 순간에 몰입한다는 말은 지금-여기 나에게 일어나는 일들에 정신을 집중하며 살아간다는 뜻입니다. 아침밥을 먹는 순간에는 입에 들어가는 음식이 주는 맛과 촉감에 집중하고, 화장실에서 대소변을 볼 때는 온몸을 스쳐 가는 생리적 만족감에 집중하고, 걸음을 걸을 때는 사지의 움직임에 주의를 집중합니다. 앞으로 있을 일은 그때 닥쳐서 또 집중하면 되지 미리 걱정할 필요가 없습니다. 시험을 앞에 둔 학생이라면 지금 한순간 한순간 공부에 몰입해 들어가면 충분합니다. 이렇게 하는 것이 성적도 향상시키고 지금 이 순간을 놓치지 않고 충실히 사는 방법이기도 합니다. 아직 오지도 않은 미래를, 그것도 불길한 색채로 뒤덮는 쓸데없는 걱정일랑 뒤로 미루고 지금 이 순간에 몰입해 사는 생활을 확실히 몸에 붙여 두는 겁니다.

과거에 경험했던 실패나 불행한 사건 때문에 자신감을 잃고 위축된 경우도 있을 겁니다. 충분히 이해가 갑니다만, 그렇다고

마음 속에 긍정적인 그림을 그리는 방법도 좋습니다. 자신이 원하는 일을 성공적으로 이루어 내는 영상을 생생하게 그려 보는 겁니다. 시험을 준비하는 사람이라면 당당한 모습으로 시험을 치르고 원하는 점수를 얻어 환호하는 영상을, 활을 쏘는 사람이라면 자신이 쏜 화살이 과녁의 중앙을 꿰뚫는 영상을 계속 머릿속에 떠올리는 거지요.

해서 늘 자신을 인생 낙오자라고 생각하며 살아갈 수는 없습니다. 실패한 과거, 불행한 과거는 하루빨리 털어 버리고 새롭게 출발하는 게 최선입니다. 그러려면 그런 과거를 과감하게 노출하세요. 힘든 경험을 혼자 가슴 깊이 끌어안고 끙끙거리지 말고 대명천지 밝은 세상에 드러내 알리세요. 처음에는 엄청 '쪽팔려서' 고개를 들고 다니지도 못하겠지만 이렇게 하다보면 어느 틈에 그게 그리 대단한 일이 아니라는 사실을 알게 될 겁니다. 이렇게 되면 마음이 가벼워짐과 동시에 새 출발을 향한 각오가 새록새록 솟아날 것입니다.

자신이 특별한 사람이라는 사실에 확실한 도장을 찍는 것도 한 방법입니다. 우리 각자는 세상에 하나밖에 없는 정말로 특별한 존재입니다. 온 세상을 다 준다고 해도 생명과 바꿀 수 없다는 말처럼, '나'는 그렇게 고귀한 존재이기도 합니다. 그렇다면 특별하고 고귀한 나를 우주의 중심으로 대접할 필요가 있습니다. 다른 누가 아니라 '나' 스스로 '나'를 그렇게 대접해야 합니다. 그러니까 세상에서 일어나는 모든 일이 사실은 다 나를 위해 일어나는 일이라고 생각하고 즐거운 마음으로 받아들일 수 있어야 합니다. 좋은 일은 말할 것도 없고, 내가 경험하는 온갖 실패, 아픔, 슬픔도 사실은 특별한 사람이기 때문에 신이 나에게 내린 은총입니다. 역사에 이름을 남긴 위인 가운데 고통과 역경을 경험하지 않은 사람은 없습니다. 만일 지금 '나'의 삶이 고달프다면 내 삶이 그렇게 되어야 할 특별한 이유가 있어서일 겁니다. 그러니까 자신을 세상의 중심축에 놓는 '철저한' 이기주의자로 살아가세요.

유연성·삼투성이 높은 생각

"단단하고 강한 것은 떨어지고 부드럽고 약한 것이 마침내 이기리라."

이 말은 『도덕경』에 나오는 말입니다. 강한 것보다 부드러운 것이 낫다는 말인데요, 세상 이치가 다 그렇다 하니 생각도 마찬가지겠지요. 사실 한 치 흐트러짐 없이 외줄로 흐르는 절대적 생각은 부러지고 꺾어져 결국 마음에 상처를 입힐 가능성이 높지만, 상황 따라 흐름 따라 부드럽고 연하게 이리저리 굽힐 줄 아는 유연한 생각은 마음을 편안하게 이끌어 갑니다. 똑같이 이별을 맞게 된 연인이라도 "한 번 애인은 영원한 애인이어야 해."라고 생각하는 사람과 "헤어짐은 또 다른 만남의 시작이야."라고 생각하는 사람이 겪을 마음 고생에는 커다란 차이가 있을 수밖에 없습니다.

유연성은 생각을 이리저리 바꿀 수 있는 융통성을 뜻하고, 삼투성은 다른 생각을 받아들일 수 있는 수용성을 뜻합니다만, 유연성이나 삼투성 모두 절대적 생각의 강도를 희석시키고 상황에 맞도록 수위를 조절해 준다는 점에서 함께 묶을 수 있습니다. 절대적 생각을 포기하지 않는 한 상황에 맞춰 자신의 생각을 바꿔 나가는 일이나 자신과 다르게 보는 사람의 생각을 포용하는 일은 몹시 어렵겠지요.

영어로 must, should, ought to 등은 절대적 생각을 나타내는 반면에 may, could be, better 등은 유연성과 삼투성이 높은 생각을 나타냅니다. 그러니까 '~할 수도 있지' '~하면^{하지 않으면} 더 좋을 거야.'라고 생각하는 것이 유연성과 삼투성이 높은 생각이라는 겁니다. 어떤 일을 당하여 이렇게 유연성과 삼투성이 높은 생각을 하면 마음이 한결 편안해집니다. 예를 들어 볼까요? 생각지도 못했던 커다란 교통사고를 당한 사람이 있다고 합시다. 만일 이 사람이 '나에게 이런 일이 일어날 수는 없어.'라는 생각으로 일관한다면 그 불행은 끝이 없을 겁니다. 하지만 "사고가 나지 않은 것보다는 못하지만 목숨을 건진 것만도 다행이야. 이제 새롭게 살길을 찾아야지."라고 생각하고 사고를 받아들이면 한결 마음이 편안할 뿐만 아니라 사고의 후유증도 훨씬 더 빨리 극복할 수 있을 겁니다.

앞에서 엘리스가 제시한 사람들을 괴롭히는 10여 개의 절대적 생각을 살펴보았습니다. 그의 주장이 사실이라면 이 절대적 생각들을 유연한 생각과 삼투성 높은 생각으로 바꾸면 그만큼 마음도 덜 괴로울 겁니다. 그렇다면 어떻게 해야 그렇게 바꿀 수 있을까요? 별로 어렵지 않습니다. 첫 번째에 해당하는 '나는 중요한 모든 사람에게 사랑과 인정을 받아야 한다는 생각'을 예로 들어 봅시다.

이 문장에서 '받아야 한다'는 부분을 '받으면 좋겠다'로 바꾸기만 하면 됩니다. 그러니까 '나는 중요한 모든 사람에게 사

절대적 생각들을 유연한 생각과 삼투성 높은 생각으로 바꾸면 마음도 덜 괴로워 집니다.

랑과 인정을 받으면 좋겠다.'로 바꾸는 겁니다. 문장을 이렇게 바꾸면 그 의미가 상당히 달라집니다. 우선 '받으면 좋겠다'는 말은 '사랑과 존중'을 받지 않아도 문제가 없다는 뜻을 포함하고 있습니다. 그런 것이 없어도 내가 살아가는 데는 물론이요, 내 존재의 가치에 아무런 문제가 없다는 말입니다. 다만, 다른 사람들이 '사랑과 존중'을 해 주면 그만큼 더 좋을 따름입니다. 그 다른 사람들이 하나면 하나만큼, 둘이면 둘만큼, 100이면 100만큼 더 좋기는 합니다. 하지만 숫자가 늘어나면 그만큼 더 좋을 따름이지 그것이 내가 사는 이유는 결코 아니라는 말입니다. 정말 이렇게 생각하고 이 생각에 충실하게 살아간다면 마음이 괴로운 일은 그다지 많지 않을 것 같습니다. "어머니는 나를 꼭 사랑해야 해. 그래야 내가 사는 보람이 있지."라고 생각하며 사는 사람보다 "어머니가 나를 사랑해 주시면 좋겠지만 설사 어머니가 나를 사랑하지 않는다고 해서 내 인생에 보람이 없는 것은 아니야."라고 생각하고 사는 사람이 어머니와 훨씬 더 편안한 관계를 유지할 뿐 아니라 둘 사이의 관계도 매우 건강할 겁니다.

원리는 이렇게 간단합니다. 문제는 실제로 내가 내 생각을 이렇게 유연하고 삼투성이 높게 바꿔 갈 수 있는가에 달려 있습니다. 반복 연습이 달인을 만든다고 했습니다. 처음에는 어색하지만 자꾸 이런 식으로 생각을 하다 보면 어느새 익숙해질 겁니다. 엘리스가 말한 10여 개의 절대적 생각을 가지고 열심히 연습해 보면 좋은 결과가 있으리라 장담합니다.

말은 쉽게 했지만 사실 생각의 기본 패턴을 바꾸고 마음을 가

다듬는 일은 그리 쉽지 않습니다. 그래서 읽는 여러분에게 실감도 더할 겸 또 조금 더 구체적인 방법을 제공할 겸 제가 바로 며칠 전에 경험한 사례를 하나 들어 설명해 보겠습니다.

며칠 전 직장 후배 L 교수와 가벼운 충돌이 있었습니다. 새로 설치할 교육과정과 관련된 일이었습니다. 처음에는 별일 아니라고 생각하고 모임에 나갔는데 L 교수의 말과 행동을 지켜보면서 마음이 무거워지기 시작했습니다. 몇 마디 말이 오가고 난 뒤 L 교수가 다소 언성을 높이며 더 이상 논의가 필요 없으니 공모를 통해 경쟁하는 방법으로 가자고 말하고서 급한 다른 회의가 있다고 자리를 떴습니다. 모임을 끝내고 집에 왔지만 개운치가 않았는데 그 다음날도 그 상태가 계속되었습니다. 그리하여 나름대로 작업을 시작했습니다. 우선 내 마음에 남아 있는 찜찜한 기분의 정체를 탐색하기 시작했습니다. 속을 들여다보면서 찾아보니 찜찜한 기분의 정체가 실망감, 배신감, 분노감으로 드러났습니다. 계속해서 무엇에 대한 실망, 배신, 분노인가를 더듬어 보니 크게 세 가지 이유가 나타나더군요. 첫째, 그 교수에 대해 평소 높게 평가해 왔던 합리성에 대한 실망, 둘째 제 전공을 제대로 인정하지 않는 태도에 대한 분노, 셋째 지난 10여 년간 저를 선배로 대접하며 존경한다고 말하던 태도에 대한 배신감이 그것이었습니다. 그래서 하나하나 그 이유에 대해 따지면서 생각 바꾸기를 시작했습니다.

평소 L 교수에 대해 저는 대단히 합리적인 사람이라는 판단을 하고 있었습니다. 대학에 여러 가지 일이 있을 때 L 교수가 보여 준 모습은 그렇게 인정하기에 충분했습니다. 그래서 그를 좋게 생각하고 앞으로 우리 대학에서 큰 역할을 할 사람이라고 여겼습니다. 그렇게 생각했던 L 교수가 갑자기 처음부터 합리적인 소통을 거부하는 모습을 보고 충격을 받은 모양입니다. 잘은 모르지만 L 교수의 합리성은 자기관여 정도에 따라 달라질 수 있다는 점을 확인한 셈이 되었습니다. L 교수 역시 자신의 개인적 이익에 불합치할 가능성이 있는 사안에 대해서는 얼마든지 편파적일 수 있다는 걸 확인했으니 실망이 컸던 거지요. 여기에서 제 절대적 생각을 찾아낼 수 있었습니다. L 교수에 대한 저의 기대가 어느새 단순한 기대를 넘어 'L 교수는 모든 일에 합리적이어야 한다.'는 생각으로 자리를 굳히게 된 거지요. 이런 생각을 하고 있는데 L 교수의 비합리적인 모습과 부딪혔으니 실망할 수밖에요. 만일 제가 'L 교수가 매사에 합리적인 사람이면 참 좋겠다.'는 식으로 좀 더 유연하게 생각하고 살았다면 굳이 실망할 필요까지는 없었을 겁니다.

제 전공을 제대로 인정하지 않는 태도에 대해서도 속이 많이 상했습니다. 이는 제 전공에 대해, 그리고 그 전공자인 저에 대한 도전이라는 생각까지 들었습니다. 이 분야에서 공부를 시작한 것이 30년 가까이 되고, 관련 전문 서적도 수십 권을 낸 저의 전공을 무시하고 다른 전공자들도 쉽게 해낼 수 있는 것처럼 말하다니 참 괘씸했습니다. 그런데 한 발 물러서서 생각하니 L 교수가 제 전공과 저를 존중해 줘야 할 아무런 이유가 없었습니다. 그러면 좋지만 꼭 그래야 할 필연적인 이유가 없는 거지요. 알고 보면 '전공과 관련된 내용은 반드시 전공한 사람이 가르쳐야 한다.' '다른 전공자들은 이 분야를 전공하는 나를 존경해야 한다.' 는 생각은 내 마음대로 지어낸 절대적 생각에 불과합니다. 이 생각을 하고 있으니 남의 말에 쉽게 상처를 입을 수밖에 없습니다. 만일 제가 "전공과 관련된 내용은 전공한 사람이 가르치면 더 좋겠지만 상황에 따라 다른 사람들도 할 수 있겠지." "사람들이 내가 이 분야의 권위자라고 생각해 주면 더 좋기는 하지만 다르게 생각할 수도 있어."라고 유연하게 생각했다면 조금 괘씸은 했겠지만 분노할 이유가 없지요.

지난 10년간 선배로 대접하며 존경해 준 것에 대해서는 제가 배신감을 느껴야 할 일이 아니라 고마워해야 할 사항입니다. 어떤 이유로든 10여 년이 넘게 존경을 받았다면 그 사실 자체가 소중하지요. 이제 와서 존경하지 않는 태도를 보였다고 해서 지난 10년이 제로가 되는 것은 아닙니다. 하물며 배신감까지 느끼다니요. 그러고 보니 저는 참 받는 데 익숙한 사람이라는 생각이 듭니다. 받는 것은 익숙하고 주는 것은 인색하고, "과거에 나를 존경한 사람은 앞으로도 계속 나를 존경해야 해."라는 절대적 생각 역시 어리석기

짝이 없습니다. "그 사람이 나를 깍듯하게 선배로 대접하며 존경해 준 것은 참 고마운 일이야. 하지만 사정이 생기면 얼마든지 태도를 바꿀 수도 있지." 이렇게 생각했다면 잠시 섭섭한 마음이 들었을지언정 배신감까지 느끼지는 않았을 겁니다.

이렇게 생각 바꾸기를 하며 마음을 가라앉히는 데 딱 3일 걸렸습니다. 3일이면 저에게는 제법 긴 시간입니다만, 어쨌든 제대로 소화가 되었습니다. 마음에 걸리는 일이 생기면 여러분도 저처럼 해 보세요. 먼저 마음에 걸리는 감정이 정확하게 어떤 것인지 정체를 확인하고, 그 다음에 그런 감정을 가져오게 한 절대적 생각을 찾아보고, 그러고 나서 절대적 생각을 유연한 생각으로 갈아 치우는 겁니다. 그리고 며칠에 걸쳐 유연한 생각에 젖는 연습을 하세요. 아마 훨씬 더 생활이 편안하고 안락해질 것입니다.

침투적 생각을 무력화시키는 생각

앞에서 자기 마음대로 치고 들어와 자리를 잡은 채 나갈 생각을 하지 않고 버티는 것이 침투적 생각이라고 했고, 침투적 생각을 떨쳐 내기 위해 사용하는 방법들이 오히려 문제를 더 악화시킨다고 말했습니다. 아울러 침투적 생각을 이겨 내기 위한 전략한 가지를 슬쩍 언급했습니다. 여기서 몇 가지 다른 전략들도 살

침투적 생각은 떨쳐 내려고 하면 더욱 문제를 악화시킵니다.
침투적 생각은 내 의지에 따라 억지로 통제할 수 있는 대상이 아닙니다.
통제하려 할 수록 오히려 싸움만 더 치열해질 뿐입니다.

펴봅시다.

침투적 생각에 대해서는 대응하지 않는 것이 최고의 대응입니다. 들어오거나 말거나 그냥 내버려 두는 거지요. 이렇게 철저하게 대응하지 않고 그대로 내버려 두면 침투적 생각은 풀이 죽어서 스스로 물러갑니다. 손바닥도 마주쳐야 소리가 난다고 했나요? 침투적 생각이 아무리 요란하게 발광을 쳐도 싸움할 상대가 없으면 싸움판 자체가 만들어지지 않습니다. 원래 침투적 생각이라는 놈은 나의 의지에 따라 들어온 것이 아닙니다. 따라서 내 의지에 따라 통제할 수 있는 대상이 아닙니다. 이런 놈을 나의 의지에 따라 억지로 통제하려고 하니 먹혀들 리가 없습니다. 통제하려고 할수록 오히려 싸움만 더욱 치열해질 뿐입니다.

저는 젊은 한때 아주 독실한 크리스천이었습니다. 전도도 열심히 하고 새벽 기도회도 나가고 장래 목회 활동을 해야겠다는 생각을 할 정도였으니까요. 그러던 어느 날부터 마음이 불편해지기 시작했습니다. 예배를 드리는 동안 속이 불편해지면서 무언가 소리를 지르고 싶은 마음이 드는 것이었습니다. 처음에는 대수롭지 않게 여겼는데 시간이 지날수록 상태가 점점 더 나빠졌습니다. 드디어 교회에 가서 예배 드리는 시간이 나의 내면과 싸우는 고통의 시간이 되었고 교회 생각만 해도 머리가 지끈지끈 아파 왔습니다. 아! 이게 웬일입니까? 평생을 독실한 신자로, 주님의 목자로 헌신하고 살겠다고 언약하고 착실하게 그 길을 가고 있는데 웬 날벼락입니까? 이 생각을 떼어 내기 위해 저는 정말 처절하게 노력했습니다. 내가 무슨 잘못을 했는지 아주 작은 일까지 되돌아보며 반성과 회개도 하고, 주님을 붙들고 기도하며 울기도 참 많이 울었고, 선배 신도들에게 상담을 청해 상담도 했습니다. 하지만 제가 노력하면 할수록 이 증상은 더 나빠져 갈 따름이었습니다. 다행히 최악의 상태에 이르렀을 때쯤 군에 입대하게 되었습니다. 군대에서 저는 마음을 바꿔 먹었습니다.

"에라, 기왕 환경도 바뀌었으니 군대에 있는 동안 좀 편안하게 살자. 교회에는 완전히 발을 끊고 내 마음이 시키는 대로 하며 살아 보자. 보통 젊은이들처럼 연애도 하고 술도 마셔 보고 그동안 해 보지 못한 것들에 빠져 보자. 제대할 때 다시 원위치하면 되지 뭐."

이렇게 생각하며 기도도 그만두고 주님께 매달리는 일도 그만둔 채 삶을 180도 뒤바꿨더니 마음이 왜 그렇게 편하던지요. 제대 후에 전에 다니던 교회에 다시 가서 예배도 드렸습니다만, 앞에 말했던 증상은 씻은 듯 사라졌습니다. 제가 목회자에서 상담자로 인생을 바꾼 계기가 이렇습니다.

침투적 생각을 무력화하는 또 하나의 전략으로 역설을 활용할 수도 있습니다. 침투적 생각의 문제는 내 의지대로 통제가 되지 않는다는 데 있습니다. 이 점을 거꾸로 이용하여 침투적 생각

을 내 의지에 따라 조절할 수 있는 생각으로 바꿔 버리는 겁니다. 그러니까 침투적 생각을 마치 내 의지에서 나온 것처럼 환영하며 초대해 들이는 거지요. 억지로 떨쳐 내려는 방법과 정반대의 전략입니다.

'애들에게 사고가 나면 어떻게 하지?' 나도 모르게 이런 생각이 자꾸 들어 마음이 괴롭다면 전략을 바꿔 보세요. 먼저 하루에 이런 생각이 얼마나 자주 드는지 빈도를 헤아려 보세요. 하루에 대략 50번 정도 이런 생각이 든다고 하면 내일부터는 횟수를 늘려서 '일부러' 100번 정도 이 생각을 떠올려 보는 겁니다. 100번 하기가 좀 힘들다면 횟수를 70~80번 정도로 조금 줄여도 상관없습니다. 수업 시간에 불쑥불쑥 선생님에게 욕하고 싶은 생각이 떠올라 괴로운 적이 있나요? 그렇다면 먼저 수업을 듣는 한 시간 동안 이런 생각이 도대체 몇 번 떠오르는지 세어 보세요. 한 시간에 대략 20번 정도 이런 생각이 든다면 다음 수업 시간부터는 횟수를 늘려 '일부러' 30번 정도 이 생각을 떠올려 보는 겁니다.

침투적 생각을 대하는 태도를 이렇게 바꾸면 이상한 현상이 생기기 시작합니다. 종전에는 그냥 있어도 마구 떠오르던 생각들이 이제는 일부러 떠올리려고 노력을 해도 잘 떠오르지 않게 됩니다. '일부러'가 어느새 '억지로'로 바뀌면서 침투적 생각이 서서히 꼬리를 내리고 마는 거지요. 이런 현상을 두고 역설의 효과라고 말합니다. 떨쳐 내려고 하면 들러붙고, 붙잡으려고 하면 달아나고……. 왜 이런 효과가 나타날까요? 여러 가지 설명이 가능

먼저 한 시간 동안 침투적 생각이 도대체 몇 번 떠오르는지 세어 보세요. 한 시간에 대략 20번 정도 이런 생각이 든다면 다음 시간부터는 횟수를 늘려 '일부러' 30번 정도 이 생각을 떠올려 보는 겁니다.

하겠습니다만, 저는 주체화의 효과라고 설명하고 싶군요. 전에는 '자기도 모르게' 무언가 다른 것에 의해 벌어지던 현상이 이제 '자기가 만드는' 현상으로 변하면서 비밀스러움과 신비로움이 모두 벗겨져 버린 거지요. 그러니 이제 더 무서워할 일도 피할 일도 없어져 버린 것입니다. 혹시 동네 개에게 쫓겨 본 적이 있습니까? 산악자전거를 타고 다니다 보면 풀어놓은 동네 개들이 울부짖으며 따라올 때가 있습니다. 혹시나 물릴까 봐 잽싸게 페달을 밟아 도망을 치노라면 몸 뒤쪽이 서늘해지면서 엄청난 공포가 밀려옵니다. 반면에 도망갈 생각을 버리고 개를 정면으로 마주 보면서 쫓아 버릴 자세를 취하면 오히려 마음이 담담해지는 것을 느낍니다. 자기 눈으로 사태 전체를 파악하면서 대응할 수 있다는 사실이 마음 상태에 이렇게 큰 영향을 주는 거지요.

침투적 생각이 일어날 때 그냥 지켜보는 방법도 있습니다. 지켜본다는 말은 침투적 생각이 어떻게 시작되어서 어떤 작용을 하다가 어떻게 사라지는지 전체 과정을 마치 영화를 보듯 객관적인 입장에서 바라본다는 뜻입니다. 지켜보기 역시 침투적 생각에 대해서 간섭하지 않는다는 점에서 무대응 전략과 유사합니다만, 무대응 전략이 정말 소극적으로 침투적 생각을 그냥 내버려 두는 것이라면 지켜보기는 한편으로 내버려 두고 다른 한편으로 이를 주시하며 지켜본다는 차이가 있습니다.

'애들에게 사고가 나면 어떻게 하지?' 라는 침투적 생각이 들었을 때 지켜보기는 다음과 같이 진행될 수 있습니다. '어? 애들에게 사고가 나면 어떻게 하지?' 라는 생각이 들어왔네. 그

다음에 '내가 가만있으면 안 되지, 애들이 뭐하고 있나 알아봐야지.' 라는 생각이 들어오네. 그다음에 '유치원 선생님에게 전화를 걸어서 확인해야지.' 라는 생각이 들어오네. 그다음에 내가 유치원 선생님에게 전화를 걸어 아이들 안부를 확인하네. 그다음에 '에휴, 괜한 걱정을 했어. 아직 유치원에서 활동하고 있다는데 뭘.' 하는 생각이 들어오네. 그다음에 '휴, 별것도 아닌데 창피하게 유치원 선생님께 괜히 유난을 떨었어. 다음에는 그러지 말아야지.' 하는 생각이 들어오네. 그다음에 불안한 마음이 가라앉네. 그다음에 '다음에는 조금 더 차분해야겠어.' 라는 생각이 드네…….

마음 한쪽에서는 침투적 생각과 그것이 일으키는 후속 과정이 꼬리를 물고 이어지고, 다른 한쪽에서는 꼬리를 물고 이어지는 생각과 과정을 놓치지 않고 지켜보는 일이 동시에 진행되니 마음이 무척 바빠집니다. 그래도 이 작업을 꾸준히 하면 소득이 있습니다. 침투적 생각을 '객관적인 입장'에서 바라보는 일이 서서히 가능하게 되기 때문입니다. 마음속에서 객관적으로 바라보는 입장이 힘을 얻기 시작하면 뚜렷한 근거 없이 황당하게 시작된 침투적 생각이 꼬리를 내리고 사라질 수밖에 없는 거지요.

 인지적 오류가 없는 생각

인지적 결함이 하나도 없는, 오류로부터 완전히 자유로운 생

각을 하면서 살아간다면 얼마나 삶이 반듯하고 완벽하겠습니까. 하지만 인류 중 몇 사람이나 그럴 수 있을까요. 우리 대부분은 이런저런 생각의 오류를 저지르며 살아갑니다. 다만, 그 오류가 지나쳐서 마음을 불편하게 하고 세상을 즐기며 살아가는 데 방해가 되지 않기를 바랄 따름입니다.

앞에서 사람들이 흔히 빠지기 쉬운 생각의 오류에 대해 살펴봤습니다. 그런데 이 오류들은 과학적 합리성이 떨어진다는 특징이 있습니다. 결국 '과학적'이지 못하다는 말이지요. 그러고 보니 사람들의 생각은 실험실에서 과학자가 하는 일과 비슷한 데가 많습니다. 과학자가 하는 일을 쉽게 간추려 말한다면, 어떤 현상을 관찰하고, 관찰한 내용을 기술하고, 기술된 내용을 바탕으로 가설을 설정하고, 자료를 수집하여 설정된 가설의 진위 여부를 검증하고, 검증된 사실에 근거하여 현상의 인과관계를 설명하고, 설명한 인과관계를 중심으로 현실을 통제하거나 미래를 예측하는 것입니다. 과학자는 이런 절차를 엄격한 표준 밑에서 체계적으로 진행해 나간다는 점에서, 그리고 실험실에서 가운을 입고 작업을 한다는 점에서 남다른 일을 하는 사람들입니다. 그런데 과학자가 수행하는 이 일련의 작업이 우리가 생각을 전개하는 방식과 매우 유사한 특징이 있습니다.

예를 하나 들어 볼까요? 며느리를 고르는 어떤 어머니가 있다고 합시다. 일단 이 어머니는 주변에 며느릿감이 될 만한 처녀들이 있나 다양한 네트워크를 통해서 찾아낼 겁니다. 일단 네트워크를 통해 후보자가 발견되었습니다. 이때부터 이 어머니는 며느리 후보자에 대한 자세한 정보를 얻는 작업을 시작합니다. 관찰을 시작하는 거지요. 어느 정도 관찰이 진행되고 이모저모 살펴^{자료수집} 괜찮겠다는 판단이 서면^{가설 설정} 후보자를 만나 보고 자신의 판단이 옳은지 확인합니다^{가설 검증}. 후보자에게 만족하여 마음이 정해지면 이제 아들을 설득하는 일이 남았습니다. 그리하여 이런저런 근거를 들어 가며 며느리 후보자가 훌륭하다는 사실을 설명하고^{인과적 설명} 이 처녀와 결혼하면 앞으로 네 인생이 행복할 거라고^{예측} 아들의 선택을 강요합니다.

자, 과학적 엄밀성에서는 차이가 있지만 이 어머니의 생각이 흘러가는 대략적인 과정이 과학자가 과학을 탐구하는 과정과 유사하지 않습니까? 이 어머니뿐이 아닙니다. 어떤 대상에 대해 생각을 시작할 때 우리는 대충 이런 절차와 과정을 거칩니다. 물론 중간 과정을 뛰어넘을 수도 있습니다.

과학적 절차와 과정은 이렇게 분명하지만 훈련받은 과학자조차도 이 절차와 과정에서 실수를 하고 오류를 범할 수 있습니다. 요즘 들어 우리를 짜증나게 했던 기상예보 기억하시지요? 최고의 훈련을 받은 전문가들이 고급 장비를 사용하여 데이터를 수집하고 분석한 후 내린 결론일 텐데도 예보가 종종 어긋납니다. 왜 그럴까요? 아마 앞에서 말한 과학적 절차의 어느 과정에서 오류가 있었음에 틀림없습니다. 관찰이 잘못될 수도 있고, 관찰에 대한 기록이 잘못될 수도 있고, 자료 수집 과정이나 인과적 설명과 예측을 하는 부분이 잘못될 수도 있습니다. 철저하게 훈련을 받은 전문 과학자들도 이러한 실수를 범할진대, 하물며 보통 사람들은 말해 무엇하겠습니까? 생각에 대해 훈련받은 바도 없고 생각전문가도 아닌 보통 사람이 생각의 오류를 범하는 것은 어쩌면 너무나 자연스러운 일일 수 있습니다.

어쨌거나 우리 마음을 불편하게 하는 주범이 과학적인 절차를 제대로 따르지 못하는 오류라고 하면 이 오류를 수정하면 될 것입니다. 그러니까 자신이 하는 생각을 들여다보며 생각의 과정 어디에서 잘못이 있는지 하나하나 따져 본다는 말입니다. 이렇게 해서 오류가 생긴 곳을 찾아내고 그 부분을 과학적 절차에 맞게 고쳐 주면 문제가 해결될 수 있습니다.

앞에서 본 '오류가 개입된 생각'들이 과학적 절차에 비추어 어떤 오류가 있는지 진단해 보니 거의 모든 부분에 문제가 있었습니다. 하지만, 다소간 억지를 무릅쓰면서, 각 생각에 대해 집중적으로 문제가 되는 오류들이 무엇인지 한번 분류해 보겠습니다. '흑백논리' '독심술'은 관찰 설명과 예측 부문에, '재앙화' '축소' '인지적 회피'는 가설 검증과 예측 부문에, '터널시야'는 관찰과 자료 수집 부문에, '감정적 추론'은 자료 수집과 가설 검증 부문에, '지나친 일반화'와 '낙인찍기'는 자료 수집과 인과적 설명에, '비논리적 오류'는 가설 검증과 인과적 설명에, '반추'는 가설 검증과 통제 부문에, '스타의식'은 관찰, 가설 검증, 예측 부문에 주로 문제가 있어 보입니다.

오류는 수정하면 됩니다. 만약 관찰에 문제가 있는 생각이라면 관찰이 보다 과학적이고 철저하게 이루어지게 하면 됩니다. 예를 들어, '스타의식'의 오류를 저지르는 사람은 다른 사람들

오류는 수정하면 됩니다. '스타의식'의 오류를 저지르는 사람은 다른 사람들의 시선을 지나치게 의식하게 됩니다. 이런 결과는 다른 사람들의 행동을 꼼꼼하게 관찰하지 못한 데서 비롯된 것입니다. 따라서 이 사람은 다른 사람들의 행동을 차분하고 꼼꼼하게 관찰하는 연습을 할 필요가 있습니다.

의 시선을 지나치게 의식하게 됩니다. 이런 결과는 다른 사람들의 행동을 꼼꼼하게 관찰하지 못한 데서 비롯된 것입니다. 따라서 이 사람은 다른 사람들의 행동을 차분하고 꼼꼼하게 관찰하는 연습을 할 필요가 있습니다. 자신의 행동에 대해 다른 사람들이 어떻게 반응하는지, 특히 자신의 실수나 튀는 행동에 대해서 그들이 어떻게 받아들이고 어떻게 기억하고 있는지 냉정하게 점검하는 거지요. 혼자 관찰하는 것으로 부족하면 그들에게 직접 물어봐도 좋고, 때로는 실험 상황을 설정할 수도 있습니다. 스타의식이 너무 강해서 사람들 앞에서 입도 뻥긋하지 못하는 사람이라면 지하철을 타고서 미리 준비한 원고를 1분 동안 큰 소리로 읽는 실험을 해 볼 수도 있습니다. 물론 원고를 읽을 때 사람들이 어떻게 반응하는가가 관찰의 초점이 되어야 합니다. 이런 식으로 자신의 행동에 대한 다른 사람들의 반응을 관찰해 가다 보면 차츰 다른 사람들이 자기에게 별로 신경을 쓰지 않는다는 사실을 알게 되고, 그 결과 다른 사람들의 시선을 지나치게 의식하는 '스타의식'이 조금씩 옅어져 갈 것입니다.

인과적 설명에 오류가 있는 생각이라면 잘못 연결된 인과관계를 해체해야 합니다. '넉 4자를 보면 불길한 일이 생긴다.'는 생각의 오류에 시달리는 사람이라면 '넉 4자'와 '불길한 일'이 필연적으로 결합된 것이 아니라는 사실을 깨달아야 합니다. 그러기 위해서 '넉 4자'를 만나는 다양한 상황을 만들어 놓고 다양한 결과를 경험할 필요가 있습니다. 이렇게 되면 '넉 4자'와 '불길한 일'의 관계가 우연에 불과하다는 사실을 깨닫는 동시에 왜 그동안 자신이 우연에 불과한 두 가지 사건을 필연으로 묶어 놓았는지 탐색할 수 있는 새로운 길이 열립니다.

관찰의 오류와 설명의 오류에 대해서 언급했는데, 나머지 다른 오류들도 마찬가지입니다. 생각에서 발견되는 이러한 오류를 찾아 차분하게 과학적으로 수정해 가면 생각도 반듯해질 뿐 아니라 마음도 편안해집니다. 생각의 오류를 줄이는 방법과 과학적 합리성을 향상시키는 방법이 이렇게 서로 통한다는 사실이 참 재미있습니다. "사람은 과학자다."라고 외친 조지 켈리의 음성이 들리는 듯합니다.

 좋은 느낌을 끌어들이는 생각

이상하게도 사람의 생각 중에는 그냥 움직이기만 해도 기분을 좋게 하는 것들이 있습니다. 그야말로 기분 좋은 에너지를 듬뿍 담고 있는 생각입니다. 이 생각들이 움직이면 엔도르핀이 솟고 도파민, 옥시토신 같은 신경전달물질이 흘러나와서 기분이 좋아집니다. 문제는 사람들이 이 생각들을 잘 활용하지 않는다는 데 있습니다. 창고에 엄청난 보물을 숨겨 놓고 땟거리를 구걸하러 다니는 거지꼴이라고나 할까요.

먼저 기도에 대해서 살펴봅시다. 우리는 무엇인가 간절한 마음이 솟을 때 기도를 합니다. 마음이 간절한 만큼 기도할 때 생각도 한곳으로 집중되게 마련이지요. 이렇게 집중된 생각은 그 자체로 명상 효과가 있습니다. 그래서 마음이 차분하게 가라앉고 편안해집니다. 더구나 기도의 대상이 다른 사람일 경우 따뜻하게 품는 마음까지 더해져서 한결 분위기가 좋아집니다. 타인을 위한 기도의 효과가 즉각 자신에게서 나타나는 것을 보면 참 신기합니다. 기도를 통해 우주에 퍼져 있는 좋은 기를 끌어당길 수 있다고 주장하는 양자학자들의 말도 기억할 필요가 있습니다. 기도가 볼록렌즈가 되어 우주의 좋은 기운을 모아들인다면 좋은 일이 일어날 가능성이 커질 수도 있습니다. 하지만 기도도 잘 해야 합니다. 어떤 사람은 기도를 한답시고 누군가에게 울고불고 매달리며 투정을 부리기도 합니다만, 이것은 엄밀한 의미에서 기도가 아니라 기도를 가장한 '억지' 라고 부르는 편이 맞을 겁니다.

어떤 사람에게 또는 어떤 사람의 행동에 고마움을 느낄 때 우리 마음은 아주 따뜻하고 편안해집니다. 따라서 고마움을 느낄 기회를 많이 가질수록 마음은 더 따뜻하고 편안해질 수 있습니다. 그런데 고마움은 객관적인 물건처럼 주고받을 수 있는 대상이 아닙니다. '당신이 고마움을 주시니 제가 받겠습니다.' 라는 식으로 건넬 수 있는 것이 아니라는 말입니다. 고마움을 베푸는 근원은 상대방일지 모르지만 고마움을 느끼는 일은 항상 느끼는 사람 당사자에게 달려 있습니다. 따라서 가능하면 고마움을 많이 느낄 수 있도록 생각을 잘 관리해 가는 것이 가장 좋습니다. 이런 원리를 잘 이해한 나이칸 상담은 감사함을 최대한 많이 느낄 수 있는 방법을 상담 프로그램으로 개발하기도 했습니다. 생각을 정말 잘 관리해서 '범사에 감사' 할 줄 아는 경지에 도달한다면 우리 마음은 늘 행복으로 가득할 것입니다.

기도와 감사 두 가지를 이야기했는데, 그 밖에도 사랑, 소망, 축하, 유머 등과 같이 좋은 느낌을 일으키는 긍정적 생각이 많이 있습니다. 최근 인기를 끌고 있는 긍정적 심리학도 바로 그런 내용을 다루고 있습니다. 관심이 있는 분들은 시중에 나와 있는 서적들을 참고하세요. 이 분야의 책들은 너무 많아서 굳이 저까지 나서서 설명할 필요가 없다고 봅니다. 다만, 너무 깊게 **빠져서** 한쪽으로 치우치는 일은 없도록 하시기를 바랍니다.

나는 댄스 교사가 될 꿈을 가지고 있습니다.
춤 가르치는 선생 말입니다. 그래서 이렇게 통행료를 받으면서도
열심히 리듬을 익히고 춤 연습을 하고 있습니다.
내 직업을 따분하다고 여길지 모르지만 작지만 내 사무실에서
그것도 월급을 받으며 춤 연습을 할 수 있다는 사실이
얼마나 좋은지 모르겠습니다.

넷,
생각을 바꾸는 전략

넷, 생각을 바꾸는 전략

<mark>생각과 느낌</mark> 또는 생각과 기분이 아주 긴밀하게 연결되어 있다는 사실은 이미 여러 차례 강조하여 말했습니다. 울적한 마음 뒤에는 울적한 기분을 일으키는 생각이 깔려 있게 마련이라는 거지요. 그렇다면 울적한 기분을 제대로 다스리기 위해 두 가지 방면의 작업이 필요할 겁니다. 일단은 울적한 기분 상태의 존재를 인정하고 동시에 그 감정이 충분히 표현될 수 있는 방안을 찾아야 합니다. 아울러 그런 기분을 들게 한 생각을 찾아내서 작업을 해야겠지요. 정서와 감정을 강조하는 일부 상담자들은 간혹 생각에 대한 작업을 건너뛰기도 합니다만, 그래서는 제대로 상담을 했다고 보기 어렵습니다. 상담 대화가 너무 생각에 치우치는 것도 문제지만 너무 감정에 치우치는 것도 문제입니다. 생각과 감정은 동전의 양면과 같은 관계이기 때문에 항상 함께 다루어야 합니다.

앞에서 마음을 괴롭히는 생각의 정체도 살펴보았고 이런 생각에 어떻게 대처하는 것이 좋을지도 살펴보았습니다. 좋지 않은 기분을 좌지우지하는 생각의 기본 원리에 대해서 좀 크게 다루었다고나 할까요? 지금부터는 찜찜한 마음을 털어 내고 상쾌

한 기분을 돋우어 주는 데 도움이 될 만한 생각에 대해 더듬어 봅시다. 굳이 이름을 붙이자면 생각을 바꿈으로써 기분을 바꾸는 전략들이라고 할 수 있겠지요. 여기서 '더듬어 보자'고 한 것은 앞으로 펼쳐지는 내용의 상당 부분이 잘 정리된 지식이 아니라 아직은 어설픈 지식에 불과하다는 뜻을 담고 있습니다. 좋게 보면 새롭게 구성되어 가는 지식이라고 할 수도 있습니다.

생각에 변화를 줌으로써 기분을 바꾸는 전략은 크게 세 가지 차원으로 나누어 볼 수 있습니다. 첫째는 어떤 상황을 맞이하였을 때 지금까지 해 온 생각과 동일한 차원의 생각을 하되 합리성을 보충하고, 현실성과 객관성을 높이고, 논리를 정교화하는 방식으로 기분을 바꾸는 전략입니다.1차원 전략 둘째는 지금까지 해 온 생각과 차원이 다른 논리를 동원하여 상황을 바라보는 시각이나 관점, 입장에 변화를 일으키는 전략입니다. 생각의 틀에 변형을 일으킴으로써 기분에 영향을 미치려는 거지요.2차원 전략 셋째는 생각으로 문제를 해결하려는 차원을 넘어서서 존재의 본질에 직접 다가서려는 전략입니다. '나'를 비롯하여 존재하는 모든 것의 본질적인 의미와 가치를 찾으려는 노력 속에서 생각이나 기분의 세계를 성큼 넘어서는 경지를 추구하는 겁니다.3차원 전략 이렇게 써 놓고 보니 좀 어려운 감이 있네요. 예를 하나 들어 보겠습니다.

불면증으로 고생하는 세 사람이 있습니다. 세 사람 모두 불면증에서 벗어나기 위하여 나름대로 해결책을 찾고 있다고 합시다. 첫 번째 사람은 잠이 잘 오게 하기 위하여 여러 가지 방법을 시도합니다. 잠이 잘 올 수 있는 안온한 환경을 만드는 것은 물론이요, 사람들이 추천하는 다양한 방법을 적용합니다. 잠자리에 누워 호흡 수를 세기도 하고, 양 한 마리, 양 두 마리, 양 세 마리…… 하는 식으로 이미지를 떠올리며 숫자를 헤아리기도 하고, 행복했던 순간을 머릿속에 그리며 평온한 분위기를 만들기도 하고, 낮에 운동을 심하게 하여 몸을 피곤하게 만들기도 하고, 수면제나 알코올을 섭취하여 두뇌 활동을 마비시키기도 합니다. 방법은 다르지만 이 모든 행동은 결국 잠을 청하고 잠을 끌어들이기 위한 노력입니다.

두 번째 사람은 잠이 잘 오게 하기 위하여 첫 번째 사람과 전혀 다른 행동을 합니다. 잠은 청할수록 더 멀리 달아난다는 점을 눈치 챈 이 사람은 잠을 억지로 끌어들이는 대신 잠이 오지 않으면 그냥 다른 행동을 합니다. 잠자리에 누워 억지로 잠을 청하는 것이 아니라 깨어 있는 그 시간을 활용하여 평소에 미뤄 두었던

다른 일을 하는 거지요. 지루하고 딱딱해서 읽기를 미뤄 두었던 전문서적을 꺼내들거나 소식을 전하지 않아 사이가 멀어진 지인들에게 편지를 쓰거나 바빠서 듣지 못했던 조용한 음악을 틀어 놓습니다. 그러니까 잠이 안 오면 잠을 포기하고 아예 다른 행동을 시작해 버립니다. 그러다 때가 되어 졸음이 몰려오면 잠자리에 들어 자면 그만입니다. 역설을 활용한 방법이라고나 할까요?

세 번째 사람은 불면증에 시달리기는 하지만 잠을 자야 한다는 생각에 큰 의미를 두지 않습니다. 이 사람에게는 잠을 자고 안 자고 하는 일보다 지금 현재 자신이 경험하고 있는 현상 자체가 더 중요합니다. 잠이라는 현상이 도대체 무엇인지, 잠이 오지 않을 때 자신에게서 어떤 일이 벌어지는지, 잠은 어떻게 와서 어떻게 진행되다가 어떻게 끝나 버리는지 등등 관심의 초점이 온통 자신이 경험하는 순간순간을 깨서 바라보는 데 집중되어 있습니다. 때로는 자신이 잠이 되어 잠의 입장에서 자신을 바라보기도 하고요. 그러니까 이 사람에게 불면증은 자신을 탐구하는 중요한 계기이지 반드시 해결해야 할 문제가 아닌 셈입니다. 잠을 초월한 사람이지요.

예를 보시고 오히려 더 헷갈리는 건 아닌지 모르겠습니다. 앞으로 읽어 나가면서 차차 의문이 풀리기를 기대합니다.

세 가지 전략으로 나누어 자세한 설명을 하기 전에, 어떤 식으로 이야기를 펼쳐 갈지 미리 말해 두는 것이 좋을 듯합니다. 자료를 수집하다 보니 세 가지 전략 중에서 유독 두 번째 방법에 속하는 내용이 아주 많았습니다. 따라서 아무래도 두 번째 전략에 대한 이야기가 많을 수밖에 없을 것 같습니다. 양이 많다고 내용이 더 중요하다고 단정할 수는 없습니다만, 두 번째 전략이 상당히 신선하고 재미있다는 점은 분명합니다. 그래서 생각의 틀에 변형을 일으키는 두 번째 전략을 비교적 자세하게 다룰 작정입니다. 첫째와 셋째 전략에 대해서도 자료가 허락하는 범위에서 최선을 다해 설명할 예정입니다. 그리고 앞으로 '~~~ 하기'로 끝나는 전략의 이름들은 제가 임의로 붙여 본 것이니까 간혹 입맛에 꼭 맞지 않는 것이 있더라도 너그러이 양해 바랍니다.

1차원적 방법: 생각을 활성화하는 전략

첫째 방법, 즉 현재의 생각에 합리성, 현실성, 객관성, 논리성을 보충하거나 정교화함으로써 기분을 바꾸는 1차원적 방법부터 더듬어 갑시다.

육하원칙 따르기

은희는 요즘 기분이 아주 우울합니다. 대학을 졸업하고 스무 곳이 넘는 곳에 취업 원서를 넣었는데 한군데에서도 면접을 보라고 부르는 곳이 없습니다. 세상이 자기를 버린 것 같고, 괜히 사람들이 자기를 무시하는 것 같고, 인생 패배자라는 말이 머릿속에서 맴을 돕니다. 부모님과 친척들 보기가 민망한 것은 말할 것도 없고 대학 친구들과 동창들 앞에서도 기가 죽습니다. 그래서 은희는 항상 우울한 기분에 젖어 있는데 자신이 그런 심리 상태에 빠져 있다는 사실을 아주 당연하다고 여기고 힘없이 살아갑니다.

이태백,이십대 태반이 백수 **88만 원 세대**, **이구백**,이십대의 90%가 백수 **십장생**,십대들도 장차 백수를 생각해야 한다 **빌빌 세대**라는 말이 신조어로 유행하는 세상이므로 은희가 느끼는 기분이 이해되기도 합니다. 하지만 은희와 같은 처지에 있는 모든 사람이 은희처럼 기분 나쁘게 사는 것은 아닙니다. 어떤 차이가 있어서 그럴까요?

은희의 생각에는 곳곳에 허점이 있습니다. 우선 기분 나쁜 감정을 일으키게 하는 '주체'에 대한 생각이 너무 막연하고 과장되어 있습니다. 도대체 누가 은희의 기분을 나쁘게 하고 있나요? 은희가 지원한 20여 개의 회사가 그 주체라면 20여 개 회사를 미워하는 데서 그치면 그만입니다. 처음에는 은희도 그랬을지 모릅니다. 하지만 지금 은희는 20여 개 회사가 아니라 온 세상과 모든 사람을 주체로 지목하고 있습니다. 세상이 자신을 버린 것 같고 모든 사람이 자기를 무시한다고 생각하기 때문에 기분이 나빠져 있습니다. 이렇게 기분 나쁜 감정을 일으키는 주체가 막연하거나 쓸데없이 부풀려져 있으면 도대체 어떻게 해 볼 도리가 없습니다. 온 세상을 돌아다니며 모든 사람을 만나서 따질 수는 없는 일이니까요.

'무엇 때문에' 은희의 기분이 나쁜지도 분명하지 않습니다. 처음에는 취업이 되지 않아서 기분이 상했겠지만 이제는 정확하게 무엇 때문에 기분이 나쁜지 딱히 꼬집어 내기가 어렵습니다. 자기를 쳐다보는 사람들의 시선이 기분 나쁘고, 잘나가는 사람들을 보면 기분 나쁘고, 웃는 사람을 보면 기분 나쁘고, 길을 걷다가 돌부리를 걷어차도 기분이 나빠집니다. 한마디로 세상에서 일어나는 모든 일이 기분을 나쁘게 하는 '무엇'으로 보일 수 있으니 초점을 맞추기가 참 어렵습니다.

'기분 나쁘다'는 말이 정확하게 어떤 뜻인지도 분명하지 않습니다. 기분 나쁘다는 말은 좋지 않은 감정 전체를 일컫는 범위가 매우 큰 말입니다. 그러니까 상당히 추상적이라는 거지요. 나쁜 기분에서 벗어나려면 그 기분의 정체를 정확하게 파악하여 대응해야 하는데 이렇게 추상적이어서는 상대하기가 곤란합니다. 은희의 기분을 자세히 들여다보면 아마 우울감, 좌절감, 패배감, 열등감, 분노감, 무기력감 등이 복합되어 있을 겁니다. 자기 속에 이렇게 많은 감정이 복잡하게 얽혀 있다는 사실을 인정할 뿐 아니라 감정 하나하나의 정체를 잘 알아야 그것에서 벗어나는 작업도 할 수 있을 텐데 은희는 그렇게 하지 못하고 있습니다.

나쁜 기분이 주로 '언제' '어디서' 드는지에 대해서도 은희는 잘 모릅니다. 기분 나쁠 때가 많으니까 늘 그러려니 하고 그냥 살아갈 따름입니다. 하지만 사람의 기분은 늘 어떤 한 상태에 머물러 있지 않습니다. 이런저런 자극을 만나면서 움직이고 변하는 게 우리 기분입니다. 따라서 잘 살피면 자기 기분이 어떤 자극에 예민하게 반응하는지 알아낼 수 있습니다. 그리하여 어떤 자극에 어떤 기분이 따라오는지 정확한 정보를 갖게 되면 기분을 관리하는 일이 훨씬 더 쉬워질 수 있습니다. 언제 어디에서 나쁜 기분이 드는지 자신의 내면에서 일어나는 일들을 구체적으로 모니터링하는 과정 자체가 나쁜 기분에서 벗어나는 데 도움이 될 수도 있고요.

나쁜 기분이 왜 드는지에 대해서도 은희는 잘 모릅니다. 기분이 나빠지면 그냥 그런 거지 왜, 무슨 이유 때문에 나쁜 기분이 드는지 따져 볼 생각을 아예 하지 않습니다. 사람의 행동에는 모두 이유가 있습니다. 우리가 잘 아는 프로이트가 말했지요. 우연히 저지른 실수도 알고 보면 다 이유가 있다고요. 기분도 마찬가지입니다. 좋은 기분도 그렇고 나쁜 기분도 그렇고 다 목적이 있습니다. 기분이 나빠짐으로 해서 은희가 얻는 것이 무엇일까요? 사람들에게 받는 동정심일 수도 있고, 성장하면서 공부를 열심히 하지 않은 자신에 대한 통쾌한 처벌일 수도 있고, 빨리 회복해야 한다는 메시지일 수도 있습니다. 어쨌거나 기분이 나빠지는 이유를 따지게 되면 자신을 객관적으로 대하고 분석할 기회가 생기게 되는데, 은희는 이렇게 하지 않습니다.

결국 지금까지 이야기한 내용을 종합하면, 생각을 좀 더 구체적이고 촘촘하고 체계적으로 하라는 말로 요약됩니다. 은희가 기분 나쁘게 살아가는 이유의 상당 부분이 막연하고 추상적인 생각에 뿌리를 두고 있습니다. 육하원칙은 생각을 구체적이고 현실성 있게 전개하려고 할 때 활용할 수 있는 훌륭한 도구입니다. 마음이 불편한 상황이 펼쳐질 때마다 육하원칙에 따라 조목조목 따져 가다 보면 사태가 보다 분명하게 드러날 뿐 아니라 문제의 원인과 해법이 밝혀져서 좋은 결과를 가져올 확률이 높아집니다. 육하원칙을 사용하라고 했더니 혹시 모든 상황에 예외 없이 육하원칙에 속하는 여섯 가지 항목을 모두 적용하려는 분이 있을지 모르겠습니다. 원칙을 적용할 때는 항상 융통성이 있어야 한다는 점 잊지 마세요.

자, 그럼 육하원칙에 따라 은희가 전개해야 할 생각을 의문문으로 나타내 볼까요?

☺ 누가 나의 기분을 이렇게 나쁘게 하는 거지? 내가 미워해야 할 상대가 정확하게 누구지? 나를 포기한 20여 개의 회

마음이 불편한 상황이 펼쳐질 때마다 육하원칙에 따라 조목조목 따져 가다 보면 사태가 보다 분명하게 드러날 뿐 아니라 문제의 원인과 해법이 밝혀져서 좋은 결과를 가져올 확률이 높아집니다.

사? 이 세상? 세상 사람들? 부모? 동창?

☺ 무엇이 나의 기분을 이렇게 나쁘게 하는 거지? 내가 해결해야 할 진짜 문제는 정확하게 무엇이지? 실업자 신세? 비웃음거리? 사람들의 시선? 미래의 불확실성?

☺ 내가 느끼는 나쁜 느낌의 정체는 무엇이지? 내 속에서 구체적으로 어떤 기분, 어떤 감정이 일어나고 있지? 우울감? 좌절감? 패배감? 분노감? 열등감? 무기력감?

☺ 기분이 아주 나빠지는 시간이나 장면이 있나? 어떤 시간, 어떤 장면에서 특히 기분이 나빠질까? 거꾸로 기분이 좋아지는 시간이나 장면이 있다면?

☺ 기분이 나빠짐으로써 내가 얻으려고 하는 것이 있을까? 그런 게 있다면 정확하게 무엇일까? 사람들의 동정심? 자기 처벌? 구원의 메시지?

기억 재구성하기

엘리자베스 로프터스가 열네 살일 때 그녀의 어머니가 수영장에 빠져 죽는 비극적인 사건이 일어났습니다. 30년이 지난 어느 날 그녀의 삼촌이 물에 빠진 어머니를 처음 발견한 사람은 바로 그녀였다고 말해 주었습니다. 그 일에 대해 전혀 아무런 기억도 없었던 로프터스는 삼촌의 말을 듣자 곧 그 사건을 무서울 정도로 생생하게 다 기억할 수 있었습니다. 그러나 시간이 조금 지나서 삼촌이 전화를 걸어 자신이 실수를 저질렀다고 털어놓았습니다. 물에 빠진 어머니를 처음 발견한 사람은 그녀가 아니라 그녀의 숙모였다는 것입니다. 그렇게 생생하게 되살아난 로프터스의 기억은 '거짓 기억'이었습니다.

여러분은 자신이 기억하는 과거를 얼마나 믿고 계십니까? 정말 자신이 기억하고 있는 그대로 과거에 그런 일이 일어났을까요? 엘리자베스 로프터스의 경우가 좀 심한 것은 사실이지만 우리가 과거를 사실 그대로 기억하고 있지 않다는 점은 분명한 것 같습니다. 기억은 과거 어느 때에 일어난 일들을 녹음기 틀 듯 읽어 내는 것이 아닙니다. 거기에는 그 당시에 일어났음직한 일들을 재구성하고 추론하는 과정이 포함됩니다. 그러니까 우리가 기억하는 과거는 편집된 과거라고 말할 수 있습니다. 우리의 기억에 엄청난 왜곡과 거짓이 들어 있을 수 있는 것은 바로 이 때문입니다. 믿기지 않지만 뇌심리학은 이런 현상이 모두 사실이라는 점을 지지하고 있습니다. 기억이 이런 것이라면 잘못 편집된 과거의 기억 때문에 괴로워하는 일은 참 어리석어 보입니다. 차라리 마음을 편하게 먹을 수 있도록 기억을 재구성해 버리는 편이 훨씬 더 현명합니다. 그렇게 해서 부정적인 과거의 영향력을 최소한으로 축소하고 대신 좋은 기분을 가져다주는 일은 의도적으로 많이 기억해 놓으세요.

긍정적 심상 활성화하기

한 번은 조조가 군대를 거느리고 행군을 하는데, 물을

마시지 못한 군사들의 갈증이 심해져서 걸음조차 걷지 못할 지경에 이르렀습니다. 그러자 조조는,

"저 앞에 청매림이 있다. 청매가 한창이니 시큼한 그것을 따 먹으면 갈증을 풀 수 있을 것이다."

하고 소리쳤습니다. 그 말에 병사들은 일시에 군침이 돌아 갈증을 당분간 잊고 걸음을 걸을 수 있었습니다.

네스멧 소령은 7년간 베트남에서 포로로 붙잡혀 몸을 움직이기도 어려운 새장 같은 수용소에 갇혀서 지냈습니다. 수용소에 갇혀 있는 동안 소령은 자신의 생각을 집중시킬 일을 찾지 않으면 결국 정신병자가 되거나 목숨을 잃을지도 모른다는 사실을 깨달았습니다. 그리하여 그는

마음속으로 상상하는 일을 시작했습니다. 자신이 가장 좋아하는 골프장에서 마음껏 골프를 치는 상상 말입니다. 남는 게 시간이니까 느긋하니 서두를 필요도 없었습니다. 네스멧은 자신이 마치 실제 골프장에 있는 것처럼 모든 것을 하나하나 음미하며 골프를 치는 모습을 상상하기 시작했습니다. 실제와 똑같이 발걸음, 스윙 하나하나에 예민하게 신경을 쓰면서 한 번의 실수도 없이 18홀을 성공적으로 도는 자신의 모습을 상상했습니다. 일주일에 7일, 매일 네 시간씩 실수 없이 18홀을 도는 이 심상훈련을 네스멧 소령은 무려 7년이나 계속했습니다. 소령이 석방된 후 실제로 골프채를 잡고 골프장을 돌았을 때 그는 무려 20타가 향상된 74타를 쳐 냈습니다!

긍정적인 심상의 장점은 이미 잘 알려져 있습니다. 이미 말했듯이, 우리나라 양궁 선수들이 마음을 가다듬는 방법의 하나로 심상 훈련을 하고 있다는 사실도 널리 알려져 있고요. 하지만 사람들이 이 전략을 실제 생활 속에서 얼마나 잘 활용하는지는 모르겠습니다. 긍정적 심상은 그 내용 자체가 긍정적이라서 시작할 때 이미 기분을 좋게 만들 뿐 아니라 자꾸 심상을 떠올림으로써 목표와 현실 사이의 간격을 점점 줄여 준다는 장점이 있습니다. 그러니까 미래와 현재를 연결하는 강력한 수단이 된다는 말입니다. 마음이 괴로울 때 그냥 있지 말고 자신이 좋아하는 심상을 떠올리는 훈련을 해 보세요. 머지않아 그 심상을 현실로 누릴 수 있을 겁니다. 히브리서에 나오는 다음 성경 말씀은 긍정적 심상의 힘을 잘 설명하는 듯합니다.

"믿음은 바라는 것들의 실상이요, 보지 못한 것들의 증거이니라."

감정에 의심 품기

심리학에 나오는 유명한 실험입니다. 샤흐터와 싱어는 사람들의 정서가 단순히 생리적인 각성 때문에 생기는 것이 아니라 그에 대한 인지적 해석에 의해 영향을 받는다는 사실을 실험을 통해 입증한 바 있습니다. 그들이 한 실험을 요약하면 다음과 같습니다.

먼저 이들은 피험자들을 A, B, C 세 집단으로 나누어 A, B 집단에는 생리적인 각성을 일으키는 에피네프린 주사를 놓고, C 집단에는 생리적 각성을 일으키지 않는 식염수 주사를 놓았습니다. 단, B 집단에게는 주사 때문에 심장박동과 호흡이 빨라지는 등의 생리적 각성이 일어날 것임을 알려 주었습니다. 그리고 실험의 진짜 의도를 가리기 위해 세 집단 모두에게 주사액은 복합 비타민이며 이 실험은 비타민이 시각에 미치는 효과를 검증하는 연구라고 거짓말을 해 주었습니다. 주사를 투여한 후 피험자들은 (가)와 (나) 두 군으로 나뉘어 그들과 동일한 주사를 맞은 것으로 위장한 실험협력자와 함께 실험실에 들어섰습니다. 그리고 피험자와 실험협력자 모두에게 비타민과 시각 효과에 대한 질문지에 답을 하게 했습니다. 이때 (가) 군의 실험협력자들은 피험자들과 함께 있는 동안 행복한 것처럼 행동했고, (나) 군의 실험협력자들은 피험자들과 함께 있는 동안 화가 난 것처럼 행동했습니다. 이들의 행동은 피험자들에게 생리적 각성을 일으킨 맥락에 관한 정보를 제공하려는 것이었습니다. 실험자는 관찰창을 통해 피험자들의 정서 반응 양상을 기록하였습니다.

결과가 어떻게 나왔을까요? 식염수를 맞은 C 집단과 주사 때문에 심장박동과 호흡이 빨라지는 등의 생리적 각성이 있을 거라는 정보를 받은 B 집단의 사람들은 (가)와 (나) 군 모두에서 정서 반응을 보이지 않았습니다. 오직 A 집단에 속한 사람들만 정서 반응을 보였는데요, (가) 군에 속한 사람은 점차 행복해지는 반응을, (나) 군에 속한 사람들은 점차 화가 나는 반응을 보였습니다.

어떻게 된 거냐고요? 생리적으로 각성한 사람들이 자기가 속해 있는 군의 실험협력자들의 정서 반응을 따라서 유사한 정서 반응을 보인 거지요. 그러니까 자기가 느낀 생리적 각성을 맥락에서 주어진 정보와 연결하여 구체적인 정서로 표현한 겁니다. 생리적 각성뿐 아니라 인지적 해석이 정서를 만드는 데 영향을 끼친다는 결정적 증거를 찾은 셈입니다.

인지적 단서가 정서를 만드는 데 중요한 역할을 한다는 사실을 확인하기 위하여 굳이 이렇게 엄격한 실험을 찾을 것도 없습니다. 잘 살펴보면 우리 주위에 그런 증거가 엄청 많거든요. 어린 유아들의 행동이 그중 하나입니다. 아이가 유모차를 밀고 가다가 턱이 진 곳에서 떨어졌습니다. 그런데 이 광경을 본 엄마가 갑자기 위험하다고 소리를 치며 아이에게 달려옵니다. 처음에 멍하고 있던 아이는 엄마의 호들갑을 확인하고는 그만 "아~~앙" 하고 큰 소리로 울어 버립니다. 엄마의 행동을 보니 "아, 이게 울어야 하는 상황인가 보구나." 하는 데 생각이 미치고 그래서 우는 반응을 보이는 거지요. 우리 정서와 감정이 사회적 단서를 참조하여 형성된다는 사실은 이미 학계에 잘 알려져 있습니다.

　여기서 우리가 참고할 것이 있습니다. 정서와 감정은 인지적

해석에 좌우될 수 있는데, 그 인지적 해석이란 놈이 내 기분을 오염시킬 가능성이 상당히 많다는 겁니다. 그러니까 내 중심에서 솟아오른 기분이 아니라 주변 사람이나 상황 변수가 작용하여 내 기분을 점령한 것일 수도 있다는 말입니다. 그런데 마치 그것을 자신의 내면에서 오랫동안 숙성된 것인 양 받아들여 너무 진지해진다면 헛다리를 짚을 수도 있습니다. 우연히 번뜩 들은 감정에 지나치게 집착한다든지 주변의 동조 압력에 너무 무게 중심을 두지 마세요. 이따금 이런 현상을 소설, 영화, 드라마 등이 은연중에 자극하기도 한다는 사실도 기억해 두시고요. 아무튼 내가 지금 느끼는 감정을 너무 믿지 마세요. 특히 그것이 마음을 불편하게 하는 부정적인 것일 때는 잘 따져 보시기 바랍니다. 정말 자기감정^{정서, 기분}인지 아니면 다른 사람들의 감정을 자기감정으로 받아들이고 있는 건지…….

합리성에 의심 품기

철학자 프로타고라스에게 어느 날 한 젊은이가 찾아왔습니다. 젊은이는 재판에서 이기는 방법을 가르쳐 달라고 했습니다. 수업료는 공부를 시작할 때 반을 내고 나머지 반은 수업이 끝나 제대로 잘 배웠다고 느끼면 내기로 했습니다. 어느 날 프로타고라스는 젊은이에게 이제 많은 것을 배워 공부가 끝났으니 나머지 수업료 반을 내라고 말했습니다. 그런데 젊은이는 자기가 잘 배우지 못했기 때문에 나머지 수업료를 지불할 수 없다고 맞섰습니다.

결국 두 사람은 재판정에 서게 되었습니다. 프로타고라스가 먼저 말했습니다.

"나는 이 젊은이에게 이기든 지든 돈을 받을 것입니다. 만일 내가 재판에서 이기면 재판에서 이겼기 때문에 돈을 받을 것이며, 만일 내가 재판에서 지면 젊은이가 재판에서 이기는 방법을 잘 배웠다는 증거가 되므로 돈을 받을 것입니다."

젊은이도 이에 질세라 다음과 같이 말했습니다.

"나는 이 재판에서 이기든 지든 돈을 주지 않을 것입니다. 만일 내가 재판에서 이기면 재판에서 이겼기 때문에 돈을 주지 않아도 되며, 만일 내가 재판에서 진다면 프로타고라스가 나에게 재판에서 이기는 방법을 제대로 가르쳐 주지 않았다는 사실을 증명하는 것이므로 돈을 줄 수가 없습니다."

『열자』에 나오는 이야기입니다. 어떤 사람이 도끼를 잃어버리고 이웃 아이를 의심하였습니다. 아이의 걸음을 보니 도끼를 훔친 것 같고, 안색을 보아도 도끼를 훔친 것 같고, 말하는 것을 보아도 도끼를 훔친 것 같았습니다. 아이의 동작이나 태도가 도끼를 훔친 것 같지 않은 것이 없었습니다. 그러고서 얼마되지 않아 골짜기에서 도끼를 찾았습니다. 그 후에 다시 이웃 아이를 보니 동작이나 태도가 전혀 도끼를 훔친 것 같지 않았습니다.

똑같은 상황을 놓고 정반대가 되는 논리가 부딪히고 있습니다. 알고 보면 우리가 아는 합리성에는 이런 측면이 있습니다. 보는 사람의 입장에 따라 180도 다르게 활용될 수 있다는 말입니다. 그러니까 합리성은 '절대적'이지 않습니다. 오죽하면 도구적 합리성이라는 말이 나왔겠습니까. 이치에 맞게 따진다는 합리성이 이런 것이라면 합리적 생각이라는 것에 얽매여 불편한 마음을 억지로 가지고 갈 필요가 없습니다. 마음을 편하게 하는 또 다른 합리성을 추구하면 되니까요. 그래서 합리성의 기준을 아예 바꿔 버리자는 사람도 있습니다. '이치에 맞음' 보다 '결과적으로 마음을 편하게 함'을 기준으로 삼자는 겁니다. 마음을 편하게 하는 생각을 합리적인 생각이라고 하자는 거지요. 그게 이치에 맞기도 하면 더욱 좋겠지만요. 철학자들이 보면 우스꽝스러울지 모르지만 심리학자들에게는 아주 적절한 판단 기준이 될 수 있습니다. 지금 어떤 생각 때문에 마음이 불편하십니까? 마음을 편하게 하는 다른 요소를 발견하여 생각에 변화를 주세요.

시간 변수 고려하기

변방 가까운 곳에 한 노인이 있었습니다. 어느 날 그의 말이 오랑캐 지역으로 도망가 버리자 마을 사람 모두가 그를 위로하였습니다. 노인이 말하기를,

"이 일이 꼭 나쁘다고만 할 수 있겠소?"

몇 달이 지나자 달아났던 말이 오랑캐의 좋은 말을 데리고 돌아왔습니다. 마을 사람 모두가 그를 축하하였습니다. 노인이 말하기를,

"이 일이 꼭 좋다고만 할 수 있겠소?"

그러던 어느 날 그의 아들이 이 말을 타고 놀다가 떨어져 다리가 부러졌습니다. 마을 사람 모두가 위로했습니다. 노인이 말하기를,

"이 일이 꼭 나쁘다고만 할 수 있겠소?"

일 년이 지나자 오랑캐들이 대거 변방을 쳐들어왔습니다. 젊은이들은 활을 들고 전쟁터에 나가 열의 아홉은 죽었습니다. 그러나 노인의 아들은 절름발이였기 때문에 전쟁터에 나가지 않아 목숨을 보전하였습니다.

생활 속에서 일어나는 온갖 사건을 대하는 노인의 태도가 참 의연합니다. 당장 힘들고 어려운 일이 나중에는 복된 일로 드러날 때가 있고, 당장 즐거운 일이 나중에는 화가 되어 돌아올 수 있습니다. 그러니 사건 하나하나에 웃고 울며 경거망동할 일이 아닙니다. 시간적 조망을 길게 가지고 꿋꿋한 자세를 유지할 필요가 있습니다. 특히 우리 기분에 대해서는 더욱 그러합니다.

암에 걸렸던 어느 투병환자의 고백입니다.
"어떤 감정 상태도 끝까지 지속되는 것은 없습니다. 이는 슬픔도 행복도 마찬가지입니다. 그 감정이 좋든 나쁘든 감정은 본질적으로 일시적일 뿐입니다. 감정이 가라앉을수록 그다음에 오는 감정은 더 들뜨게 마련입니다. 반대로 감정이 들뜰수록 뒤따라오는 감정은 더욱 가라앉습니다. 나는 극심한 아픔을 통해 감정이 침체될수록 나중에는 더욱 고양된 감정을 느끼는 것이 당연하다는 사실을 배웠습니다."

그렇습니다. 우리의 감정이나 기분은 절대로 영원하지 않을 뿐더러 바로 이어지는 다음 감정에 영향을 미칩니다. 세상이 끝날 것처럼 서럽게 울던 아이가 한잠을 푹 자고 나면 상쾌한 기분을 회복하는 것을 보신 적이 있을 겁니다. 이렇게 감정은 반대 상태를 지향하는 경향이 있습니다. 그러니 지금 슬프고 언짢다고 걱정할 필요가 없습니다. 이 슬프고 언짢은 기분이 깊을수록 머지않아 즐겁고 유쾌한 기분이 들어와 자리를 차지할 가능성이 높으니까요. 다만, 그 사이에 시간이 있다는 점을 고려하세요. 그리고 조금 더 현명하다면 감정의 골을 크게 만들지 않는 편이 좋겠지요. 저라면 행복해서 죽고 싶은 경지 또는 슬퍼서 죽고 싶은 경지를 피하고 살겠습니다.

성경 전도서에 나오는 말입니다.
"천하에 범사가 기한이 있고 모든 목적이 이룰 때가 있나니 날 때가 있고 죽을 때가 있으며, 심을 때가 있고 뽑을 때가 있으며, 죽일 때가 있고 치료할 때가 있으며, 헐 때가 있고 세울 때가 있으며, 울 때가 있고 웃을 때가 있으며, 슬퍼할 때가 있고 춤출 때가 있으며, 돌을 던져 버릴 때가 있고, 돌을 거둘 때가 있으며, 안을 때가 있고 안는 일을 멀리할 때가 있으며, 찾을 때가 있고 잃을 때가 있으며, 지킬 때가 있고 버릴 때가 있으며, 찢을 때가 있고 꿰맬 때가 있으며, 잠잠할 때가 있고 말할 때가 있으며, 사랑할 때가 있고 미워할 때가 있으며, 전쟁할 때가 있고 평화로울 때가 있느니라. 하나님이 모든 것을 지으시되 때를 따라 아름답게 하셨다."

그러니까 때가 있다고 생각하고 느긋하게 기다릴 필요가 있습니다. 만일 마음속 소원을 이루지 못해 조급해졌다면 아직 때가 아니라고 생각하세요. 만일 주변에서 당신을 알아주지 않아

속상하다면 아직 때가 아니라고 생각하세요. 원하는 시험에 계속 떨어진다면 아직 때가 아니라고 생각하세요. 우리가 마음을 붙들고 최선을 다하는 한 '때가 되면' 그 모든 일이 아름답게 해결될 날이 올 겁니다. 자기가 하는 일에 이렇듯 시간 변수를 함께 고려하는 사람은 변방의 노인처럼 흔들리지 않는 자세로 세상을 살아 나갈 수 있을 겁니다.

자신을 우주의 중심으로 삼기

한겨레신문에 실린 소설가 공지영 씨의 글입니다.

"……살아 있는 모든 것은 상처를 받고, 생명이 가득 찰수록 상처는 깊고 선명하다. 새싹과 낙엽에 손톱자국을 내 본다면 누가 더 상처를 받을까? 아기의 볼을 꼬집어 보고 노인의 볼을 꼬집어 보면 누구의 볼에 상처가 더 깊이 남을까? 생명이라는 것은 언제나 더 나은 것을 위해 몸을 바꾸어야 하는 본질을 가졌기에 자신을 굳혀 버리지 않고 불완전하게 놓아둔다. 그러니 살아 있는 것일수록 상처는 자주 일어나고, 그리고 깊다. 상처받고 있다는 사실이 그만큼 살아 있다는 징표이기도 하다는 생각을 하면 싫지만 하는 수 없다는 생각을 하게 된다. 하지만 상처를 딛고 그것을 껴안고 또 넘어서면 분명 다른 세계가 있기는 하다. 누군가의 말대로 상처는 내가 무엇에 집착하고 있는지를 정면으로 보여 주는 거울이니까 말이다. 그리하여 상처를 버리기 위해 집착도 버리고 나면 상처가 줄어드는 만큼 그 자리에 들어서는 자유를 맛보기 시작하게 된다. 그것은 상처받은 사람들에게 내리는 특별한 신의 축복이 아닐까 싶다."

자신이 상처를 쉽게, 그리고 깊게 받는 사람이라고 생각한다면 신의 축복을 그만큼 많이 받는 사람이라고 생각하십시오. 건방지지 않냐고요? 결코 그렇지 않습니다. 우리는 각자 세상에 사는 수많은 사람 중 하나에 불과합니다만, 한 개체로서 우리는 모두 우주의 중심입니다. 나에게 탈이 나면 나에게 있어 이 세상은 단박에 아무것도 아닙니다. 이 세상과 온 우주는 내가 살아 있기 때문에 소중한 것입니다. 그러니까 우리 각자는 모두가 소중한 존재입니다. 그런데 우주의 중심인 '나'에게 왜 이렇게 몹쓸 일이 일어나고 삶이 괴롭냐고요? 바로 당신을 담금질하기 위해서라고 생각하세요. 특별한 당신에게 특별한 삶을 맛보게 하기 위하여 어쩌면 예정된 고통의 과정일 수도 있다고요. 악성 베토벤을 아시지요? 그는 인간으로서 견디기 힘든 고통을 당하면서도 끝내 포기하지 않고 성장과 발전을 거듭했습니다. 담금질을 거부하지 않은 사람이 맛볼 수 있는 최고의 경지에 도달했다고나 할까요. 우리 모두가 베토벤처럼 훌륭한 업적을 남겨야 하는 것은 아닙니다. 하지만 각자의 처지에서 아름답게 인생을 완성할 의무가 있습니다. 그런 우리가 살아가면서 겪는 수많은 상처는 우리를 한 단계 업그레이드시키는 아주 특별한 훈련이라고 생각하세요.

신념 굳히기

신념의 힘에 대하여 강연과 워크숍을 진행한 바 있는 딜츠, 할본, 스미스 등의 증언입니다.

"……우리가 워크숍에서 다른 사람을 상대로 시연하는 장면을 보기만 하였는데도 괄목할 만한 회복을 보인 사람들이 있다는 보고를 받은 적이 있습니다. 어떤 여성은 난소공포증이 있었는데, 워크숍에서 우리가 하는 작업을 본 후 집에 돌아와 보니 그것이 사라졌다고 합니다. 한번은 체중 문제를 가지고 있는 어떤 사람을 상대로 작업을 하였는데, 이 광경을 비디오카메라로 담던 카메라맨이 우리가 실시하는 절차에 따라 자신에 대한 신념을 바꾸었더니 워크숍 후에 4kg이나 빠졌다고 합니다. 바로 그 동일한 워크숍에서 다른 카메라 작업을 하던 사람은 자기 시력이 좋아지기를 간절히 원했다고 합니다. 그 프로그램이 끝나고 그 사람의 시력은 3주 만에 60%가 좋아졌고 1년 후에는 시력 전체가 좋아져 더 이상 안경이 필요 없게 되었답니다. 이들은 신념을 변화시키는 작업에 직접 참여하지 않고 옆에서 지켜보기만 하였는데도 자신의 신체에 중대한 변화를 일으킨 귀한 사례들입니다. 이것이 신념의 좋은 점 중 하나입니다. 신념은 전염됩니다."

굳은 신념 하나로 신체 질병을 고칠 수 있다는 말, 그리고 그 신념이 전염되어서 옆에 있던 사람에게까지 영향을 준다는 말을

100% 인정하기가 그리 쉽지 않습니다. 정말 이게 사실이라면 '믿는 마음' 하나를 굳게 함으로써 자신은 물론이고 세상 전체를 바꾸는 일도 가능할 테니까요. 하기야 일부 종교인들은 신념의 이 같은 힘을 부인할 수 없는 사실로 받아들이기도 합니다만……. 신념에 전지전능한 힘을 부여하는 것이 분명 문제이기는 하지만 그렇다고 신념의 힘을 우습게 보는 것도 문제입니다. 신념은 정신적인 현상이지만 우리의 신체와 생리작용에도 확실히 중대한 영향을 미칩니다. 스포츠를 예로 들어 볼까요. 대회에 참여하여 1등을 할 거라는 사실을 의심하지 않을 때와 그저 참가하는 데 의미를 둘 때 몸의 상태는 아주 다릅니다. 훈련 양은 똑같을지 몰라도 대회를 향해 몸이 반응하는 정도가 다른 거지요. 아마추어 산악자전거대회에 여러 번 참여하여 1등을 해 본 경험이 있는 저는 이 사실을 잘 압니다. 이런 실화도 있습니다.

어릴 때부터 백혈병을 앓던 30대 초반의 여인이 있었습니다. 어느 날 그녀는 대학병원에 검사를 받으러 갔는데 첫 번째 혈액검사에서 단위 혈액당 백혈구 수가 53,000(정상은 6,000~10,000)개로 나타났습니다. 검사를 하던 사람이 놀라자 그녀는, "잠깐만 기다리세요. 지금 저는 여행에서 돌아오는 길이라 심하게 긴장이 된 상태입니다. 잠시 시간을 주시면 그 수치를 바꾸어 보겠습니다."라고 말하고 자신의 백혈구 수가 줄어든다는 상상을 시작했습니다.

　약 20분 후에 그녀는 다시 혈액검사를 했는데 이번에는 단위 혈액당 백혈구 수가 12,000개로 내려갔습니다. 이 사실을 믿지 못한 검사진은 자신들의 실수가 있다고 생각하고 재검사를 요구했습니다. 백혈구 수가 줄어든다는 상상을 중단한 상태에서 20분 후 다시 검사한 결과 혈액당 백혈구 수는 다시 53,000개로 올라갔고, 검사진은 두 번째 검사가 잘못되었다고 생각했습니다. 이에 동의하지 않은 그녀는 다시 상상을 시작했고 20분 후 네 번째 측정한 검사에서는 백혈구 수가 다시 12,000개로 내려갔습니다. 이러기를 다섯 차례 되풀이하였지만 결과는 매번 같았습니다.

신념의 힘은 신념 자체에서 나오기도 하지만 우리의 일상생활 전반을 그 신념에 맞게 재구성하는 데서도 나옵니다. 어떤 신념을 가지면 그 신념에 따라 살기 위해 일상생활을 조정할 수밖에 없거든요. 산악자전거대회에 나가서 꼭 1등을 할 거라는 신념을 가지면 일상생활을 거기에 맞게 변경하게 됩니다. 전체적으로 운동 양을 늘려 근육을 키우고, 시간을 아껴 자전거 타는 시간을 늘리고, 식사 때 탄수화물 섭취를 늘리고, 다른 선수들에 대한 정보를 체크하는 등…….

　　그러므로 자신에 대하여, 그리고 자기의 가능성에 대하여 긍정적인 신념을 가지고 살아가세요. 몇 번 시도하다가 실패했다고 해서 실망한 채 포기하지 말고 굳은 신념을 바탕으로 밀고 나갑시다. 사람이 할 수 없는 불가능한 일이 아니라면, 그리고 사람으로서 해서는 안 될 일이 아니라면 끝내 길이 열릴 겁니다.

　　신념은 우리가 자각하지 못하는 사이에 형성될 수도 있습니다. 아니 우리가 믿고 사는 많은 것이 사실은 그렇게 만들어졌습니다. 그런데 만일 이렇게 형성된 신념이 자신의 삶에 걸림돌로 작용한다면 어떻게 될까요? 자신도 모르게 부정적인 신념의 희생양이 되는 거지요. 그럼 어떻게 해야 할까요? 철저히 찾아내어 뿌리를 뽑아야 합니다. 특히 우리 삶의 중심 가치에 속하는 신념들이 그런 작용을 하고 있다면 인정사정 보지 말고 바꿔 버립시다.

　　심한 중풍으로 오랫동안 앓아누운 사람이 있었습니다.

그는 전신마비 증세로 14년이라는 긴 세월 동안 다른 사람의 도움을 받으며 지냈습니다. 대소변은 물론이요, 식사하는 일까지 다른 사람의 도움이 없으면 할 수가 없었습니다. 그러던 어느 날 집에 불이 났습니다. 불은 삽시간에 번져 난리가 났습니다. 우왕좌왕하며 집 안 사람들은 모두 밖으로 빠져나왔지만 중풍병자인 그를 미처 챙기지 못했습니다. "살려 주세요!" 하는 그의 외침은 아무에게도 들리지 않았습니다. 불길이 점점 거세어지며 덮쳐 오는 순간 그는 자신이 중풍병자라는 사실을 잊고 그만 집 밖으로 내달렸습니다. 사람들은 뛰어나오는 그를 보고 놀라서 소리를 질렀습니다.

"세상에! 중풍병자가 뛰다니……."

그 소리를 들은 그는 그 자리에 쓰러져 버렸습니다.

끊임없이 소망하기

톨게이트에서 일하던 어떤 직원에 관한 이야기입니다. 보통 톨게이트 징수원들은 무표정한 얼굴로 돈을 받습니다. 톨게이트를 지나는 사람들 역시 기계적으로 돈을 내고 지나갈 따름입니다. 어느 날 동연 씨는 톨게이트를 지나가다가 경쾌하게 울리는 큰 음악소리를 들었습니다. 놀라서 주변을 둘러보던 동연 씨는 그 음악소리가 어느 톨게이트에서 흘러나오고 있음을 알았습니다. 음악이 흘러나오는 그 톨게이트에서 한 남자가 춤을 추고 있는 것

나는 댄스 교사가 될 꿈을 가지고 있습니다. 춤 가르치는 선생 말입니다.
그래서 이렇게 통행료를 받으면서도 열심히 리듬을 익히고 춤 연습을 하고 있습니다.
내 직업을 따분하다고 여길지 모르지만 작지만 내 사무실에서
그것도 월급을 받으며 춤 연습을 할 수 있다는 사실이 얼마나 좋은지 모르겠습니다.

이 보였습니다. 며칠 뒤 동연 씨는 여전히 음악을 울려 놓고 춤을 추고 있는 그 톨게이트로 다가가서 징수원에게 말을 붙였습니다. 그 좁은 박스 안에서 무엇이 좋아서 그렇게 흥겹게 음악을 틀고 춤을 추고 있는지 물은 거지요. 징수원은 이렇게 대답했습니다.

"나는 댄스 교사가 될 꿈을 가지고 있습니다. 춤 가르치는 선생 말입니다. 그래서 이렇게 통행료를 받으면서도 열심히 리듬을 익히고 춤 연습을 하고 있습니다. 내 직업을 따분하다고 여길지 모르지만 작지만 내 사무실에서 그것도 월급을 받으며 춤 연습을 할 수 있다는 사실이 얼마나 좋은지 모르겠습니다."

이 남자, 정말 매력적입니다. 좁은 데 갇혀서 기계처럼 돈이나 세는 따분한 일을 아주 즐겁고 흥겨운 일로 바꿔 버렸습니다. 무엇이 이 남자를 이렇게 생동감 있게 만들었을까요? 바로 꿈이고 소망입니다. 댄스 교사가 되겠다는 소망이 있어서 이 남자는 그 좁은 구석을 흥겨운 춤 연습 장소로 만들어 매일매일 즐겁게 살아갈 수가 있었습니다.

소망이 인생을 생동감 있게 만든다는 사실을 우리는 모두 잘 알고 있습니다. 하지만 아는 만큼 누리는 사람이 얼마나 되는지 모르겠습니다. 생활 속에 소망을 누리고 사는 사람들이 많다면 세상이 지금보다 훨씬 더 생기 있고 재미있을 것 같아서 하는 말입니다. '소망' 하면 으레 큰 것을 떠올리는 사람들도 있습니다.

장래 소망이 무엇이냐고 할 때처럼 말입니다. 하지만 큰 소망이 있으면 작은 소망도 있습니다. 식구들과 오순도순 정을 나누는 시간을 갖고 싶다, 클래식 음악을 듣고 싶다, 오늘 원고 한 꼭지를 마무리하고 싶다, 따뜻한 커피 한 잔 마시고 싶다, 아내의 얼굴에 미소를 번지게 하고 싶다 등등 시시하고 사소한 소망들 말입니다. 시시하고 사소한 소망들이라고 말했지만 사실 이런 작은 소망들은 매일매일 우리의 삶에 생기를 더하고 힘을 북돋워줍니다. 늘 곁에 가까이 있으니 쉽게 이룰 수 있고 쉽게 성취감을 맛볼 수 있으니까요. 끊임없이 이런저런 소망들에 불을 지피며 활기차게 살아갑시다.

위인전 읽기

다음은 어느 유명인사의 일대기입니다.

나이 7세, 가족 파산

나이 9세, 어머니 사망

나이 22세, 사업 파산

나이 23세, 주 의회 선거 출마, 낙선

나이 24세, 친구에게 돈을 빌려 다시 사업, 파산

나이 25세, 약혼녀 사망

나이 27세, 신경쇠약으로 정신병원 입원

나이 29세, 주 의회 대변인 선거 출마, 낙선

나이 31세, 정부통령 선거위원 출마, 낙선

나이 34세, 주 의회 대변인 선거 출마, 낙선

나이 39세, 하원의원 선거 재출마, 낙선

나이 40세, 고향 국유지 관리 희망, 퇴짜

나이 45세, 상원의원 선거 출마, 낙선

나이 47세, 부통령 후보 지망선거 출마, 낙선

나이 49세, 상원의원 선거 재출마, 낙선

나이 51세, 미합중국 대통령 선거, 당선

나이 54세, 노예 해방 선포

나이 55세, 대통령 선거, 재당선

누구일까요? 바로 그 유명한 에이브러햄 링컨입니다. 미국의 대통령을 두 번씩이나 지내고 노예 해방을 주도한 업적으로 인류가 존경하는 링컨의 생애가 이렇습니다. 결과의 화려함을 보고 감탄하는 우리에게 링컨은 좀 더 눈을 크게 뜨라고 말하는 듯합니다. 그러니까 링컨은 성공하기 이전에 이리 까지고 저리 부서지는 그야말로 파란만장한 세월을 이겨 냈습니다. 그 세월 동안 얼마나 많은 좌절과 시련, 그리고 아픔과 고통이 있었겠습니까? 그 모진 세월을 이겨 내고 당당하게 일어서는 링컨의 전기를 읽다 보면 감동으로 가슴이 먹먹해지고 새로운 힘이 솟구치는 것을 느낍니다.

위대한 위인들의 전기는 이렇게 우리를 되살리는 힘이 있습니다. 만일 위인들이 처음부터 우리와 아주 다른 뛰어난 삶을 살았다면 그들에게서 받는 감동은 그리 크지 않을 것입니다. 그들과 우리를 동일시하기가 어렵기 때문입니다. 하지만 대부분의 위인은 바로 우리와 똑같이 힘들고, 어렵고, 고통스러운 나날을 보냈습니다. 그리고 그 세월을 이겨 냈습니다. 같은 어려움에 처했지만 중간에 포기하지 않고 이를 이겨 낸 위인들의 이야기는 우리의 생각을 바꾸게 하고 앞날에 희망을 불어넣습니다. 힘들고 지칠 때 위인전을 읽으라는 선인들의 말이 하나도 틀린 데가 없습니다.

미켈란젤로, 반 고흐, 고갱, 차이코프스키, 베토벤, 톨스토이, 찰스 디킨스, 에드거 앨런 포, 테니슨, 셸리, 헤밍웨이, 휘트먼, 버지니아 울프, 유진 오닐, 슈먼, 헨델, 알렉산더, 나폴레옹, 처칠, 크롬웰, 링컨, 루터, 루스벨트, 뉴턴, 다윈, 비비안 리 등등. 이 분들이 가진 공통점은 무엇일까요? 모두 정신질환자입니다. 이들은 모두 자기 분야에서 뛰어난 업적을 남긴 위인들이지만 동시에 우울증, 양극성 기분장애, 정신분열증을 앓았던 병력도 가지고 있습니다. 정신장애조차도 이들의 앞길을 가로막을 수는 없었습니다.

이런저런 일로 힘이 드십니까? 세상 살아가는 재미가 없으십니까? 위인전을 읽어 보세요. 특히 자신과 비슷한 문제를 가졌던 위인의 전기를 읽어 보세요. 위인전은 아이들이나 읽는 것이라고 팽개치지 말고 심심풀이 땅콩이라 여기고 읽어 보세요. 운이 좋으면 부정적인 생각을 바꾸고 삶의 전기를 맞을 수 있는 훌륭한 계기가 될 수도 있습니다.

유리한 환경 요소 선택하기

두 사람이 교도소에 갇혀 있었습니다. 줄기차게 내리던 소나기가 그치고 밝은 보름달이 떠올랐습니다. 그들은 창가에 기대어 밖을 내다보고 있었습니다. 한 사람은 계속해서 보름달을 쳐다보고 있었습니다. 그의 눈은 아름다움으로 가득 찼고, 그의 얼굴은 달빛에 반사되어 환하게 빛났습니다. 그 순간 그는 자신이 교도소에 갇혀 있다는 사실을 까맣게 잊어버렸습니다. 다른 한 사람은 창문 앞으로 흘러내리는 진흙탕을 보고 있었습니다. 진흙탕에서는 역겨운 냄새가 올라왔습니다. 진흙탕을 보고 있는 사람은 비참한 생각이 들었습니다. 마치 자신이 냄새나는 진흙탕에 빠진 것 같았습니다. 교도소에 갇혀 있는 자기 처지가 처참하게 느껴졌습니다.

두 사람이 처한 환경은 똑같았지만 두 사람이 경험하는 기분은 전혀 달랐습니다. 한 사람은 기분을 밝게 하는 긍정적 요소를 마음에 담았고 다른 한 사람은 기분을 어둡게 하는 부정적 요소를 마음에 담았기 때문입니다. 우리 마음의 선택이 이렇게 중요합니다. 우리는 살아가면서 다양한 환경을 만나 온갖 경험을 다 합니다. 하지만 같은 환경을 만났다고 해서 우리가 경험하는 내용도 같다고 착각하지 맙시다. 각자의 경험 내용은 그가 환경 중에 무엇을 선택하여 주의를 기울이는가에 따라 크게 달라집니다. 똑같은 환경 속에서도 전혀 다른 경험을 한다는 거지요. 지하철을 탄 사람들에게 무엇을 보았냐고 물어보면 대답이 여러 가지 나올 겁니다. 광고문을 본 사람, 안내 화면을 본 사람, 다양한 얼굴을 본 사람, 사람들의 동작을 본 사람, 주변 풍치를 본 사람, 전철 내부 시설에 쓰인 자재를 본 사람 등등. 아마 광고문을 자세히 본 사람은 전철 내부 시설에 쓰인 자재를 본 사람과 전혀 다른 경험을 했을 것입니다. 어쨌거나 우리가 관심을 기울여 주로 본 것이 우리의 경험 내용을 결정하고 마음 상태에 영향을 미친다는 사실은 분명합니다. 사실이 이렇다면 우리를 둘러싸고 있는 환경 중에서 우리 삶에 유리하게 작용할 만한 환경 요소에 선택적 주의를 기울이는 것이 현명한 행동입니다. 그러니까 가능하면 밝고 유쾌한 기분을 가져다주는 환경 요소에 시선을 집중하는 법을 배웁시다. 왜 사람들이 그렇게 인테리어에 신경을 많이 쓰는지 이제야 이해할 듯합니다.

감정의 거품 걷어 내기

상우 씨는 직장 상사가 지시하는 일을 잘못 처리하여 직장 상사로부터 심한 꾸중을 들었습니다. 이 일로 상우 씨는 기분이 몹시 우울하고 심한 자기 비하감을 느끼고 있습니다. 일도 손에 잡히지 않고 직장 상사 얼굴만 봐도 겁이 더럭 납니다. 이렇게 무능한 자신이 앞으로 어떻게 직장 생활을 버틸지, 앞으로 세상을 어떻게 살아갈지 몹시 걱정이 됩니다.

누군가에게 꾸중을 듣는다는 것은 그리 기분 좋은 일은 아닙니다. 더구나 직장 상사에게 꾸중을 듣는다면 여러 가지 걱정이 앞서게 되지요. 하지만 지금 상우 씨가 느끼는 기분에는 거품이 많이 껴 있습니다. 상우 씨가 지나치게 자기 기분을 과장하고 있다는 것입니다. 실망, 후회, 염려, 불쾌 정도면 충분할 텐데 우울한 데다 자신의 존재를 한없이 초라하고 볼품없다고 느끼니 말이죠. 심한 꾸중 한 번에 기분이 우울해지고 자기 비하감이 퐁퐁 쏟아진다면 참 세상살기가 힘들겠지요. 세상살이를 하다 보면 실수를 하고 상사에게 야단맞는 일은 늘 있을 수 있는 일입니다. 그리고 야단을 맞으면 실망과 걱정으로 잠시 기분이 나빠지는 것도 사실입니다. 하지만 '잠시 기분이 나빠지는' 그것으로 충분합니다. 꾸중 한 번 들었다고 마치 세상이 끝장난 것처럼 수선을 떨어서야 되겠습니까. 꾸중을 들었을 때 상우 씨가 속으로 다음과 같은 생각을 한다면 아마 상황이 많이 나아질 것입니다.

'실수를 저질러서 심하게 꾸중을 듣는 것이 그렇게 끔찍한 일은 아닐 수 있어. 물론 속이 불편하고 몹시 언짢기는 하지만 말이야. 과장님에게 계속 야단을 맞는 게 좋은 일은 아니지만 그렇다고 해서 세상이 끝나는 것도 아니잖아. 다시는 실수를 하고 싶지 않지만 혹시 실수를 해도 버틸 수 있어. 과장님에게 내 행동이 좀 어설프고 한심해 보인다고 해서 내가 구제 불능일 정도로 무능력한 사람은 아니니까 말이야.'

상우 씨의 경우를 예로 들었습니다만, 실제로 펼쳐진 상황과 그에 대해 느끼는 감정의 강도가 일치하지 않는 경우가 종종 있습니다. 특히 한쪽 극단으로 잘 쏠리는 사람들에게서 이런 현상을 자주 발견합니다. 화가 나면 머리끝까지 화를 내야 하는 줄 알고, 슬프면 땅을 치고 통곡해야 하는 줄 알고, 짜증이 나면 온 세상을 말아먹을 듯 신경질을 내야 하는 줄 알고, 우울하면 모든 일을 접고 가라앉아야 하는 줄 알고, 행복하면 하늘을 날아가듯 날뛰어야 하는 줄 아는 사람들 말입니다. 하지만 색깔에 명도와 채도가 있듯이 우리 감정에도 다양한 수준의 강도가 있습니다. 분노를 예로 들어 볼까요? 직장 동료가 다음과 같이 말하면 화가 나기는 하겠지만 그 정도에는 분명히 차이가 있습니다. "박 교수는 연봉이 억대가 넘는다며? 좋~겠어.비아냥조" "박 교수는 왜 남의 말은 듣지도 않고 자기 말만 앞세우나?" "김 교수가 박 교수는 위아래를 몰라본다고 욕을 하던걸." "박 교수는 우리 모두가 쳐부숴야 할 공공의 적이야." 상황에 따라 다를 수 있지만 첫 번째 발언보다 네 번째 발언에 박 교수는 더 큰 분노를 느낄 게 분명합니다. 그런데 박 교수가 네 가지 발언에 아무런 차이를 두지 않고 똑같이 길길이 날뛰는 반응을 보인다면 뭔가 크게 잘못된 것이겠죠. 박 교수가 자신의 감정 세계를 섬세하게 들여다볼 줄 아는 사람이라면 자신이 느끼는 감정의 강도를 잘 분별하고 그에 알맞은 반응을 할 수 있을 겁니다. 할 수만 있다면 자신의 분노 상태를 20% 분노, 50% 분노, 70% 분노, 90% 분노 등으로 구별할 수 있다면 좋겠습니다. 이게 가능하면 거기에 어울리는 행동은 자연히 뒤따라올 테니까요. 다른 모든 감정 상태도 마찬가지입니다.

자기 탓 덜하기

　예일대학교의 밀그램 박사가 행한 유명한 실험이 있습니다. 권위에 대한 복종의 정도를 알아보려는 실험입니다. 밀그램은 피험자들에게 이 실험이 기억과 학습에 관한 연구라고 거짓으로 알려 주고 마치 무작위로 할당된 것처럼 피험자들을 '교사집단'과 '학생집단'으로 나누었습니다. 교사집단은 실험에 대해 모르는 순수한 피험자들로서 버튼을 눌러 전기충격을 가하는 역할을 맡았고^{실제는 가짜 전기충격} 학생집단은 연구팀에 속한 연기자들로서 주어진 전기충격의 강도에 맞춰 고통스러운 반응을 보여 주는 역할을 맡았습니다. 실험 내용은 학생이 실수할 때 전기충격으로 벌을 가하는 것입니다. 실험자는 교사집단에게 학생집단이 학습해야 할 단어 목록을 주고 학생이 틀린 답을 할 때마다 버튼을 눌러 전기충격을 주라고 지시했습니다. 학생이 틀린 답을 할 때마다 전기충격의 강도가 15볼트씩 증가한다는 사실도 알려 주었습니다. '교사' 앞에 놓여 있는 전기충격 장치에는 '가벼운 충격'부터 '위험: 심한 충격'이라는 표시가 있었습니다. 전기충격의 정도를 미리 경험하기 위해 모든 피험자는 전기충격 의자에 앉아 45볼트의 전기충격을 받았습니다. 실제로 전기충격이 가해지지는 않았지만 실험을 주도하는 엄격한 실험자는 위장된 전기충격을 가하는 '교사'와 같은 방에 있었습니다.

　실험을 진행하면서 '교사'들은 전기충격을 멈춰야 하

는지 계속 주어야 하는지 실험자에게 물었는데 그때마다 실험자는 연구의 일부라고 말하며 전기충격을 더 주라고 재촉했습니다. '교사'들이 잘못된 결과에 대한 책임은 누가 지느냐고 물으면, 실험자는 모든 책임은 자기에게 있으니 걱정 말라고 대답했습니다. 결과는 이렇습니다. '교사' 집단의 65%는 '학생'에게 고통을 주고 있다고 생각하면서도 450볼트에 이를 때까지 전기충격을 가함으로써 학생 처벌 명령에 복종했습니다. 그리고 '교사' 집단의 어느 누구도 300볼트 이전에 전기충격을 가하는 학대 행동을 멈추지 않았습니다.

밀그램은 이 실험의 의미를 다음과 같이 요약하였습니다.

"강력한 권위는 다른 사람을 해치지 말아야 한다는 피험자의 도덕적 의무감을 마비시켰으며, 희생자의 비명소리가 귀에 울리는 상황에서도 권위는 여전히 효과를 발휘했다."

이 연구는 우리에게 적어도 '사람들의 관계'가 '개인 내면'만큼이나 중요하다는 사실을 알려 줍니다. 즉, 우리 가운데 누구라도 어떤 상황에서는 끔찍한 일을 저지를 수 있는데, 이런 결과는 그 개인이 내면에서 내리는 결정 때문이 아니라 다른 사람이나 상황의 압박 때문에 생길 가능성이 높다는 것입니다. 다시 말해, 개인 탓이 아니라 관계와 상황 탓이라는 거지요. 이런 입장에 서면 왜 독일군들이 히틀러에게 복종해서 유대인 학살에 참여했는지 어느 정도 이해가 됩니다.

이런 가정을 해 봅시다. 내가 커다란 잘못을 했는데 나중에 알고 보니 그 원인이 내 탓이 아니라 다른 사람 탓, 또는 불가항력적인 상황 탓으로 밝혀졌다면 기분이 어떨까요? 십중팔구 편안해질 겁니다. 내 탓이 아니라고 생각하는 순간 책임감에 짓눌려 무거웠던 마음이 가벼워질 테니까요. 그러니까 문제의 원인을 누구에게 돌리는가 하는 '귀인'이 우리의 기분을 좌우하는 큰 변수임을 알 수 있습니다.

자기 자신에게 원인을 돌려야 마땅한 문제가 있다면 자신이 책임을 지는 것이 당연합니다. 하지만 자신에게 잘못이 없는데도 자기 탓을 하거나 저지른 잘못에 비해 지나치게 자기 탓을 많이 한다면 쓸데없이 오버하는 셈입니다. 마음 편히 지낼 수 있는데 괜히 자신을 괴롭히는 격이라고나 할까요. 몇 년 전에 뒷면 유리창에 '제 탓입니다!' 라는 문구를 달고 다니던 차를 많이 보았는데, 그 문구를 보면서 잠시 생각에 잠겼던 적이 있습니다. 그런 문구가 등장할 만큼 우리 사회가 각박해졌다는 점은 알겠는데 모든 것을 자기 탓으로 돌리면 사람의 마음이 얼마나 무거울까 하는 생각이 들었습니다. 귀인과 정신건강의 관계를 연구한 학자들은 자신을 문제의 원인으로 지목하는 사람들이 내적 귀인을 많이 하는 사람들이 자신 밖의 다른 대상을 문제의 원인으로 지목하는 사람들 외적 귀인을 많이 하는 사람들에 비해 건강하지 못하다는 결과를 보고한 적이 있습니다. 자기 탓을 많이 할수록 정신건강에 좋지 않다는 뜻이지요. 그러니까 겸손을 부린답시고 함부로 자기 탓을 많이 하는 것은 경계해야 합니다. '잘되면 내 탓, 잘못되면 조상 탓'이라는 말이 좀 거슬리기는 합니다만 마음을 편히 먹고 사는 데는 도움이 되는 훌륭한 비결의 하나입니다. 앞으로 기분 나쁜 일이 생기면 먼저 원인을 잘 따져 보되, 가능하면 자기 탓을 줄이는 쪽으로 생각해 보세요.

방어기제 활용하기

어느 날 굶주린 여우가 포도송이가 주렁주렁 매달려 있는 포도밭에 숨어들었습니다. 그런데 불행하게도 포도송이는 높은 시렁 위에 달려 있어서 닿을 수가 없었습니다. 어떻게든 포도송이를 따 보려고 젖 먹던 힘을 다해 발을 굴러 뛰어 보았지만 모두 헛일이었습니다. 마침내 완전히 지친 여우가 이렇게 외쳤습니다.

"저 포도는 너무 시어서 따도 먹을 수가 없어!"

이 이야기는 『이솝우화』에 나오는 여우와 포도 이야기입니다. 방어기제 중에서 합리화를 설명할 때 많이 드는 예화입니다. 자신의 무능력과 무기력함을 가리고 자존심을 보호하기 위해 억지 변명을 앞세울 때 흔히 사용됩니다. 이 이야기에 나오는 여우가 '포도를 따는 데' 무능력한 것은 사실입니다. 조금만 더 키가 컸더라면, 아니 조금만 더 점프력이 뛰어났다면 포도를 따서 입에 넣을 수 있었겠지요. 하지만 이 여우는 포도를 따지 못했다고 해서 좌절하고 절망감에 빠지지 않았습니다. 오히려 이 여우는 나름대로 합리적인 이유를 둘러대면서 자신의 기분을 잘 조절해 나갔습니다. 만일 이 여우가 포도를 따지 못했다고 자신의 무능력을 탓하면서 좌절하고 절망감에 사로잡혀 있다면 어떻게 되겠습니까? 되지도 않을 일을 가지고 애만 태우는 꼴이 되지 않겠습니까? 이런 점에서 이 여우는 합리화라는 방어기제를 아주 훌륭하게 활용한 셈입니다.

흔히들 방어기제는 인생 약자들이 사용하는 병적인 대응 방식이라고 말하지만 꼭 그렇지도 않습니다. 『이솝우화』의 여우처럼 방어기제는 어떻게 할 수 없는 상황에서 자신을 보호하는 훌륭한 방어 수단이 될 수 있습니다. 그러니 방어기제를 마냥 비난만 할 것은 아닙니다. 우리는 인생을 살아가면서 해결할 수 없는 일을 정말 많이 만납니다. 그때마다 자신을 자책하고 괴로워하기보다 적당한 방어기제를 찾아 자신을 보호하는 편이 훨씬 더 현명하지 않겠습니까? 다만, 자신의 진짜 정체가 흔들릴 정도로 방어기제에 과다하게 의존하는 일은 없어야겠지요. 간단하게 정신분석에서 제시한 방어기제를 살펴봅시다.

- 억압: 원하지 않는 생각, 욕구, 감정 등을 의식으로부터 끌어내어 무의식 속으로 억눌러 버리는 과정을 말합니다. 자신을 불안하게 할 상황이나 사건을 기억에서 완전히 지워 버리는 경우가 이에 속합니다.
- 반동형성: 노출되면 위험하다고 여기는 무의식적 충동이 있

을 때 그와 반대되는 방향으로 생각, 욕구, 감정을 일으키고 그에 따라 행동하는 것을 말합니다. 심한 적개심을 불러일으키는 경쟁 상대에게 다가가 매우 친하게 굴고 다정하게 대해 주는 경우가 이에 속합니다.

- 투사: 자신의 내면에 있는 부정적인 감정을 다른 사람에게 옮겨서 그 감정이 자신이 아닌 다른 사람에게서 비롯되는 것으로 보이게 하는 행동을 말합니다. 직장 상사에게 몹시 화가 나 있는 사람이 거꾸로 직장 상사가 자기에게 화가 많이 나 있다고 말하는 경우가 이에 속합니다.

- 퇴행: 살아가면서 큰 위험이나 갈등을 겪을 때 그동안 이룩해 온 발달 과정을 역행하여 과거 상태로 후퇴하는 행동을 말합니다. 해결하기 힘든 과제를 만났을 때 어릴 때 그랬던 것처럼 낮잠을 자거나 공상에 빠지는 경우가 이에 속합니다.

- 승화: 성적 욕구에서 나오는 본능적 에너지를 전환하여 사회적으로 인정되는 가치 있는 일에 쏟아붓는 행동을 말합니다. 성적 욕구가 일어날 때 예술 활동에 전념하거나 과학 탐구에 몰두하는 경우가 이에 속합니다.

- 부정: 받아들이기 힘든 고통스러운 사실이 있을 때 이를 의식적으로 거부하는 행동을 말합니다. 자녀가 ADHD^{주의력결핍 및 과잉행동장애}임에도 불구하고 이를 극구 부인하는 부모의 경우가 이에 속합니다.

- 합리화: 해결할 수 없는 문제를 맞이하여 자신이 보인 행동

에 나름대로 그럴 듯한 설명을 붙이는 행동을 말합니다. 『이솝우화』에 나오는 여우와 포도 이야기가 이 경우에 속합니다.

언어의 함정 피해 가기

어느 날 산악자전거를 타고 외진 시골길을 달리다가 커다란 글씨로 써 있는 표지판을 보게 되었습니다.

'개조심'

얼마를 지나가자 또 표지판이 나타났습니다.

'개조심'

잠시 후 멋스럽게 지은 시골집에 도착했습니다. 집 앞에는 조그마한 발바리 한 마리가 앉아 있었습니다. 주인 아저씨에게 물었습니다.

"저 발바리를 조심하라고 표지판을 붙여 놓은 겁니까? 저 조그만 강아지가 집을 지킬 수가 있나요?"

주인이 대답했습니다.

"천만에요. 집은 강아지가 아니라 표지판들이 지켜 줍니다."

우스개 같습니다만, 이런 경우가 드물지 않습니다. 우리는 실체가 아니라 낱말이나 언어에 의지해 살 때가 많습니다. 그리고 때로는 언어에 속기도 합니다. 이 시골집 주인은 언어의 기능을 아주 잘 아는 사람 일 듯합니다. 언어에 대한 사람들의 반응이

"저 발바리를 조심하라고 표지판을 붙여 놓은 겁니까?
저 조그만 강아지가 집을 지킬 수가 있나요?"
주인이 대답했습니다.
"천만에요. 집은 강아지가 아니라 표지판들이 지켜 줍니다."

넷, 생각을 바꾸는 전략

실제에 대한 반응과 큰 차이가 없을 거라는 점을 잘 알고 자기 생활에 활용하고 있으니까요.

　우리의 심리 상태와 관련하여 사람들이 잘 빠지는 언어의 함정을 몇 가지 살펴보겠습니다.

　① 없는 것을 있는 것으로 착각하게 만드는 현상입니다. 최근 '상처받은 내면아이'라는 책 제목을 본 적이 있는데요, 이 제목을 보면서 사람들은 "아, 우리 내면에 상처받은 아이가 있구나." 하고 생각하게 됩니다. 그런데 정말 여러분 내면에 그런 아이가 있습니까? 아마 어렸을 때 내면에 상처받은 흔적, 그로 인한 아픔과 고통 그런 것은 있겠지요. 하지만 어릴 때 받은 상처를 그대로 지닌 아이가 지금도 내면에 살아서 움직이고 있는 것은 아닐 겁니다. 교류분석에서 말하는 '꼬마 철학자'도 마찬가지입니다. 그리고 보면 학자들이 만들어 놓은 대부분의 개념과 용어들은 실제로 존재하는 것이 아니라 현상을 편리하게 설명하기 위해 발명해 놓은 하나의 도구에 불과하다는 생각이 듭니다. 그런데 우리는 그런 게 진짜 존재하는 양 믿고 행동하는 어리석음을 보입니다. 구강기에 고착된 성격 또는 항문기에 고착된 성격이라는 게 정말 있다고 생각하십니까?

　한 걸음 더 나가 봅시다. 인간의 정신질병을 분류해 놓은 책들을 보면 정말 별별 진단명이 다 있습니다. 만일 그중에 여러분이 강박증으로 진단받았다고 합시다. 일단 이렇게 진단받으면 여러분은 '강박증 환자'로 낙인이 찍히고 결국 강박증 환자로 대우를 받게 됩니다. 그리고 스스로도 자신을 그렇게 받아들입니다. 이렇게 되면 한 개인으로서 자신이 가진 다양한 개성과 특징은 무시되고 온통 강박증 환자라는 생각에 사로잡히게 됩니다. 심한 사람은 강박증 환자라는 이름에 어울리도록 강박증 환자들이 보인다고 하는 전형적인 증세를 새로 발달시키기도 합니다. 보통 사람에 비해 강박 증세를 많이 보인다고 하는 말과 강박증 환자라는 말은 이렇게 자신을 전혀 다르게 지각하게 합니다. 정신질병에 대한 진단명이 가져오는 이런 폐해 때문에 아예 진단명을 사용하지 말자고 주장하는 학자들도 있습니다. 이것이 자신에 대해 부정적인 낙인을 찍는 낱말들을 함부로 사용하지 말아야 할 이유입니다.

② 말이 가져오는 자성예언 효과입니다. 말이 씨가 된다는 속담이 있습니다. 아무런 뜻 없이 그냥 무심코 내던진 말인데 그게 현실이 되어 눈앞에 나타날 때 이 속담의 효과를 절감합니다. 자성예언의 효과가 긍정적인 일에 나타난다면 거리낄 게 없습니다. 문제는 좋지 않은 일에 효과를 나타낼 때입니다. 약사로 일하는 어떤 아내가 가정에 무관심한 남편에게 걸핏하면 "못살아, 내가 못살아. 콱 이혼해 버리는 게 낫지."라고 입버릇처럼 중얼댔답니다. 그러던 어느 날 남편이 정식으로 이혼을 청구했습니다. 아내는 말문이 막혔습니다. 한 번도 심각하게 이혼을 생각했던 적이 없었기 때문입니다. 그러나 남편은 아내가 무심코 던진 말들을 가슴에 새기고 있다가 좋은 여자가 생기니까 그만 이혼

절차에 들어간 것입니다. 그러니까 정말 말을 조심해야 합니다. 스트레스가 쌓인다고 마구 말을 하다가는 정말 그 말 그대로 될 가능성이 높습니다. "에이, 재미없는 세상, 콱 죽어 버려야겠어!" 이런 말을 자주 하다가는 정말 어느 날 저 세상 사람이 될 수도 있습니다. 공부 못하는 아이가 밉다고 "어이구, 저 밥통 같은 놈! 귀신이 데려가지도 않나." 하고 저주하면 어느 날 아이는 가출할지도 모릅니다. 말에는 미래를 준비하는 무서운 힘이 들어 있습니다. 그러므로 무슨 말이든 입 밖에 내기 전에 신중히 생각해야 합니다. 특히 자신을 비하하는 말, 남을 욕하고 저주하는 말은 삼가는 편이 좋겠지요.

③ 어의론적으로 뒤틀린 언어 습관입니다. 흔히 겸손함을 나타내기 위하여 말을 할 때 자신을 드러내지 않는 경우가 있습니다. 의미로 보면 자신이 주어가 되어야 분명한데 그 자리에 다른 사람을 끼워 넣는 거지요. "지금 실내가 조금 덥지요?" "오늘은 모두 기분이 좋지 않은 듯합니다." "사람이라면 응당 그렇게 해야지요." 대리 주어를 등장시키고 있는 이러한 말들을 자주 사용하게 되면 자신감과 주체의식이 떨어지는 반면에 사회적 평가에 지나치게 민감해질 수 있습니다. 능동태보다 수동태 문장을 많이 사용하는 경우도 마찬가지입니다. "나는 그 사람이 싫어요."라는 말보다 "그 사람이 자꾸 싫어하게 만들어요."라는 말이 혹시 부드럽게 들릴지 모르지만 내용으로 보면 사실을 왜곡하고 있습니다. 자기 행동에 책임을 질 자신이 있다면 당당하게 그 사

람이 싫다고 선언하는 일이 그리 힘들게 여겨지지 않을 겁니다. "어쩔 수 없었어요." "달리 방법을 찾을 수 없었어요." "나는 그렇게 할 수 없어요." 등과 같이 무기력함을 보이는 말들도 유사한 맥락에 있습니다. 이런 말들은 자신을 겸손하게 만들지도 않고 예의 바른 사람이라는 인식을 심어 주지도 않습니다. 오히려 이런 말을 자꾸 함으로써 삶을 주도하는 주체적 에너지를 빼앗기고 눈치꾼으로 전락할 가능성이 많아집니다. 자신의 언어 습관을 점검해 보세요. 혹시 여기서 말한 현상들이 발견되면 원래 의미에 맞게 자신을 중심에 세우는 말을 회복하는 편이 좋을 듯합니다.

2차원적 방법: 생각의 틀을 바꾸는 전략

둘째 방법, 즉 생각의 틀에 변형을 일으킴으로써 기분을 바꾸는 2차원적 방법을 살펴봅시다. 2차원적 방법은 자료가 풍부하여 세 갈래로 나누어 살피겠습니다.

〈고통스러운 경험에 대하여〉

음미하기

　암에 걸려 치유 불가능이라는 판정을 받았다가 회생한 사람의 말입니다.

"내가 세운 목표가 일상에서 음미할 수 있는 삶의 가치로움을 방해한다는 사실을 알게 되었습니다. 나는 암을 극복하고 다시는 고통받지 않겠다는 목표를 가지고 있었습니다. 그런데 이 목표가 지나치게 한쪽으로 치우쳐 있다는 사실을 깨달았습니다. 온전한 삶에서는 고통 역시 쾌락만큼 중요한 위치를 차지하고 있습니다. 두통, 근육통, 치통 같은 모든 고통은 내가 살아 있음을 알려 주는 소중한 신호들입니다. 엄청난 기쁨이 그런 것처럼, 고통 역시 살아 있을 때 접할 수 있는 체험일 뿐 아니라 시간이 지나면 사라지는 일시적인 현상일 따름입니다."

우리 삶에서 고통을 제외하면 남는 것이 얼마나 될까요? 사람에 따라 다르기는 하겠지만 고통이 우리 삶의 상당 부분을 차지한다는 점은 분명합니다. 오죽하면 어느 종교에서는 삶 자체를 고통이라고 정의했을까요? 이렇게 고통이 우리 삶에 붙박이 되어 있는 것이라면 피하기보다 차라리 깊이 음미하는 편이 낫습니다. '피할 수 없으면 즐겨라.' 라는 유명한 말도 있잖습니까. 실제로 고통을 피하는 대신 이를 음미할 대상으로 여겨 마음을 적극적으로 바꾸면 오히려 고통의 강도가 훨씬 줄어들기도 합니다. 손이나 발이 무엇엔가 부딪혀 고통을 느낄 때 아프다고 수선을 떠는 대신에 차분하게 아픈 자리를 지켜보고 통증을 느껴 보세요. 아마 통증이 덜해지고 훨씬 더 빨리 가라앉을 겁니다. 그러니까 고통을 음미하면 세 가지 효과를 볼 수 있습니다. 즉, 살아 있음을 생생하게 맛보게 하는 효과, 통증이 줄어드는 효과 그리고 통증이 빨리 가라앉는 효과 말입니다. 여기에다 신호 효과가 한 가지 더 있습니다. 고통은 또한 우리 몸에 무엇인가가 잘못되었다는 신호이기도 합니다. 고통이 없다면 몸이 만신창이가 될 때까지 아무런 조치를 취하지 않을 테니 말입니다. 고통을 음미하라는 이유가 이해가 되는지요?

환영하며 끌어안기

테레사 수녀의 고백입니다.

"매사에 걱정거리가 되는 어두운 면을 보는 사람이 있지만 나는 그렇지 않다. 하늘이 온통 먹구름으로 뒤덮여 있다 해도 나는 괜찮다. 나에게 닥쳐온 고통마저도 나는 즐겁게 여기겠다."

음미하는 것도 부족해서 테레사 수녀님은 아예 고통을 즐겁게 끌어안겠다고 합니다. 자신을 괴롭히는 마조히스트라서 그럴까요? 그건 아닐 겁니다. 수녀님은 고통을 즐거운 경험으로 끌어안음으로써 고통의 힘을 빨리 마비시키는 법을 알고 있었던 건 아닐까요? 그리고 잘만 하면 고통이 발전과 성장의 원동력이 될 수 있다는 사실도 알고 있었던 건 아닐까요? 주변을 살펴보세요. 무슨 무슨 대회에서 우수한 성적을 낸 사람들은 거의 한결같이 고통을 벗삼아 지낸 사람들입니다. 고통 없이는 이루어 내는 것도 별로 없고, 삶에 열광할 일도 별로 생기지 않습니다. 그리고 보면 고통과 성장은 늘 함께하는 것 같습니다. 불현듯 '껍질이 깨지는 아픔이 없이는 성장도 없다.' 는 말이 생각나는군요.

테레사 수녀는 성자니까 그럴 수 있지만 보통 사람들이 어떻게 그럴 수 있냐고요? 그러면 인기 가수이기는 하지만 우리와 많이 비슷한 윤복희 씨 경우를 들어 봅시다. 그녀 역시 고통을 끌어안을 때 오는 축복에 대해 잘 알고 있었던 것 같습니다.

가수 윤복희 씨는 지금으로부터 상당히 오래전에 굉장히 큰 교통사고를 당했습니다. 목에 깁스까지 하고 꽤나 오랫동안 고통스러운 생활을 했습니다. 신체적 고통도 그렇지만 그녀의 인생은 그 자체가 파노라마라고 할 정도로 굴곡도 많고 탈도 많았습니다. 그렇지만 그녀는 지금 너무나 평화롭고 행복하게 노래를 부르며 살고 있습니다. 어떻게 그럴 수 있느냐고 물었더니 그녀는 이렇게 대답했습니다.

"나에게 괴로움은 전혀 문제가 안 됩니다. 오히려 이번 괴로움이 가면 다음에 또 어떤 괴로움이 올까 기대하며 삽니다."

새로운 유형의 관계 시작하기

자식을 잃은 아버지가 슬픔에 싸여 아인슈타인에게 편지를 보냈습니다. 아인슈타인은 다음과 같은 답장을 보냈습니다.

"사람은 시간적·공간적으로 지금-여기에 살지만 동시에 우주라는 커다란 세상을 살아갑니다. 다시 말해, 사람은 온 우주와 연결된 삶을 사는 거지요. 그러므로 분리된 삶은 없습니다. 모든 존재는 우주 안에서 어떤 식으로든 관계되어 있습니다. 맞습니다. 죽음은 사람이 존재하는 모습을 바꿀 수 있습니다. 하지만 존재하는 모습이 달라졌다고 해서 관계가 없어지지는 않습니다. 모습이 달라졌으니 관계를 맺는 방식도 달라지겠지만 본질적으로 죽음이 우리의 관계를 끊어 놓을 수는 없습니다."

아인슈타인은 담담하게 죽음은 끝이 아니라는 사실을 말하고 있습니다. 죽음 이후에도 여전히 관계는 지속될 수 있다고 말하고 있는 거지요. 그러니 모든 것이 끝났다고 슬퍼하지 말고 마음의 평화를 유지하면서 새로운 관계를 만들어 가라고 충고하고 있습니다. 상당히 종교적인 색채가 짙은 말을 20세기 최고의 물리학자의 입에서 들으니 생뚱맞기도 하고 신선하기도 합니다.

우리의 오감이 감지할 수 있는 물리적인 시각에서 보면 죽음은 곧 이별이요, 분리를 말합니다. 하지만 우리 존재도 그렇고, 또 우리를 감싸고 있는 우주 역시 우리가 상상한 것보다 훨씬 더 다양하고 복잡한 것 같습니다. 모든 유형의 존재를 포용하고 있는 우주를 믿는다면, 그리고 죽음을 통해 우리가 새로운 존재로 탈바꿈한다고 믿는다면 우리가 간절히 원하는 '관계'는 영원히 지속될 수 있을 겁니다.

혜택에 눈 돌리기

『인생수업』에서 퀴블러 로스는 다음과 같이 말하고 있습니다.

"죽음을 앞둔 사람들이 가르쳐 주는 가장 놀라운 가르침은 삶은 불치병이라고 진단받는 순간에 끝나지 않는다는 것입니다. 바로 그 순간에 진정한 삶이 시작됩니다. 죽음의 실체를 인정하는 순간 삶의 실체도 인정해야 하기 때문입니다. 그 순간 비로소 자신이 아직 살아 있고 지금 자신의 삶을 살아야 하며, 자신에게 있는 것이 지금의 이 삶뿐임을 깨닫습니다. 죽음을 앞둔 사람들이 가르쳐 주는 가장 중요한 교훈은 모든 날을 최대한 누리며 살라는 것입니다."

사랑하는 사람의 죽음을 대하는 또 하나의 방식은 그 경험이 주는 혜택을 찾는 일입니다. 혜택을 찾으라니 끔찍하다고요? 보통은 그렇게 생각합니다만 다르게 생각할 수도 있습니다. 오랜 투병생활을 하는 중환자를 간호하거나 사랑하는 이의 죽음을 옆에서 지켜본 사람들은 그 경험이 꼭 그렇게 나쁜 것만은 아니라는 사실을 깨닫습니다. 무엇보다도 살아 있는 이 순간이 정말 귀하다는 것, 그래서 지금 이 순간이 아주 절실해진다는 것입니다. 편하게 숨을 쉴 수 있는 이 순간이, 술잔을 기울이며 술맛을 음미할 수 있는 이 순간이, 파란 하늘을 바라볼 수 있다는 지금 이 순간이 그렇게 귀할 수가 없습니다. 그리하여 삶을 만지고 맛보고 누리며 한층 농도가 진한 인생을 살아갑니다. 그뿐인가요. 죽음을 눈앞에 둔 사람과 함께 살 때 생기는 애틋한 유대감과 인내심, 화합의 계기를 찾아가는 가족, 주변 사람들이 보여 주는 깊은 관심과 애정도 쉽게 얻을 수 있는 것이 아닙니다. 마지막으로 죽음을 통해 사랑하는 이가 고통의 사슬에서 해방되는 광경을 지켜볼 수 있는 것도 커다란 혜택의 하나입니다.

신체 언어의 정체 드러내기

'기가 막히네.'
'심장이 멎는 줄 알았잖아.'
'가슴이 답답하네.'
'어깨가 무거워.'
'장이 막힌 거 같아.'
'나는 쓸개도 없는 놈이야.'
'내가 간땡이가 부었지.'
'옴 붙었네.'
'어휴, 소름 끼쳐.'
'생각만 해도 이가 갈려.'
'눈에 핏발이 서네.'
'간 떨어지는 줄 알았네.'
'아이고, 골치 아파.'
'머리가 뽀개지는 거 같네.'
'머리에 구멍이 뚫린 거 같아.'

'목이 졸리는 것 같아.'
'애간장이 타들어 가는 것 같아.'
'이를 악물어야 해.'
'아이고, 속 터져.' 등등

이러한 말들은 고통스러운 상태를 드러낼 때 우리가 무심코 쓰는 신체 언어들입니다. 즉, 신체의 특정 부분을 지칭하며 은유적으로 고통을 표현하는 말들이지요. 우리는 그야말로 아무 생각 없이 이런 말들을 쓰는데, 우리 정신 세계의 상당 부분을 차지하는 무의식은 종종 문자 그대로 받아들여 말로 표현된 증상을 강화시키는 역할을 할 때가 있답니다. 그러니까 일이 잘 풀리지 않는다고 해서 '가슴이 답답하다.'는 말을 연발하면 진짜 가슴이 답답해질 가능성이 높아진다는 겁니다. 고통을 해소하려고 하는 말이 오히려 고통을 더 무겁게 해 주는 거지요. 자, 이런 비밀을 알았으니 어떻게 해야 할까요? 한 가지 방법은 이런 말들이 하는 기능을 역이용하는 겁니다. 그러니까 문제가 있다고 표현한 신체 언어를 상대로 이런저런 말을 붙여 가며 신체에 문제를 일으키는 원인을 찾아 드러내는 작업을 해 보는 겁니다. 무의식에 의식의 빛을 쪼이는 작업이라고 말할 수 있겠습니다. 예를 들어 봅시다.

 심장병: 무엇이 심장을 무겁게 합니까? 어떤 사람, 어떤 일이 당신의 심장을 무겁게 하나요? 어떤 일을 떠올리면 심장

이 답답하거나 무거워집니까?

- 두통: 무엇이 그렇게 머리를 아프게 합니까? 언제 머리에 구멍이 뚫린 것처럼 느낍니까? 어떤 사람, 어떤 일이 당신의 머리를 그렇게 힘들게 합니까?
- 목의 통증: 무엇이 당신의 목을 조르고 있습니까? 어떤 사람, 어떤 일이 당신의 목을 조릅니까? 주로 어떤 이미지가 떠오를 때 목을 조르는 듯한 느낌을 받습니까?
- 피부병: 무엇이 옴 붙었다는 느낌을 줍니까? 어떤 사람, 어떤 일이 소름을 끼치게 하나요? 어떤 이미지가 떠오를 때 소름이 돋나요?
- 시력 약화: 무엇이 당신의 시력을 흐릿하게 만드나요? 보고 싶지 않은 사람 또는 보고 싶지 않은 일이 있습니까? 어떤 상황에서 분명하게 보이는 것이 아무것도 없다고 느끼나요?
- 변비: 무엇이 장을 막고 있습니까? 만남을 뒤로 미루고 싶은 사람, 처리를 뒤로 미루고 싶은 일이 있습니까? 어떤 상황이 되면 장이 막히는 느낌이 듭니까?

상황을 우스꽝스럽게 만들기

자신을 죽이라고 재촉하는 소리를 20여 년 동안 들으면서 살아온 여성이 있었습니다. 그녀는 그 소리를 들을 때마다 공포에 떨었고 자신이 그것을 실제 행동으로 옮길 것 같아 두려웠습니다. 마침내 그녀는 치료자의 도움을 받아 다음과 같은 작업을 하게 되었습니다.

그녀는 자기가 듣는 소리를 테이프를 빨리 감아 돌리듯이 빠른 속도로 돌려 들어 보기도 하고 테이프를 아주 천천히 돌리듯이 느린 속도로 돌려 들어 보기도 했습니다. 그러자 상황 전체가 아주 우스꽝스러워졌고 그녀는 그 소리를 들으며 마음껏 웃을 수 있게 되었습니다. 상황이 이렇게 달라지자 이젠 원래 속도로 그 소리를 들어도 전과 같이 두려워하지 않게 되었습니다. 그녀의 공포증은 사라졌고 점차 그 소리를 듣는 일도 없어지게 되었습니다.

공포와 웃음은 함께 일어나기 어려운 현상입니다. 공포가 자율신경계를 흥분시키는 교감적 반응이라면, 웃음은 자율신경계를 이완시키는 부교감적 반응이기 때문입니다. 그러니까 동일한 자극에 대하여 교감적 반응과 부교감적 반응이 동시에 일어날 수 없다는 말입니다. 그렇다면 교감적 반응을 일으키던 자극을 변형시킴으로써 교감적 반응 대신 부교감적 반응을 강하게 일어나게 한다면 문제가 예상 외로 쉽게 풀릴 수도 있습니다. 앞의 사례가 그렇습니다. 교감적 반응_{공포와 두려움}을 일으키던 자극을 우스꽝스럽게 변형시켰더니 부교감적 반응_{웃음}이 터져 나오게 된 것이지요. 공포스러웠던 자극이 웃음을 주는 상대로 변해 버리면 더 이상 힘을 쓸 수 없겠지요. 혹시 공포를 느끼는 자극이 있습니까? 그렇다면 그 자극을 우스개로 만들어 버릴 수 있는 방법을 찾아보세요.

자신이 주도하는 상황으로 바꾸기

철홍이는 초등학교 4학년입니다. 어느 날 국어 시간에 철홍이는 선생님에게 호명을 받아 책을 읽게 되었습니다. 책을 읽는 중간에 철홍이는 실수로 말을 더듬었습니다. '협동'이라는 말을 읽으면서 '혀혀혀~~협동'이라고 더듬은 거지요. 그랬더니 아이들이 큰 소리로 "우하하!" 하고 웃었습니다. 이런 일이 한 번 더 있었습니다. 그 일이 있은 후로 철홍이는 국어 시간만 되면 마음을 졸였습니다. 혹시나 선생님에게 또 호명을 받아 책을 읽다가 실수를 해서 아이들이 비웃으면 어쩌나 불안했던 거지요. 나중에 상담을 하다가 이 사실을 알게 된 선생님이 처방을 해 주셨습니다.

"철홍아, 다음에 선생님 호명을 받아 책을 읽을 때는 한 문단에 다섯 번 정도 더듬도록 해라. 꼭 다섯 번을 더듬되 일부러 그렇게 해야 하는 거야."

다음날 국어 시간에 선생님은 철홍이를 호명해 책을 읽게 했고, 철홍이는 단 한 번도 더듬지 않은 채 문단 하나를 다 읽어 내려갔습니다.

선생님 처방이 재미있습니다. 더듬는 행동 때문에 괴로워하는 철홍이에게 일부러 더 많이 더듬으라고 권하고 있으니 말입니다. 그런데 오히려 철홍이는 더듬지를 않았네요. 이런 전략을 역설적 처방이라고 부릅니다. 역설적 처방이 효과를 가져오는

넷, 생각을 바꾸는 전략

이유는 '일부러'에 있는 것 같습니다. '일부러'에는 자신이 그 행동을 주도한다는 뜻이 담겨 있습니다. 그러니까 종전에 더듬는 행동은 무엇인가에 의해 자신도 모르게 일어났던 것인데 '일부러' 더듬는 행동은 자신의 의지로 그렇게 하는 것이거든요. 자신의 의지로 하는 행동이니 더듬을지 더듬지 않을지 결정할 책임은 자신에게 달려 있습니다. 철홍이는 더듬지 않는 쪽을 선택한 것이고요.

자신이 주도하는 우스꽝스런 상황으로 만들기

앞에서 '상황을 우습게 만드는 전략'과 '자신이 주도하는 상황으로 바꾸는 전략'을 따로따로 언급했지만 이 둘이 함께 결합되는 경우가 많습니다. 사실 앞에서 예를 든 '상황을 우습게 만드는 전략'의 효과는 자기가 주인이 되어 공포스러운 소리 자극을 우스꽝스러운 소리 자극으로 변화시킨 데서 찾을 수도 있습니다. 다음 예는 이 점을 좀 더 분명하게 드러냅니다.

영현이는 네 살 난 소녀입니다. 어느 날 영현이는 잠을 자다가 큰 소리를 지르며 놀라 깨어났습니다. 무슨 일이 일어났는지 아버지가 와서 물어보았습니다. 영현이는 자기 방에 도깨비가 있다고 소리치며 침대에 앉아 울고 있었습니다. 아버지가 도깨비를 발견할 수 없다고 말하자 영현이는 아버지가 들어오자 그 도깨비가 겁을 먹고 침대 밑에 숨었다고 말했습니다. 아버지는 바닥에 무릎을 꿇고

침대 밑을 뒤졌지만 도깨비는 없었습니다. 도깨비의 정체에 대해 아버지가 물어보자 영현이는 그 도깨비는 자기가 만든 것이라고 말했습니다. 아버지는 영현이에게 자기가 머릿속에서 만든 것은 자기가 원하는 대로 조절할 수 있다고 친절하게 말해 주었습니다. 도깨비도 마찬가지고요. 그러니까 도깨비를 크게 만들 수도 있고 작게 만들 수도 있고, 흉하게 만들 수도 있고 귀엽게 만들 수도 있고, 무섭게 만들 수도 있고 우습게 만들 수도 있다고요. 마음만 먹으면 도깨비를 작은 장난감으로 만들어 가지고 다닐 수도 있다고 했습니다. 그날 저녁 영현이네 식구들은 외식을 하러 나갔습니다. 영현이는 그 도깨비를 같이 데리고 나갔습니다. 집으로 돌아오는 길에 영현이는 식당에서 도깨비를 잃어버렸다고 하면서 울었습니다. 옆에 앉아 있던 일곱 살짜리 오빠가 "괜찮아, 그 도깨비는 내가 주머니에

넣고 왔어." 하며 동생을 달래 주었습니다.

초점 넓히기

　베트남전쟁에 참전한 미군 병사들에 관한 이야기입니다. 어느 날 한 부대에 속한 미군 병사들이 완전무장을 한 채 베트콩이 숨어 있다고 예상되는 마을에 접근했습니다. 바로 그때 사람 네 명이 집에서 뛰어나와 논밭으로 뛰는 것이 보였습니다. 이들을 보자마자 미군 병사들은 발포를 했고 네 명은 모두 총에 맞아 그 자리에서 숨졌습니다. 시체를 확인하기 위하여 가까이 다가간 병사들은 깜짝 놀랐습니다. 죽은 시체를 뒤집어 보니 그들은 모두 어린아이들이었습니다. 전쟁이 끝난 후에도 병사들은 논밭에 죽어 있는 어린아이들의 시체를 기억에 떠올리며 괴로움에 시달렸습니다. 자신이 아이들을 죽였다는 죄책감에서 벗어날 수 없었기 때문입니다.

　이들의 치료를 담당한 상담자는 이들을 조용히 관조하는 상태로 이끌었습니다. 그리고 그 상태에서 총을 쏘게 되었던 원래 그 장면을 떠올리게 하였습니다. 사건을 직접 경험하는 것이 아니라 마치 영화를 보듯 그 당시 자신이 한 행동을 거리를 두고 지켜보게 한 것이죠. 그랬더니 이들에게 새로운 통찰이 생겼습니다. 총을 쏘던 그 당시 그들은 베트콩을 쏜 것이지 어린아이들을 쏜 것이 아닙니다. 병사들은 자신들이 쏜 대상이 어린아이라는 사실을 전혀 몰랐던 것이지요. 지금까지와 다르게 사태를 전체적으로 볼 수 있는 새로운 시각이 생겨났습니다. 왜 그전에는 이런 시각을 갖지 못했을까요? 죽은 어린아이들의 이미지가 너무나 강렬하게 이들의 시선을 사로잡았기 때문일 겁니다.

사람이 감정에 휘말리게 되면 시야가 좁아지면서 거기에 온 신경을 집중시키는 왜곡현상이 발생합니다. 그리하여 사태 전체를 균형 있게 바라보고 적절하게 대응할 수 있는 기회를 놓치게 됩니다. 혹시 심한 불안을 느껴 보신 적이 있나요? 불안이 심해지면 불안한 현상에 온 마음을 뺏겨 오로지 불안을 가라앉히는 데만 신경을 집중하게 됩니다. 다른 사람이 보면 참 우스운데 당사자는 매우 심각해지지요.

감정에 휘말려 한쪽으로 쏠리는 사람들에게는 관심의 초점을 넓혀 상황 전체를 볼 줄 아는 시야를 갖게 하는 것이 좋습니다. 그러니까 감정이 일어나는 전체적인 맥락을 보고 그 가운데서 사건 하나하나가 갖는 의미를 이해할 수 있어야지요. 이 과정에 사건 자체와 거리를 두며 자신의 행동을 조용히 지켜보는 방법이 도움이 될 것입니다.

지켜보기

차올이는 친구와 농담을 주고받다가 자존심에 상처를 입는 말을 들었습니다. 순간 화가 치밀어 올라 친구에게 화를 냈습니다. 화를 내면서 차올이는 자기 기분이 어떻게 움직이는지 지켜보기 시작했습니다. 한편으로 화를 내면서 다른 한편으로 그런 자신의 모습을 거리를 두고 관찰한 것입니다. 시간이 지나면서 점차 화를 내는 자신이 싱겁게 느껴졌습니다. 곧 마음이 가라앉고 정상적인 상태가 회복되었습니다.

초점 넓히기에서도 슬쩍 언급을 했지만 거리를 두고 지켜보는 일은 마음을 차분하게 가라앉히는 효과가 있습니다. 지켜본다는 말은 자신에게 일어나는 일들을 객관적으로 대한다는 뜻이기도 한데요, 아마 객관화하는 이 작업 자체가 분주하게 움직이던 마음의 힘을 빼앗는 것 같습니다. 불가 수행자들이 흔히 활용하는 위빠사나의 핵심이 바로 지켜보기라는 점을 주목할 필요가 있습니다.

지켜보기는 화만 가라앉히는 것이 아닙니다. 즐거움, 괴로움, 슬픔, 기쁨, 답답함, 역겨움, 짜증, 우울, 연민, 후회, 아쉬움 등 마음에서 일어나는 모든 감정을 이렇게 대하면 이들이 마음에 머무는 시간이 무척 짧아집니다. 감정과 느낌만 그런 것이 아닙니다. 대상을 접할 때 일어나는 온갖 마음이 모두 그렇습니다. 그러므로 이런저런 감정이나 생각에 휘둘리고 싶지 않으면 그냥 차분하게 이들의 움직임을 지켜보는 연습을 해 보세요.

뇌의 작동방식 바꾸기

다음은 '휘익기법'이라고 불리는 방법입니다.

상담자: 꼭 변화시키고 싶은 행동 한 가지를 선택하세요. 당신이 원하지 않는데도 그렇게 해 버리고야 마는 행동, 하고 나서 기분이 나쁜 그런 행동 말입니다. ……눈을 감고 자신이 실제로 그런 행동을 하던 때를 떠올려 보세요. 그때 느꼈던 그 느낌이 듭니까?

청담자: 예. 느낌이 듭니다.

상담자: 좋습니다. 당신이 지금 보는 것을 크고 밝게 해 보세요. 그리고 사진틀처럼 테두리가 있는 사각형 안에 그 이미지를 담으세요. 이미지를 아주 밝게 하여 아주 강렬하게 만드세요.

청담자: (고개를 끄덕이며) 예.

상담자: 자, 이제 그 감정에서 벗어나 지금-여기로 돌아옵니다. 마치 원하던 변화가 실제로 일어났다는 느낌으로, 변화된 자신을 바라보는 이미지를 만드세요. 원하는 변화를 이미 이뤄 낸 자신을 바라보며 어떤 느낌이 듭니까? 앞의 느낌보다 지금 느낌이 더 좋습니까?

청담자: 예.

상담자: 자신을 한 번 더 바라보세요. 좋습니다. 당신이 원하는 느낌입니까? 이제 눈을 뜨고 내 말을

잘 들으세요. 내가 지시를 하는 동안 행동은 필요 없습니다. 첫 번째 이미지에서는 과거에 행동하던 장면을 보도록 하세요. 다시 말하면 실제로 그 경험을 하는 것처럼 그 광경을 바라보라는 말입니다. 그 이미지에는 좋지 않은 기분이 담겨 있습니다. 두 번째 이미지에서는 당신이 원하는 대로 행동하는 광경을 보도록 하세요. 이 이미지에는 좋은 기분이 담겨 있습니다. 자, 눈을 감고 이제 당신의 기분을 좋게 하는 이미지가 들어 있는 그림을 아주 작고 어두워질 때까지 축소시키세요. 그리고 사진틀에 담겨 있는 처음 이미지의 그림 가장자리 아래 구석에 축소된 두 번째 그림을 갖다 놓으세요. 사진틀 안에 있는 커다란 그림을 아주 밝게 하고 그곳에서 빛이 점점 퍼져 나가게 하세요. 그리하여 구석에 있는 작고 어두운 그림까지 점점 환하고 밝아지게 하세요. 그리고 서서히 커다란 그림은 어두워지는 반면에 가장자리에 있던 작은 그림이 점점 크고 밝아져서 사진틀 전체를 다 덮어 버릴 때까지 확대시키세요. 이제 처음 그림이 어두워져 없어지고 두 번째 그림만이 보이도록 합니다. 좋습니다. 이제 그림 만드는 일을 멈추고 눈을 뜨고 이미지를 지워 버립니다. ……다시 한번 나쁜 기분을 일으키는 그림을 가지고 새롭게 시작합니다. 그 그림이 어두워지고 구석에 있는 작은 그림이 확대되면서 환하게 밝아져 처음 이미지를 완전히 뒤덮어 버립니다. 점점 더 속도를 더해 가며 이 작업을 다섯 번 반복하세요.

우리 뇌에 저장되는 경험은 우리가 느낄 수 있는 오감으로 구성됩니다. 그러니까 영상, 소리, 냄새, 촉감, 맛 등으로 기억된다는 거지요. 따라서 우리가 어떤 사건을 기억해 낸다는 것은 그 사건과 관련된 영상, 소리, 냄새, 촉감, 맛을 재생해 낸다는 뜻입니다. 그렇다면 우리 뇌에 저장된 경험 내용을 바꾸면 우리가 기억해 내는 내용도 달라질 수 있을 겁니다. 이른바 '신경언어생리학'이라고 불리는 접근은 이 원리를 활용한 것입니다. 뇌가 사건을 저장하고 인출하는 방식에 변화를 줌으로써 경험 내용을 바꾸는 거지요. 앞의 휘익기법에서는 뇌에 기록된 영상 기억을 바꾸는 작업을 예로 들었습니다만, 영상뿐 아니라 소리, 냄새, 촉감, 맛 등에 대해서도 동일한 작업을 펼칠 수 있습니다. 우리 뇌는 상당한 탄력성을 가지고 있으므로 한번 뇌에 기록된 내용이 처음 그대로 영원히 존재한다는 보장은 없습니다. 그렇다면 적응력을 높이고 기분을 상쾌하게 만들 수 있도록 뇌에 기록된 저장 내용을 바꾸는 것이 현명한 선택입니다. 생각만 해도 기분 나쁜 사건이 있습니까? 그렇다면 휘익기법을 사용해서 기분을 전환시켜 보세요.

긍정적 목표 찾기

강호순은 2009년 1월 24일 경기도 서남부에서 연쇄적으로 여성을 납치하여 살해한 것으로 지목된 용의자다. 그는 2009년 1월 27일에 2008년 12월 경기도 군포시에서 실종된 여자 대학생을 살해한 혐의로 검거되었다. 이후 추가 수사를 통해 2006년 12월부터 2008년 12월까지 경기도 서남부 일대에서 여성 7명이 연쇄적으로 실종된 사건의 유력한 용의자로 지목되었다. 처음에는 연쇄살인을 부인하다 경찰이 증거를 제시하자, 범죄 사실을 자백하였다.

강호순 사건을 두고 우리 사회에서 사이코패스 또는 소시오패스에 대한 관심이 높아진 상태입니다. 사람 죽이는 일을 서슴지 않는 사이코패스의 심리적 특징은 여러 가지로 정리할 수 있겠습니다만, 그중 죄의식이 없다는 점이 눈에 띕니다. 만일 그들에게 죄의식이 있고, 이 죄의식 때문에 자책하는 괴로움을 심하게 겪었다면 그렇게 쉽게 연쇄살인을 하기는 어려웠을 겁니다. 이렇게 본다면 '죄의식'이라는 좋지 않은 정서도 분명 무엇인가 긍정적인 역할을 수행한다고 해석할 수 있습니다. 죄의식을 느낄 때 내면에서 들려오는 소리를 잘 들을 줄 안다면, 그리하여 더 이상 죄의식을 느끼지 않도록 자신의 행동을 성찰하고 수정한다면 오히려 죄의식은 인생길을 안내하는 훌륭한 길잡이가 되는 것입니다. 생각해 보면 모든 부정적인 정서에 이런 역할이 숨어 있습니다. 왜 불안할까요? 아직 준비가 되지 않았기 때문입니다. 왜 좌절감이 들까요? 목표에 도달하지 못했기 때문입니다. 왜 슬플까요? 상실에 대한 아픔 때문입니다. 그렇다면 불안, 좌절, 슬픔은 우리에게 괴로움을 주면서 동시에 우리가 해야 할 바가 무엇인지 뚜렷하게 드러내는 방향등 역할을 하는 셈입니다. 불안을 잠재우기 위해 더 충실히 준비하라고, 좌절하지 않기 위해 목표 지향적 행동을 강화하라고, 슬픔을 느끼지 않기 위해 상실에 대한 대비를 철저히 하라고 신호해 주기 때문입니다. 그러니까 앞으로 부정적 정서가 느껴지면 막연히 피하려고 하지 말고 그 정서에 물어보세요. 지금 이 기분이 왜 드는지, 이 기분을 통해서 나에게 전해 주려는 메시지가 무엇인지, 이 기분을 바꾸려면 어떻게 해야 하는지 말입니다. 사람에게 쓸모없는 정서는 없습니다.

결함 드러내기

수빈 씨는 전문직을 가진 매력적인 30대 여성입니다. 일처리도 깔끔하게 잘할 뿐 아니라 자신감이 넘치는 완벽주의자로 직장 동료들로부터 부러움과 존경의 대상입니다. 그런데 수빈 씨는 밤이 되면 전혀 다른 삶을 살고 있었습니다. 그녀는 술집과 나이트를 전전하며 술에 취하고 남자들을 만나 자신의 아파트로 데려가곤 했습니다. 하지만 막상 남자들이 성관계를 하려고 들면 화를 내며 그들을 문 밖으로 쫓아내는 행동을 되풀이했습니다. 술이 깨면 몹시 후회를 하면서도 밤이 되면 또 마찬가지입니다.

수빈 씨 자신도 왜 자기가 그런 행동을 되풀이하는지 도무지 이해가 되지 않습니다.

수빈 씨를 상담한 상담자는 다음과 같은 처방을 하였습니다. 앞으로 타락하고 싶은 충동이 느껴지면 자신을 문제와 결함이 많은 비난거리로 만들어 사람들 앞에 조금씩 드러내라는 것입니다. 이를테면, 짝짝이 신발을 신고 전철 타기, 아슬아슬한 미니스커트 입기, 얼굴에 얼룩 묻히기, 사무실 책상 지저분하게 놔두기, 사람이 많은 쇼핑센터에서 비틀거리며 넘어지기, 듣기 거북한 상스런 말 섞어 하기 등등.

완벽주의자였던 수빈 씨가 이렇게 자신을 비난거리로 만드는 행동 실험을 시작하면서 밤에 하던 야릇한 행동은 점차 줄어들다가 결국 사라졌습니다.

사람의 심리는 참 재미있습니다. 무엇인가를 억지로 숨기려고 하면 다른 한편에서는 무슨 수를 써서라도 이를 드러내려고 하니까요. 그런데 '억지로' 숨기려고 하는 바로 그 마음 때문에 드러낼 때에 꼭 탈이 납니다. 수빈 씨가 그런 경우지요. 그럴 바에야 차라리 숨기지 말고 노골적으로 드러내는 편이 낫습니다. 자신의 못난 점, 문제점, 결함, 걱정거리를 세상에 알리는 거지요. 쉽지는 않겠지만 이렇게 마음을 바꾸면 그 순간부터 마음이 편해질 뿐 아니라 염려하는 행동이 나타날 확률도 줄어듭니다. 믿을 수 없다고요? 간단한 예를 하나 더 들어 보겠습니다. 발표

불안이 있는 사람이라면 청중 앞에 서서 발표를 시작하기 전에 '저는 지금 불안해 죽을 것 같습니다. 제가 말을 더듬거나 얼굴이 빨개지는 것은 몹시 불안해서 그런 것이니 이해해 주세요. 불안이 너무 심해서 실수를 할지도 모르겠습니다.'라는 말을 미리 해 보세요. 마음 상태가 아마 그 전과 사뭇 달라질 겁니다.

예외 찾기

혜림이는 초등학교 5학년 여자 아이입니다. 현재 외할아버지, 어머니, 그리고 성이 다른 두 오빠와 살고 있습니다. 혜림이 어머니는 재혼하여 혜림이를 낳았지만 다시 이혼한 상태입니다. 혜림이는 시무룩하게 있다가 갑자기 크게 웃거나 아이들과 어울려 큰 소리로 떠들다가도 금방 우울한 표정을 짓곤 합니다. 수업 중에 엎드려 있을 때가 많고, 특히 체육 시간, 점심시간에 자주 배가 아프다고 합니다.

담임선생님은 혜림이의 정서가 매우 불안정한 것을 보고 시간을 내어 상담을 시작했습니다. 혜림이가 처한 가정환경, 그리고 현재 기분 상태를 충분히 이해한 담임 선생님은 혜림이와 함께 새로운 작업을 시작했습니다. 혜림이 기분이 우울하지 않은 때를 찾아 나선 거지요. 자신이 늘 우울하다고 여기고 있는 혜림이에게는 일종의 예외를 찾는 작업이었습니다. 기분이 우울하지 않은 예외적인 때를 찾아보니 여러 가지가 발견되었습니다. 엄마와 함께 있으며 어리광을 부릴 때, 친구들과 함께 놀 때, 혼자 그림을 그릴 때, 선생님과 마주 앉아 이야기할 때, 잠잘 때 등등. 담임선생님은 혜림이가 우울하게 지내지 않을 때가 매우 많다는 사실을 지적하면서 어떤 상황에서 우울하지 않은지, 그때 혜림이의 기분은 어떤지, 또 그럴 때는 어떻게 행동하는지에 대하여 혜림이와 많은 이야기를 나누었습니다.

어떤 문제가 있으면 사람들은 그 문제에 빠져 버리는 경향이 있습니다. 자나 깨나 그 문제에 매달려 사는 거지요. 이렇게 되면 문제와 멀어지기가 참 어렵습니다. 하지만 어떤 문제도 예외적인 상황이 있게 마련입니다. 아무리 우울증이 심한 사람도 하루 종일 우울할 수는 없습니다. 우울한 사이사이 우울하지 않은 시간이 끼어 있게 마련입니다. 이 예외적인 상황이 문제 해결의 실마리가 될 수 있습니다. 일단, 문제에서 자유로운 예외적인 상황이 있다는 점을 깨닫는 것이 큰 도움이 됩니다. '아! 내가 늘 우울한 건 아니었구나. 그렇다면 내가 문제를 너무 과장한 것일 수도 있겠어. 내 문제가 해결될 가능성이 이미 나에게 있네.' 이렇게 자기가 처한 상황을 새롭게 인식하는 것 자체가 도움이 됩니다. 또 예외적인 상황이 펼쳐졌어도 무심코 넘기고 말았던 긍정적인 경험을 의식적으로 접하는 기회가 된다는 점도 도움이 됩니다. 문제가 되지 않는 상황에서는 자신이 어떤 경험을 하고 있는지 자세히 알 수 있으니까요. '아, 우울하지 않을 때 나는 이런 기분을 느끼고 있구나.' '아, 나는 이런 상황에서 좋은 기분을 느끼는구나.' 이렇게 자신이 처한 상황과 기분의 관계에 대해 자세히 알게 되면 이에 대응하는 일도 훨씬 더 수월해질 겁니다. 이렇게 해서 예외 상황을 일상 상황으로 만들고 문제 상황을 예외 상황으로 만들어 버릴 수 있으면 문제는 문제가 될 힘을 잃게 됩니다.

혹시 '나는 하는 일마다 되는 게 없어. 나는 인생의 실패자야.' 이런 생각에 마음이 괴롭습니까? 그렇다면 이 생각에 예외가 되는 상황을 기억해 보세요. 꼭 큰 것이어야 할 필요는 없습니다. 지금까지 살아오면서 수많은 성공 경험이 있었을 텐데 그중 하나를 떠올리세요. 심부름 잘한다고 어머니에게 칭찬을 받았던 일, 공부 잘한다고 선생님에게 칭찬받았던 일, 그림을 그리며 혼자 뿌듯하게 느꼈던 일 등등 어느 것이라도 좋습니다. 그리고 그 경험 속에 푹 빠져서 그때 느꼈던 기분을 다시 느끼고 그때 행했던 자신의 행동을 음미해 보세요. 아마 기분도 훨씬 나아지고 자신감도 늘어날 것입니다. 잊지 말고 꼭 기억합시다. 지금 우리가 살아 있다는 사실 자체가 우리가 무지하게 많은 성공 경험을 했다는 산 증거라는 것을.

기적 맛보기

찬숙이는 친구들이 자신을 무시하고 왕따를 시켜서 학교에 다니기 싫다고 합니다. 찬숙이는 학교생활 중에서 모둠 활동에서 자주 다투고, 그럴 때마다 아프다는 말을 하며 활동에 참여하지 않습니다. 그래서 담임선생님은 부모에게 전화를 걸어 찬숙이가 집에서도 자주 아프다고 하는지 물어보았습니다. 찬숙이 어머님은 찬숙이가 아프다는 말을 자주 해서 병원에 가 보면 별 이상이 없다고 해서 그냥 돌아온 적이 많다고 대답해 주었습니다. 담임선생님은 찬숙이와 상담을 하면서 기적에 대한 이야기를 꺼냈습니다.

"찬숙아, 선생님이 좀 이상한 질문을 해 볼게. 선생님이 시키는 대로 상상을 해 보도록 하자. 오늘 밤 집에 돌아가서 잠을 자는데 그동안 기적이 일어났어. 그래서 찬숙이가 걱정하는 문제가 완전히 해결돼 버렸어. 걱정거리가 완전히 사라진 거지. 물론 찬숙이는 밤에 잠을 자고 있었기 때문에 기적이 일어나서 문제가 해결되었다는 사실을 몰랐지. 그러면, 아침에 일어나서 무엇을 보면 문제가 해결된 것을 알 수 있을까?"

기적 맛보기는 문제가 해결된 상황을 상상해 봄으로써 문제를 해결할 수 있는 단서를 찾아가는 방법입니다. 사람이 어떤 문제나 곤경에 처하게 되면 온통 거기에 파묻혀 다른 곳에 눈길을 주기 어렵습니다. 이때 기적 맛보기는 필요한 휴식을 줄 수 있습니다. 잠시나마 문제에서 벗어나 밝고 건강한 이미지 속에 자신을 담그는 거지요. 또 상상을 통해서나마 자신이 진정 원하는 상황이 무엇인지 분명히 알게 되면 지금 겪고 있는 문제의 성격과 내용이 보다 명료하고 구체적으로 드러날 수도 있습니다. 그러니까 문제를 제대로 진단할 수 있는 기회를 가질 수 있다는 겁니다.

앞의 예에서 '무엇을 보면 문제가 해결된 것을 알 수 있을까?'라는 질문은 손을 대야 할 문제의 성격을 분명하게 드러내 주는 역할을 합니다. 이렇게 이상적인 미래의 상황을 기준으로 삼아 현재 문제를 진단하고 해결의 실마리를 찾아가는 데 기적 맛보기의 매력이 있습니다. 예외 찾기가 과거로 돌아가 긍정적인 경험을 더듬는 작업이라면 기적 맛보기는 앞을 내다보며 긍정적인 경험을 찾는 작업이라고 말할 수 있겠습니다.

〈관계 갈등에 대하여〉

뒤집어 받아들이기

코코 샤넬의 삶은 영화처럼 드라마틱했습니다. 낮에는 의상실 견습공으로, 밤에는 클럽 가수로 전전하며 20대를 보냈습니다. 그녀는 진보적인 태도로 패션 디자이너라는 직업에 대한 사회적 인식을 획기적으로 향상시키는 데 커다란 공헌을 했습니다. 샤넬은 디자인 일을 하면서 사람들이 쏟아 내는 혹평을 오히려 즐겁게 받아들였습니다.

"사람들은 옷 입은 나의 모습을 보고 비웃었지만, 그것이 바로 나의 성공 비결이었습니다. 나는 그 누구와도 같지 않았습니다."

샤넬이 다른 사람의 시선을 의식하고 유행에 어울리는 옷을 고집했다면 아마 그렇게 이름을 날리기 어려웠을 겁니다. 샤넬은 자신의 의상이 특이하다는 점, 그리고 그것을 인정하는 사람들의 비평을 성공의 비결로 삼고 있습니다. 자신을 비난하는 사람들을 맞상대하여 전투를 벌이는 대신에 이를 역이용하여 사업을 성공시킬 줄 알았던 혜안이 돋보입니다. 사실 귀 기울여 잘 들어 보면 나를 비난하는 사람들의 관점에서 얻을 것이 많습니다. 전에는 생각지도 못했던 정보를 얻을 수도 있고, 전혀 다른 판단 기준에 대해 감을 잡을 수도 있으며, 자신이 추구하는 '다름'이 먹혀들어 가는지 확인할 수도 있습니다. 그러므로 혹평이나 비평은 잘 소화시키기만 하면 나를 성장시키는 동력이 될 수 있습니다. 그러니 오히려 그들의 관심에 고마워해야지요. 전혀 관심이 없었다면 그들이 굳이 혹평을 하지도 않았을 테니까요.

꾸중도 마찬가지입니다. 긍정적인 느낌이 조금도 없는데 꾸중을 하려고 할까요? 꾸중하는 사람도 의식을 못할지 모르지만,

꾸중한다는 사실은 이미 거기에 마음을 많이 쓰고 있다는 증거입니다. 그러니까 뒤집어 보면 꾸중은 굉장한 관심의 표현인 거지요. 누가 당신을 꾸짖고 질책합니까? 그건 당신에 대한 관심의 표현입니다. 그러니까 꾸중하는 사람을 피하지 말고 오히려 고마워하며 소중하게 여기도록 하세요.

잃는 것 부각시키기

재영 씨는 소리에 매우 민감합니다. 그래서 가능하면 조용하고 정숙하게 집안 분위기를 유지하려고 애를 씁니다. 가족들은 재영 씨의 신경을 건드리지 않으려고 매우 낮은 목소리로 조심스럽게 살아갑니다. 어쩌다가 집 안에서 큰 소리가 나면 재영 씨는 미친 듯 화를 냅니다. 가족에게 잔소리를 하고 짜증을 내느라 재영 씨는 많은 시간을 낭비합니다. 가족에게 그녀는 '짜증 대마왕'입니다.

상담자는 재영 씨에게 이렇게 말했습니다.

"눈을 감고 집 안을 떠올려 보세요. 소리가 하나도 들리지 않고 아주 조용하다고 상상하세요. 아이들 목소리도 들리지 않고, 가전제품 소리도 전혀 들리지 않아서 아주 조용합니다."

재영 씨는 눈을 감고 마치 천국에 있는 것처럼 그윽한 미소를 지었습니다. 그때 상담자가 말을 이었습니다.

"지금 상상한 바로 그 장면은 당신이 완전히 혼자라는 사실을 말해 줍니다. 당신이 사랑하고 애정을 베푸는 사람이 주위에 아무도 없다는 뜻입니다. 그들이 없으니 당연히 소리도 없지요."

재영 씨의 표정은 금세 싸늘하고 참담하게 변했습니다. 그러자 상담자가 다시 말을 이었습니다.

"자, 이제 집 안에서 아이들과 남편의 목소리가 들리게 하세요. 그 소리를 들으며 당신이 세상에서 가장 사랑하는 사람들이 가까이 있다고 생각하세요."

재영 씨의 얼굴은 행복한 듯 빛이 났습니다.

사람들은 이런저런 문제로 다른 사람과 충돌하고 갈등을 겪습니다. 그런데 알고 보면 사람들이 해결하려고 하는 바로 그 문제가 삶의 기쁨과 직결된 것일 수도 있습니다. 그 문제를 해결하면 세상을 사는 즐거움과 기쁨도 함께 사라지는 거지요. 이 사실을 제대로 안다면 지금까지 '문제'로 여겼던 상황은 더 이상 문제가 아니라 '축복'으로 변합니다. 어떤 일이나 상황 때문에 미치도록 괴롭습니까? 혹시 소원하는 대로 그 일이 제거되었을 때 당신의 삶에 소중한 어떤 것을 잃게 되지나 않을지 곰곰이 생각해 보세요.

미끼를 던져 잡아 두기

정년퇴직을 한 원준 씨 부부는 고등학교 근처에 집을 구했습니다. 처음 2, 3주 동안은 아주 평화롭고 만족한 은퇴 생활을 보냈습니다. 그러다가 신학기가 되었습니다.

등교가 시작된 날 세 명의 학생들이 방과 후 길가에 세워
둔 쓰레기통을 장난삼아 신나게 걷어찼습니다. 그 후 날
마다 쓰레기통이 부서질 듯 요란한 소리가 그치질 않았습
니다. 드디어 원준 씨가 나섰습니다. 어느 날 원준 씨는
쓰레기통을 걷어차며 걸어오고 있는 학생들을 만났습니
다. 그리고 이렇게 말했습니다.

"참 씩씩하게 잘 걷어찬다. 너희 내 부탁 하나 들어주
겠니? 날마다 여기에 와서 계속 쓰레기통을 두들긴다면
너희 각자에게 1000원씩 주마."

신이 난 학생들은 매일 어김없이 그곳에 와서 쓰레기
통에 신나게 발길질을 퍼부었습니다. 며칠 뒤 원준 씨가
다시 학생들에게 다가갔습니다. 그리고 슬픈 표정으로 이
렇게 말했습니다.

"얘들아, 이 놀이가 내 생활비에 부담이 되는구나. 이
제부터 쓰레기통을 차는 대가로 500원밖에 줄 수가 없구
나."

실망하는 기색이 역력했지만 학생들은 원준 씨의 제안
을 받아들여 방과 후에 계속해서 쓰레기통을 차댔습니다.
며칠이 지난 후 원준 씨는 다시 학생들을 만났습니다.

"얘들아, 사정이 더 어려워져서 이젠 100원밖에 줄 수
가 없구나. 이해해 줄 수 있지?"

그러자 한 학생이 소리쳤습니다.

"100원이라고요? 우리하고 장난합니까? 고작 100원

받으려고 날마다 시간을 낭비하며 쓰레기통을 걷어차라고요? 아저씨 제 정신이에요? 우린 그만하겠어요. 딴 데 가서 알아보세요!"

그리하여 원준 씨 부부는 평화로운 퇴직 생활을 되찾았습니다.

사람 마음이 이렇습니다. 원준 씨가 그냥 내버려 두었다면 학생들은 상당히 오랫동안 쓰레기통을 계속 걷어찼을 겁니다. 이 행동을 중지시키기 위하여 원준 씨는 쓰레기통을 걷어차는 행동에 애착을 붙이도록 돈을 걸은 거지요. 일단 돈이 걸리니 놀이 삼아 하던 '장난'이 돈벌이 하는 '일'로 바뀌고, 일이 된 이상 돈이 따라붙지 않으면 아무 의미가 없게 된 겁니다. 그러니 쓰레기통을 걷어차는 행동에 더 이상 연연할 필요가 없어졌습니다. 이제 쓰레기통 걷어차기는 돈벌이로서도 장난거리로서도 의미를 상실해 버렸습니다. 상대방이 내 마음에 걸리는 행동을 계속합니까? 무조건 하지 말라고 들이대지 말고 그 사람이 엮여 들어올 만한 미끼를 던진 다음 상황을 봐 가며 미끼를 없애는 작전을 써 보세요.

외눈박이 벗어나기

『지낭』에 나오는 이야기입니다. 당숭지^{백성에게 존경을 받던} 선비는 만년에 엄숭^{역사상 3대 간신으로 알려진 인물}의 추천을 받아 벼슬이 높아졌습니다. 이 일로 해서 그는 지금까지도 사람들의 혹평을 받고 있습니다. 그러나 『역경』에 이런 말이 있지 않습니까?

때로는 군자들도 소인을 용납해야 하며, 심지어는 본의 아니게 남에게 아부하지 않으면 안 되는 때도 있습니다. 그래야 재액을 피하고 복을 가져올 수 있기 때문입니다. 천하에 뜻을 둔 사람이 자기 명예만을 위해 나라의 대사를 아랑곳하지 않을 수 있겠습니까? 한나라 때 어떤 사람은 "반드시 청백하고 근신하는 사람을 인재로 선발해야 한다."라고 말했는데, 이것은 한낱 아녀자나 촌부의 식견에 불과합니다. 세상일이란 복잡합니다. 자기만을 소중히 여기는 사람이 어떻게 나라 일을 위해 몸을 바칠 수 있겠습니까……. 허다한 충신들의 고충을 진부한 유생들은 이해할 줄 모릅니다.

믿었던 사람이 내 뜻과 다르게 행동할 때 배신감을 느끼고 실망할 때가 있습니다. '저 사람이 저럴 줄은 몰랐는데…….' 속으로 안타까워하며 등을 돌리게 됩니다. 자신이 세상을 바르게 살고 있다고 생각하는 사람일수록 이런 경향이 크지요. 순수한 젊은이들에게서도 이런 성향이 발견됩니다. 무엇을 한 번 믿기 시작하면 한없이 빠져들다가 아니라는 생각이 들게 하는 한두 가지 증거에 부딪히면 미련 없이 마음을 돌려 버립니다. 단순하고 깨끗하기는 한데 삶에 두꺼운 깊이가 느껴지지 않습니다. 오로지 좋아하는 하나에만 눈길을 주는 외눈박이이기 때문이지요.

믿던 사람이 믿음을 저버리는 행동을 한다면 아마 그럴 만한 이유가 있을 겁니다. 그러니까 조금 더 살피고 조금 더 기다려 줄 필요가 있습니다. 삶은 정말 복잡합니다. 한두 가지 논리로 설명되지 않는 일이 얼마나 많습니까? 지금까지 그 사람을 믿어 온 나의 믿음이 헛된 것이 아니라면, 또 그동안의 관계가 의미 있는 것이었다면 섣부르게 마음을 돌리지 않는 게 좋을 겁니다. 이런 고비를 잘 넘겼기에 '관포지교'라는 유명한 사자성어도 만들어진 거 아니겠습니까?

맥락 바꾸기

진나라 때 반경에 관한 이야기입니다. 한번은 황제를 알현하여 사책을 뽑았습니다. 사책이란 시제를 쓴 여러 대쪽 중에서 임의로 하나를 뽑게 하여 시험을 치는 것입니다. 그런데 반경이 뽑은 시제는 '불효'였습니다. 그러자 옆에 있던 자사가 "반경은 불효자인 모양일세." 하고 놀려댔습니다. 이에 반경은 "조정에 충성을 다하려고 하니 어디 집에서 효도할 겨를이 있기나 하겠습니까?" 하고 대답했습니다.

똑같은 행동도 어떤 맥락에서 일어났느냐에 따라 전혀 다른 의미를 가집니다. 학생을 체벌하는 행동이 교실에서 일어나면 '교육'이 되지만 학교 밖에서 일어나면 '폭력'이 되고, 공격적 자세로 도전하는 행동을 학계에서 하면 '능력'이 되지만 가정에서

하면 '패륜아'가 됩니다. 따라서 전후좌우 맥락을 떼어 놓고 어떤 현상을 이해하려는 것은 바보짓이나 매한가지입니다. 이 바보짓 때문에 사람들 사이에 많은 오해와 갈등이 빚어지기도 합니다. 맥락이 무시된 채 앞뒤가 뚝 잘린 모습으로 사태를 접하니 그럴 만도 합니다만 당하는 사람으로서는 억울하기 짝이 없습니다. 이런 사태에 대응하려면 불리한 언어나 행동을 긍정적으로 해석할 수 있게끔 맥을 잘 잇고 살리는 능력이 필요합니다. 반경은 자신을 변호하는 데 적절한 맥락을 끌어들였는데, 다른 사람의 언행을 대할 때에도 이런 태도를 유지한다면 충돌과 갈등이 많이 줄어들 겁니다.

전제 바꾸기

두 관리가 같이 술을 마시고 있었습니다. 한 관리가 자기는 자식이 많아 걱정이라고 말하자 다른 관리는 자기는 아들이 하나라서 걱정이라고 했습니다. 그러자 옆에서 시중을 들고 있던 젊은 부하가 말했습니다.

"아드님만 훌륭하면 많을 필요가 없지요."

처음 말을 했던 관리가 물었습니다.

"그러면 나처럼 아들이 많은 사람은 어떻게 되는 것이냐?"

젊은 부하는 대답했습니다.

"아드님이 훌륭하다면 많아서 걱정될 게 무엇이겠습니까?"

두 관리는 모두 기분이 좋아져서 이 영리한 부하를 승진시켰습니다.

이전 대화 내용이 무엇인지 모르겠지만 어쩌다가 두 관리의 화제는 아들로 옮겨 가면서 걱정하는 대화로 바뀌었습니다. 아들이 걱정거리가 된 거지요. 이렇게 되면 아들 하나를 둔 사람보다 여럿을 둔 사람의 걱정이 훨씬 더 많은 게 당연합니다. 이들의 대화를 그대로 내버려 두었다면 아마 아들 걱정을 듬뿍 하면서 무거운 마음으로 헤어졌을 가능성이 높습니다. 젊은 부하는 이들의 대화에 깔려 있는 기본 전제를 뒤집어 놓습니다. 아들은 걱정거리가 아니라 자랑거리일 수 있다는 사실을 지적한 겁니다. 아들이 훌륭하게 성장하기만 한다면 부모가 걱정할 게 뭐 있겠습니까. 이렇게 전제를 바꾸니 갑자기 걱정이 사라지고 마음이 편해집니다. 게다가 훌륭하게 성장할 수 있는 아들들이 여럿이면 좋아할 일도 그만큼 많아지는 것 아니겠습니까. 대화를 하다 보면 이상한 함정에 빠지는 경우가 있습니다. 뚜렷한 근거도 없이 대화가 자꾸 부정적인 방향으로 흐르는 거지요. 이럴 때는 대화의 바탕이 되고 있는 기본 전제를 살펴보세요. 전제가 뒤틀려 있으면 아무리 대화를 잘 해도 좋은 결론을 얻기가 쉽지 않습니다.

인물 치켜세우기

도쿠가와 시대에 노부오카라는 대신의 이야기입니다. 어느 날 긴급한 사안이 있어 회의가 소집되었고, 무사들은 미리 모여서 토론에 집중하고 있었습니다. 워낙 사안이 급해서 무사들은 자리에 신경 쓰지 않고 앉아 있었습니다. 그때 지위가 가장 높은 무사가 도착했습니다. 이 무사의 자리는 상석에 정해져 있었는데, 아뿔사! 그 자리에 젊은 신참이 앉아 있는 것 아니겠습니까! 무사는 자기 자리에 앉아 있는 젊은 무사를 보고 한순간 언짢은 표정을 짓더니 그냥 돌아가려고 했습니다. 이때 노부오카가 나섰습니다.

"부디 앞에 있는 그 자리에 앉아 주십시오."

무사는 노부오카를 힐끗 보고 노여운 표정을 보였습니다. '내 자리는 이런 하석이 아니다.' 라는 표정이었지요. 그러나 노부오카는 미소를 지으며,

"부디 앉아 주십시오. 당신이 앉으신 곳이 언제나 상석입니다."라고 말했습니다.

이 말을 들은 무사는 싱긋 웃으면서 만족한 듯 하석에 앉았습니다. 상석에 앉았던 젊은 무사는 평생 노부오카를 존경했다고 합니다.

사람들은 묘한 구석이 많습니다. 사람을 위해서 법, 제도, 정책, 환경, 상징 등을 만들어 놓고서는 거꾸로 그런 것에 얽매어 사람 대접을 제대로 하지 않으니 말입니다. '상석'이 무엇입니까? 그 자리에 앉는 사람의 권위와 고귀함을 나타내는 상징 아니겠습니까? 그런데 그 자리에 앉는 사람보다 그 자리 자체가 소중

한 것으로 둔갑하는 경우가 많습니다. 사람이 아니라 의자가 대접을 받는 거지요. 노부오카는 이 점을 정확하게 파악하고 있었습니다. 소중한 것은 최고의 지위에 오른 무사이지 무사가 앉을 의자가 아닙니다. 그러므로 존경받는 무사가 앉는 그곳이 바로 상석입니다. 인간관계에서 발견되는 충돌과 갈등은 대부분 사람과 상징을 혼동하는 데서 비롯됩니다. 따라서 대접받고 존경받을 대상은 바로 '사람'이라는 인식을 분명히 할 필요가 있습니다. 상대의 존재를 인정하며 그의 가치를 드러내는 일, 또는 그가 성취한 업적의 중요성을 치켜세우는 일은 이렇게 중요합니다. 혹시, 치켜세우기를 아부하는 행동쯤으로 오해하는 아둔한 분은 없겠지요?

생산적으로 풀어내기

　시어머니와의 갈등으로 집안을 쑥대밭으로 만들었던 귀남 씨 이야기입니다. 몇 년에 걸쳐 싸워도 변하지 않는 시어머니를 보면서 귀남 씨는 전략을 바꿨습니다. 시어머니와 맞대결을 벌이는 대신 인터넷에 들어가 실컷 시어머니 흉을 보기 시작했습니다. 답답한 속을 털어놓으니 스트레스가 풀려 좋았는데, 거기다 부소득까지 생겼습니다. 불시에 방으로 쳐들어오던 시어머니는 그때마다 며느리가 컴퓨터 앞에 조신하게 앉아 공부에 열중하는 모습을 보고 수그러들었고, 시어머니 흉을 보고 있던 귀남 씨는 겸연쩍은 마음에 방긋 웃지 않을 수 없었습니다. 시어머니 입장에서는 놀라운 일이 아닐 수 없었습니다. 그렇게 악착같이 대들던 며느리가 얌전하게 앉아 하루 종일 공부만 하더니 이제는 자기를 보고 웃어 주기까지 하니 말입니다. 여기가 끝이 아닙니다. 만날 컴퓨터를 붙들고 자판을 두들기다 보니 엄청나게 많은 글을 쓰게 되었는데, 귀남 씨는 이 글들을 모아 책을 출판하고 드디어 작가 타이틀까지 얻게 되었습니다.

화가 치밀어 오를 때 억지로 참는 것은 참 바보 같은 짓입니다. 화라는 놈이 참는다고 없어지는 게 아니니까요. 그렇다면 잘 풀어내는 게 최선인데요, 기왕에 풀어내는 거 생산적인 결과를 얻을 수 있으면 더할 나위 없이 좋겠지요. 귀남 씨가 택한 방법이 바로 그렇습니다. 시어머니에 대한 화를 인터넷에 글로 풀어낸 결과 스트레스도 풀리고, 작가도 되고, 결국 시어머니와 관계도 개선되는 일석삼조의 효과를 얻었습니다.

한국인들의 기본 정서는 '분노'라는 말이 있을 정도로 우리는 분노를 많이 경험하는데요, 정신적으로 건강하게 살려면 이 분노를 잘 풀어내는 방법을 배워야 합니다. 화가 난다고 말과 행동을 함부로 하지 말고 자신이 처한 상황에서 어떻게 화를 내는 것이 도움이 될지 잘 살펴 행동할 필요가 있습니다.

화라는 놈은 일종의 에너지입니다. 따라서 잘만 활용하면 엄청난 일을 하게 만듭니다. 귀남 씨가 책으로 엮을 정도로 많은 분량의 글을 쓸 수 있었던 것은 아마도 그녀가 화를 그만큼 많이 느졌기 때문일 겁니다. 그러고 보면 화가 꼭 나쁘지만은 않습니다.

몰아서 풀어내기

귀영 씨는 이 과장이 참 밉습니다. 입사 동기인 이 과장은 상사에게 잘 보이려고 너무 티 나게 행동을 합니다. 공식적인 자리에서 아부성 발언을 자주 하는 것은 물론이요, 회사 바깥에서도 상사들의 비위를 맞추느라 정신이 없습니다. 부장 승진을 앞두고 이 과장과 경쟁관계에 있는 귀영 씨에게 이 과장의 이런 행동은 눈엣가시 같습니다. 이 과장만 보면 속이 부글부글 끓고 욕이 입 밖으로 튀어나올 것 같습니다. 그냥 있다가는 조만간 크게 부딪칠 게 뻔합니다. 이런 사정을 귀영 씨는 친구인 경준 씨에게 털어놓았습니다. 사정을 다 듣고 난 후 경준 씨는 다음과 같이 조언을 해 주었습니다.

"그래, 그러면 이렇게 한번 해 봐. 어차피 화가 나는데 그걸 참는 건 좋지 않으니까 화를 내되 화내는 시간을 따로 정해 놓는 거야. 그러니까 '화내는 시간: 저녁 8시부터 8시 30분까지' 뭐 이런 식으로 말이야. 회사에서 이 과장을 만나면 '그래, 지금은 바쁘니까 이따 8시에 보자. 그때 실컷 욕을 해 줄 테니.' 이렇게 속으로 외치고 그냥 스쳐 버려. 대신 저녁 8시부터는 잊지 말고 이 과장 욕을 맘껏 하는 거야. 물론 혼자 조용하게 있을 수 있는 공간에서 욕을 해야겠지."

귀영 씨는 조금 우스운 생각이 들었지만 상황이 심각한지라 경준 씨가 말해 준대로 자기 서재에서 저녁 9시부터 30분 동안 시간을 정해 놓고 이 과장에게 욕을 퍼붓기 시작했습니다. 아, 그런데 생각보다 스트레스가 많이 풀리는 겁니다. 30분 정도 신나게 욕을 하고 화를 냈더니 속이 개운하고 정신이 다 맑아집니다. 이렇게 한 보름이 지났을까요. 점차 이 과장에 대한 화도 가라앉고 9시에 몰아서 욕하는 일도 시들해지기 시작했습니다.

　　감정은 일종의 에너지입니다. 따라서 우리 속에 감정이라는 이름으로 쌓인 에너지는 잘 풀어내는 게 현명합니다. 분노와 같은 뜨거운 에너지는 더욱더 그렇습니다. 그런데 이 뜨거운 에너지를 감질나게 찔끔찔끔 풀어내면 오히려 역효과가 날 수 있습니다. 충분히 풀어내지 못하고 남은 에너지가 찌꺼기처럼 들러붙어 있기 때문입니다. 이럴 때 몰아서 풀어내기로 효과를 볼 수 있습니다. 하루 일과 중 특별한 시간과 공간을 정해 놓고 마음껏 에너지를 쏟아 내는 겁니다. 이때는 정말 인정사정 보지 마세요. 평소에 앙금처럼 남았던 모든 것을 아낌없이 풀어내세요. 단, 그 시간을 제외한 다른 시간에는 에너지를 헛되이 낭비하는 일이 없어야 합니다. 그러니까 화가 나더라도 잠시 저축해 두라는 말입니다. 화를 예로 들었습니다만, 우울증도 이런 방식으로 접근할 수 있습니다. 수동적으로 '참기'를 잘하는 분들에게 특별히 이 방법을 권합니다.

입장 바꾸기

선정 씨는 지독하게 고집이 센 시어머니를 만났습니다. 도대체 다른 사람 말은 들으려 하지 않고 자기주장이 너무 거셉니다. 사사건건 참견하며 감 놔라 대추 놔라 하는 통에 집안 사람들 모두가 골치를 앓습니다. 외며느리로 들어온 선정 씨에게는 큰일이 아닐 수 없습니다. 어차피 모시고 살아야 하는데 앞날이 몹시 걱정이 됩니다. 고민에 고민을 거듭하던 선정 씨는 마음을 바꾸기로 했습니다. 시어머님이 정말 원하는 게 무엇인지, 정말 필요로 하는 게 무엇인지, 식구들을 괴롭히는 행동을 통해서 충족시키려는 욕구가 무엇인지 시어머니 입장에서 살펴보기로 했습니다. 며칠간 시어머니 입장이 되어 보니 뭔가가 보였습니다. 바로 외로움이었습니다. 선정 씨는 시어머님에게 친구를 만들어 드리기로 했습니다. 그래서 인근에 있는 교회 목사님께 부탁을 하고 시어머니 꼬시기 작전에 돌입했습니다. 교회에는 시어머니 또래의 할머니들이 많았습니다. 그중 사명감과 희생정신이 투철한 할머니 두어 분이 적극적으로 나서 주었습니다. 끈질긴 구애작전이 성공해서 마침내 시어머님은 마음을 열었습니다. 이제는 또래 할머니들과 어울려 텃밭에 채소도 가꾸고 봉사활동도 하십니다. 여전히 집안일에 참견을 하시지만 많이 부드러워지고 따뜻하게 배려해 주실 때가 있어서 식구들이 놀라곤 합니다.

관계 갈등을 해소하는 데 입장 바꾸기가 하는 역할은 매우 큽니다. 입장을 바꿔 보면 왜 상대방이 그런 말과 행동을 하는지 수긍이 가거든요. 상대방을 이해하게 되면 그만큼 갈등은 줄어들 수밖에 없습니다. 문제는 입장을 바꿔 놓고 싶은 마음이 쉽게 들지 않는다는 데 있습니다. 갈등을 일으키는 원인을 상대방에게 두고 있을 때 입장을 바꾸기란 정말 쉽지 않지요. '도대체 저런 못된 시어머니를 입장을 바꿔 놓고 이해해 보라고? 시어머님이나 입장을 바꿔 보라고 그래!' 이런 자세를 유지하는 한 갈등은 풀어지기 어렵겠지요. 그러니까 화해는 이미 상대방과 입장을 바꿔 보려고 마음을 먹는 데서 시작된다고 말할 수 있습니다. 정말 상대방과 화해를 원한다면 시험 삼아 입장 바꾸기를 해 보세요. 그때부터 내 속에서 상대방을 품는 마음이 일어나게 되고 상대방의 모습이 조금씩 보이기 시작합니다. 이렇게 되기만 하면 갈등의 정체가 드러나 화해를 이루는 일은 시간문제가 됩니다.

더 베풀어 주기

고약한 시어머니 밑에서 죽을 고생을 하던 며느리가 있었습니다. 사사건건 트집을 잡고 야단을 쳐서 시어머니 소리만 들어도 속이 답답하고 숨이 막힐 지경이 되었습니다. 시어머니가 죽지 않으면 자기가 죽을 것 같다는 생각이 든 며느리는 남몰래 용하다는 무당을 찾았습니다.

무당은 며느리의 하소연을 다 들은 다음 비방을 가르쳐 주었습니다. 앞으로 100일 동안 하루도 빼놓지 않고 인절미를 새로 만들어서 삼시 세 끼 시어머니에게 차려 드리라는 것입니다. 그렇게 하면 100일 후에 이름 모를 병에 걸려 시어머니가 죽을 것이라는 말도 덧붙였습니다.

신이 난 며느리는 집에 돌아와 정성껏 인절미를 만들어 시어머니에게 바쳤습니다. 그렇게 싫었던 며느리가 매일 새로 말랑말랑한 인절미를 해다 바치자 시어머니 마음이 조금씩 움직였고 시간이 지나면서 점점 며느리가 예쁘게 보이기 시작했습니다. 두 달이 넘어서자 시어머니는 하루도 거르지 않는 며느리의 행동에 감동하게 되어 입에 침이 마르도록 동네 사람들에게 며느리 칭찬을 해댔습니다. 상황이 이렇게 바뀌니 며느리는 칭찬하고 웃는 낯으로 대해 주는 시어머니를 죽이려는 자신이 무서워졌습니다. 이렇게 좋은 시어머니가 머지않아 정말 죽을 거라고 생각하니 겁도 더럭 났습니다. 그래서 며느리는 있는 돈 없는 돈 다 싸들고 무당을 찾아가서 가진 돈을 다 줄 테니 제발 시어머니 살릴 방법을 알려 달라고 눈물을 흘리며 사정사정을 했습니다.

무당은 빙긋이 웃으며, "미운 시어머니는 벌써 죽었는걸!" 했더랍니다.

다음은 상담 사례입니다.

남편이 미워 이혼을 하려고 상담자를 찾은 부인이 있었습니다. 그녀는 이혼을 하되 그 전에 자신이 받은 고통

만큼 남편에게 고통을 주고 싶다고 상담자에게 말했습니다. 그러자 상담자가 내놓은 처방은 이렇습니다.

"그렇다면 진정 남편을 사랑하는 것처럼 연기를 하세요. 남편이 얼마나 소중한 존재인지 말해 주고, 남편의 장점을 찾아 칭찬하고, 남편을 기쁘고 즐겁게 해 주기 위해 최선을 다하도록 하세요. 가능한 모든 방법을 동원해서 남편이 당신의 사랑을 믿게 만드세요. 그리하여 남편이 나는 이제 이 여자 없이는 살 수 없다고 여기며 당신을 의지할 때 미련 없이 '헤어지자'는 폭탄 선언을 하세요. 그러면 남편은 마음에 깊은 상처를 입고 정말로 고통스러워할 겁니다."

부인은 회심의 미소를 지으며 돌아갔습니다. 시간이 많이 흘렀음에도 상담실에 부인이 나타나지 않자 상담자가 전화를 걸어서 이혼을 했는지 물어보았습니다.

"이혼이라고요? 저는 절대로 이혼하지 않을 거예요. 나는 정말로 남편을 사랑합니다!"

'미운 놈 떡 하나 더 주라.'는 속담이 있습니다. 곱씹어 보면 이 말에 인간관계에 대한 진리가 담겨 있습니다. 상대가 설사 밉더라도 받기보다 주기를 먼저 하며 좋은 관계를 맺으라는 거지요. 다른 사람에게 무엇인가를 먼저 받으면 고마운 마음이 솟게 마련입니다. 그래서 기회가 닿으면 자기도 무엇인가를 상대방에게 해 주려는 마음을 먹게 됩니다. 이러다 보면 서로 간에 관계가 개선되고 갈등은 사라집니다. 성경에 있는 '대접받고 싶은 대로 대접하라.' 는 말은 바람직한 인간관계의 원리를 제대로 짚고 있습니다.

진심으로 이익 챙겨 주기

『지낭』에 나오는 이야기입니다. 엄눌은 성 안에다 큰 집을 지으려고 했는데 이웃집 대들보 하나가 집터 쪽으로 튀어나와 집을 반듯하게 지을 수가 없었습니다. 이웃은 탁주를 파는 부부였는데 조상 대대로 물려받은 집이라 높은 값을 주고 사겠다고 해도 한사코 팔 수 없다고 거절했습니다.

엄눌은 목수에게 세 벽을 먼저 쌓게 했습니다. 공사가 시작되자 엄눌은 필요한 탁주를 모두 이웃집에서 사 오게 했고 돈은 언제나 미리 셈하여 주었습니다. 이웃집 부부는 술장사로 겨우 입에 풀칠이나 하는 정도로 살림이 가난했습니다. 이를 안 엄눌은 이 술집을 아는 이들에게 널리 소개해 주었습니다. 그리하여 일손이 모자라 일꾼을 고용할 정도로 술장사가 나날이 번창했습니다. 이렇게 되자 술을 빚기 위해 쌓아 놓은 쌀이며 콩이며 하는 곡식과 술독들이 몇 배로 늘어나서 집 안이 점점 비좁아졌습니다.

이웃 부부는 엄눌의 은덕에 감동해서 처음에 자기들이 거절한 일이 부끄럽게 느껴졌습니다. 그들은 스스로 엄눌에게 집을 바치겠다는 계약서를 써 왔습니다. 엄눌은 성

안 다른 곳에 있는 집과 그 집을 바꾸어 주었는데 바뀐 집이 원래 집보다 크고 좋아서 부부는 기뻐하며 이사를 갔다고 합니다.

의욕과 욕심이 앞서다 보면 사람이 제대로 보이지 않을 때가 많습니다. 그러다 보니 상대방의 마음을 다치게 하고 결국 마음의 문을 닫게 만듭니다. 일단 상대방이 마음의 문을 닫으면 대화든 거래든 제대로 성사되기가 어렵습니다. 그래서 다른 사람이 관련되는 일이면 그게 무엇이든 마음을 얻는 일이 중요합니다. 사업이나 장사를 하십니까? 그러면 먼저 상대방의 마음을 얻으세요. 어떻게 얻느냐고요? 진실한 마음으로 상대방의 이익을 먼저 챙겨 주세요. 얼핏 보면 그게 손해를 보는 일 같은데 결코 그렇지 않습니다. 저 사람이 정말 순수한 마음으로 이 사람의 이익을 챙겨 준다는 사실을 이 사람이 알게 되면 이 사람은 마음의 문을 열고 저 사람이 하는 일에 열광적으로 반응하게 되어 있습니다. 상황이 이렇게 되면 이익은 자연히 따라오게 됩니다. 텔레비전에 '고객의 이익을 먼저 생각합니다.'라는 광고문이 자주 등장하는 이유를 이제 아시겠지요.

거울처럼 비추기

어느 날 태조 이성계는 무학대사에게 심심풀이로 서로에게 욕을 해 보자는 제안을 했습니다. 먼저 태조가 무학대사를 비웃으며 농을 던졌습니다.

"대사를 보니 꼭 주린 개가 변소를 기웃거리는 괴상망측한 상입니다."

"소승이 대왕을 뵈오니 틀림없는 부처님이십니다."

"스님, 욕을 하기로 하고 그게 무슨 당치 않은 말입니까. 스님께서도 그저 제 비위를 맞추려고 억지로 거짓을 말하는 것입니까?"

"그럴 리가 있겠습니까? 소승의 뜻은 돼지의 눈에는 사람도 돼지로 보이고 부처님의 눈에는 삼계의 중생이 모두 부처로 보인다는 뜻입니다."

참 통쾌한 이야기입니다. 흔히 우리는 상대방을 깎아내리면 자신이 올라간다는 착각을 하고 사는 것 같습니다. 다른 사람들을 비웃고 흉보고 욕하는 데는 다분히 이런 심리가 작용하는 듯합니다. 하지만 이건 커다란 착각입니다. 자신이 비웃음을 당하고 욕을 먹어 보면 대번 효과가 그 반대라는 점을 알 수 있습니다. 비웃고 욕하는 사람을 높여 생각하기는커녕 반감만 커지니까요. 대인관계에서 자신의 품위를 높이는 방법은 바로 자신이 상대하는 사람의 품위를 높여 주는 데 있습니다. 그를 높여 주면 따라서 자신도 높아진다는 말입니다. 그러니까 품위 있게 살기 위해 항상 상대방을 품위 있게 대해 주도록 합시다. 혹시 당신을 깎아내리는 사람이 있습니까? 그렇다면 무학대사처럼 거울이 되어 그 사람의 모습을 비춰 주세요. 자신의 그릇이 고작 그 정도밖에 안 된다는 점을 느끼고 부끄러워하게요. 입으로 욕을 하지 않으면서도 상대에게 창피를 안겨 주는 방법이 있다는 것이 참 통쾌하지 않습니까.

에너지 방향 바꾸기

토니는 저돌적인 공격형 복서로 여러 해 동안 미들급 챔피언 자리를 지켰습니다. 링 위에 올라서면 마치 미친 듯 강력한 펀치를 휘두르며 상대를 몰아붙입니다. 한번은 시합을 이긴 토니에게 기자가 물었습니다.

"링에서 그토록 거세게 상대방을 몰아치며 공격하는 비결이 있습니까?"

토니가 대답했습니다.

"제가 왜 미친 듯이 상대방을 공격하는 줄 아십니까? 제가 어릴 적에 아버지는 우리를 버렸어요. 그래서 어머니 혼자 우리를 키우느라 정말 고생을 많이 하셨습니다. 저는 링에 오를 때마다 상대방을 아버지라고 생각합니다. 그리고 모든 분노와 아픔과 설움을 주먹에 실어 상대 선수에게 퍼붓습니다. 시합을 하는 동안 저는 완전히 폭발하는 셈입니다."

토니는 아버지에 대한 분노를 링에서 상대 선수를 공격하는 에너지로 활용하고 있습니다. 아버지를 향한 분노 에너지를 승부 에너지로 전환한 거지요. 분노, 적개심, 원망감, 저항감, 질투 등 공격적 에너지는 일단 솟아오르면 억누르기가 쉽지 않습니다. 잠시 억눌리는 듯해도 어느새 튀어나오고 맙니다. 그래서 이런 감정 에너지에 대해서는 억누르는 전략보다 방향을 바꿔 승화시켜 주는 전략이 더 좋습니다. 마치 물이 가득 찬 댐에 물꼬를 터 주듯 좋은 방향으로 에너지가 흘러가게 하는 겁니다. 이렇게 하면 마음속 에너지도 해소되고 생산적인 결과도 얻는 일석이조의 효과를 얻을 수 있습니다. 무기력하게 살아가는 학생들에게 분노나 저항감을 일으키는 언행을 함으로써 잠자던 에너지를 불러일으키는 전략도 이 부류에 속합니다. 일단 에너지를 불러일으킨 후 일어난 에너지를 전환하여 긍정적인 변화를 유도하는 데 사용하는 거지요. 단, 이런 전략은 위험할 수 있으므로 조심스럽게 접근해야 합니다.

타협점 찾아 순응하기

『지낭』에 나오는 이야기입니다. 높은 벼슬을 하던 길무에게 길욱이라는 아들이 있었는데 낮은 직위에 있던 최경의 딸을 며느리로 데려오려고 했습니다. 그런데 최경은 두 집의 문벌이 너무 차이가 난다며 거절했습니다. 그러자 길무는 권세로 최경을 협박했고, 마침내 최경은 겁이 나서 동의를 했습니다. 길무는 길일을 택하여 예의를 갖춘 채 신부를 데리러 갔습니다. 이런 소식을 모르고 있던 최경의 처 정씨는 갑자기 들이닥친 혼사에 놀라서 울고불고 난리를 피웠습니다. 아무리 지위가 낮은 집안이라도 이런 억지 결혼은 할 수 없다는 것이었습니다. 딸 역시 그런 집에는 죽어도 시집을 갈 수 없다고 울며 버텼습니다. 상황을 지켜보던 최경의 작은 딸이 어머니에게 말했습니다.

"지금 아버지 관직이 위험하게 되었는데 이것저것 가릴 새가 어디 있어요. 목숨을 내걸고서라도 아버지를 구해야 할 판이잖아요. 아버지를 구할 수 있다면 시집이 아니라 종으로 팔려 간다고 해도 나는 가겠어요. 그리고 길씨 집이 명문거족인데 그런 집에 시집간다고 수치스러운 일은 아니잖아요. 언니가 가지 않겠다면 내가 가겠어요."

이리하여 동생이 언니 대신 시집을 갔습니다. 길무의 아들 길욱은 나중에 출세하여 재상의 자리까지 올라갔습니다.

세상에 자기 뜻대로 되지 않는 일이 한두 가지가 아닙니다. 아니, 자기 뜻대로 되지 않는 일이 거의 전부라고 말하는 편이 정확할 겁니다. 세상이 이렇다면 자기 뜻대로 세상이 돌아가지 않는다고 실망하고 투정 부릴 일이 아니라 차라리 그 속에서 실속을 찾는 것이 훨씬 더 현명합니다. 숙명처럼 피하기 어려운 일이 다가왔을 때 어떻게 하시겠습니까. 아이들처럼 마냥 거부만 하겠습니까, 아니면 죽은 사람처럼 수동적으로 그냥 받아들이겠습니까. 그보다는 숙명을 사실로 받아들이되 그 속에서 취할 만한 유익한 점을 찾아 사태를 긍정적으로 바꿔 놓는 편이 좋지 않겠습니까? '피할 수 없으면 즐기라.'는 말이 있습니다. 매우 지혜로운 말이라고 생각합니다. 정말 어쩔 수 없이 맞아야 할 사태라면 피하지 말고 맞아들이되 그 속에서 즐길 거리를 찾는 혜안을 열어 갑시다.

거꾸로 읽기

자윤 씨는 음란물 확산 방지를 위한 활동에 적극적입니다. 정보통신윤리위원회에 음란물 유통을 엄격하게 다뤄 줄 것을 요구할 뿐 아니라 음란물로부터 청소년을 보호하기 위한 다양한 대책을 내놓기도 합니다. 혹 동료들 중에 음란물을 입에 올리며 농담을 하는 사람을 볼라 치면 기겁을 하며 그 자리에서 망신을 줍니다. 이런 자윤 씨가 정작 자신은 남몰래 포르노를 즐깁니다. 자윤 씨 집 책장에는 포르노 비디오테이프가 가득할 뿐 아니라 시간이 날 때마다 인터넷을 뒤지며 최신 야동을 즐기곤 합니다.

반동형성이라는 말이 있습니다. 자신의 실제 욕구와 정반대되는 행동을 할 때 이 말을 씁니다. 누구나 욕구와 행동 사이에 괴리를 느낄 수 있기 때문에 어느 정도의 반동형성은 문제될 게 없겠지만 도가 넘치면 사정이 달라집니다. 노골적으로 자신을 왜곡하는 행동을 계속하다 보면 자신이 어떤 사람인지 정말 헷갈리는 정체성의 위기를 경험하기 때문입니다. 그래서 자신이든 다른 사람이든 어떤 일에 도가 넘지 않는지 잘 살펴야 합니다. 주장이나 행동이 어딘가 어색하고 부자연스러울 때, 지나치게 한쪽 극으로 치달을 때, 완벽을 고집할 때, 사람들의 시선을 지나치게 의식한다고 생각될 때는 반동형성을 의심하고 거꾸로 읽기를 해 보세요. 무언가 잡히는 게 있을지 모릅니다. 만일 그게 사실이라면 과잉 친절을 보이는 사람은 미움이 깊고, 강하게 반항하는 사람은 의지가 약하고, 과하게 낭비하며 뽐내는 사람은 인색하고, 프리섹스를 반대하는 도덕군자는 섹스에 집착할 가능성이 매우 높습니다. 부모가 자녀에게 흔히 하는 '너 때문에' '너를 위해서' 라는 말도 알고 보면 '나 때문에' '나를 위해서' 일 경우가 대부분입니다.

같은 행동 그만두기

유치원에 입학한 지 한 달이 지났는데도 용란이는 유치원에서 어머니와 떨어지지 않으려고 합니다. 어머니는 별별 방법을 다 써서 용란이를 떼어 놓으려고 하지만 그럴수록 용란이는 어머니에게 매달려서 헤어지는 시간을 아주 힘들게 합니다. 온갖 방법을 써도 문제가 해결되지 않던 어느 날, 어머니에게 사정이 생겨서 아버지가 출근길에 용란이를 유치원에 데려다 주었습니다. 용란이는 조금 울기는 했지만 곧 조용해졌습니다.

다음날 아침 어머니가 용란이를 유치원에 데려갔을 때 용란이는 전혀 떼를 쓰지 않고 어머니에게서 떨어졌습니다. 그리고 그 문제는 다시 일어나지 않았습니다.

신기하기도 합니다. 그렇게 어렵던 문제가 하루 만에 해결되었으니까요. 어떻게 이런 일이 가능할까요? 딱 부러지게 답할 수는 없지만 한 가지는 분명합니다. 전에 하던 '같은 일 반복하기를 그만두었기' 때문입니다. 어머니는 아무 효과가 없었음에도 불구하고 한 달이 넘게 같은 방법을 계속 사용해 왔습니다. 참 끈질기기도 합니다. 제풀에 지쳐 떨어질 만한데도 한 달이 넘게 계속 실랑이를 해댄 겁니다. 그 와중에 용란이 머릿속에는 유치원에 등교할 때면 으레 어머니와 실랑이를 벌이는 것이라는 '구조'가 자리를 잡았던 거지요. 일단 이 구조가 자리를 잡고 안정되면 변화시키기가 정말 힘듭니다. 그러니 어머니는 어머니대로 아이를 떼어 내려고 안간힘을 쓰게 되고, 용란이는 용란이 대로 머릿속 구조에 맞게 계속 떼를 쓰는 악순환이 되풀이되는 거지요.

용란이 어머니가 참 끈질기다고 했지만 실은 우리도 여기 못지않습니다. 남편이나 부인에게 바가지를 긁어서 효과를 본 적이 얼마나 됩니까? 효과가 보잘것없는데도 계속 잔소리를 하고 계시지 않습니까? 우리 어머니는 아버지에게 무려 57년이나 비슷한 잔소리를 아직까지 계속하고 계십니다. 만일 잔소리를 뚝 끊으면 두 분 사이에 어떤 일이 벌어질까요? 모르긴 해도 아마 두 분은 잔소리로 채우던 시간을 다른 활동으로 채워야 할 텐데요, 그렇게 하는 일은 지금까지 두 분이 익숙했던 관계의 '구조'를 바꾸는 일이기도 합니다. 문제를 해결한답시고 갈등을 겪고 있는 어떤 사람과 기운 빠지는 일을 되풀이하고 있습니까? 지금 당장 그만두고 전혀 다른 환경을 만들어 보세요. 운이 좋으면 효과가 아주 신속하게 나타날 수도 있습니다.

선의의 태업하기

　　대학생 윤수는 집에 일찍 들어오지를 않습니다. 새벽 두세 시가 되어야 겨우 집에 들어오는 날이 많아서 윤수를 기다리던 부모님은 자다 일어나려니 귀찮기도 하고 피곤하기도 해서 몹시 힘이 듭니다. 드디어 윤수 부모님은 상담자의 코치를 받아 윤수에게 다음과 같은 작업을 걸었습니다.

　　"윤수야, 우리는 네가 늦어도 11시까지 집에 들어오면 좋겠다. 하지만 네가 그렇게 하지 않아도 어쩔 수 없지. 어쨌든 이제부터 우리는 11시부터 문을 잠그고 잠자리에 들 테니 그리 알아라."

　　이렇게 말한 후 부모님은 그날부터 11시에 잠자리에 들었습니다. 윤수가 11시가 넘어서 집에 와 문을 두드리면 부모님은 문을 열어 주기 전에 깊은 잠을 자다가 일어난 것처럼 오랜 시간을 허비함으로써 윤수를 밖에서 오랫동안 기다리게 했습니다. 그리고 문을 열어 줄 때는 비몽사몽인 상태에서 밖에 누가 왔는지를 반드시 물었습니다. 윤수를 집 안에 들인 후에는 추운데 밖에서 오래 기다리게 한 것을 사과하고 곧장 침대로 되돌아가서 바로 쓰러졌습니다. 다음 날 아침 윤수가 굳이 그 문제를 꺼내지 않으면 아무 말도 하지 않고 그냥 넘어갔습니다. 윤수가 먼저 말을 꺼내면 부모님은 몹시 당황해하며 다시 미안하다고 사과를 했습니다.

윤수의 귀가 시간은 점점 빨라지기 시작했습니다.

부모 말을 잘 듣지 않는 청소년들에게 주로 쓰이는 전략입니다. 자식이라는 청개구리들은 부모 뜻과 반대로 움직일 때가 많습니다. 이리 가라 하면 저리 가고 저리 가라 하면 이리로 갈 때가 참 많지요. 이렇게 되면 부모는 속이 상해서 더 안달을 떨고 아이들은 안달 떠는 부모가 싫어서 또 반항하고 그래서 피차 속이 편한 날이 없습니다. 이 같은 갈등 구도를 깨기 위해 부모가 자녀의 힘을 인정하고 낮은 자세를 취하는 전략이 선의의 태업입니다. 태업하기는 해야 할 일을 하기는 하되 괜히 뜸을 들이거나 엉성하게 해서 상대를 짜증나게 하는 행동을 말합니다.

선의의 태업은 두 가지 효과를 가져옵니다. 하나는 자녀에게

서 반항할 거리를 빼앗는다는 점입니다. 원칙을 세우되 자녀의 의사를 존중하며 행동을 하니 자녀의 반항이 별 소용이 없게 되는 거지요. 또 하나는 가족 간에 일어나는 상호작용 방식을 뒤바꿔 놓는다는 점입니다. 흔히 부모는 겉으로는 엄하지만 속으로는 쉽게 넘어가는 경향이 있습니다. 선의의 태업은 이 구도를 바꿔 부모가 겉으로는 허용적이고 속으로는 엄하게 되는 상황을 만들어 놓습니다. 이렇게 되면 자녀 역시 부모에게 대응하는 방식을 바꿀 수밖에 없겠지요. 청소년·자녀 중심으로 말을 했지만 선의의 태업은 의존관계가 심한 사람들에게 두루 적용할 수 있습니다.

자신을 위해 용서하기

톰자노비치는 유명한 농구선수입니다. 어느 날 경기 도중 코트 한복판에서 싸움이 벌어졌습니다. 싸움을 말리려고 톰자노비치가 달려든 순간 한 선수가 갑자기 몸을 돌리며 휘두르는 주먹에 그의 얼굴이 정통으로 맞았습니다. 이 일로 그는 두개골에 금이 가고 코뼈와 광대뼈가 부러지는 큰 사고를 당했습니다. 다행히 목숨은 건졌지만 몇 달간 병원 신세를 져야 했습니다.

어느 날 기자가 그에게 물었습니다.

"당신에게 폭력을 가한 선수를 용서할 수 있습니까?"

"물론입니다. 이미 용서했는걸요."

"그게 정말입니까? 하마터면 당신은 죽을 뻔하지 않았

습니까? 그런데도 용서를 했다니 믿어지지가 않네요. 마치 성인 군자 같군요."

"아닙니다. 솔직히 말하면 나는 그 사람을 위해서가 아니라 나 자신을 위해서 용서했습니다. 마음의 평안을 얻으려면 미움을 털어 내야 한다는 사실을 알았거든요. 그를 용서하니까 정말 자유로워지던걸요."

용서는 다른 사람의 잘못에 대하여 꾸짖거나 벌하지 않고 덮어 주는 행위를 말합니다. 그렇기 때문에 우리는 용서가 용서받을 사람을 위한 것이라고 생각합니다. 분명히 그런 측면이 있지만 용서는 용서를 하는 자신을 위한 행위이기도 합니다. 진정으로 상대방을 용서하게 되면 빼앗겼던 마음의 평화와 안식을 되찾을 수 있기 때문입니다. 누군가를 미워한다는 말은 마음속에 누군가를 담아 두고 괴로워한다는 말이기도 합니다. 따라서 누군가를 미워하는 일은 자기 자신을 괴롭히는 자학행위와 다를 바 없습니다. 미워하면 미워할수록 마음은 점점 더 괴로워지니까요. 용서는 이 작용을 거꾸로 되돌립니다. 용서함으로써 더 이상 미워할 일이 없고, 더 이상 미워하지 않으니 마음속에 담아 둘 이유도 없고, 마음에 담아 두지 않으니 괴로움을 당할 일도 없습니다. 결국 용서는 마음에 평안을 가져오는 최선의 방법입니다.

"우리에게 잘못한 사람이 있거든 일곱 번이 아니라 일흔 번씩 일곱 번이라도 용서하라."는 예수님의 말씀을 단지 종교적으로 받아들일 것만은 아닙니다. 예수님은 시대를 앞서 산 심리학자임에 틀림없습니다. 용서하는 것이 마음의 평안을 가져오고 바람직한 대인관계를 열어 가는 열쇠라는 심리학적 사실을 일찌감치 설파하셨으니까요. 그래도 용서하기 싫으시다고요? 미워하는 상대를 계속 마음에 품고 살겠다면 누가 말릴 수 있겠습니까.

〈관계 발달에 대하여〉

칭찬으로 교정하기

어느 교장선생님 이야기입니다. 김군은 폭력조직을 이끄는 두목으로 전과 13범을 기록한 무시무시한 학생이었습니다. 학교에 와서도 공부는 마음에 없고 선생님과 아이들을 괴롭히며 온갖 못된 짓을 하는 데만 정신을 팔았습니다.

선생님들은 아예 김군을 포기하고 있었습니다. 이를 지켜보던 교장선생님은 김군을 변화시키기로 결심했습니다. 그리하여 칭찬과 격려를 시작했습니다. 학교 행사가 있을 때면 김군에게 책임을 맡겨 진행하게 하였고, 개교기념일에는 표창장을 주었습니다. 표창장 내용이 걸작입니다.

'앞으로 이 학생은 선행할 가능성이 있으므로 이 상을 주어 표창함.'

달랑 종이로 된 표창장을 주면 찢어 버릴 수도 있으므

'앞으로 이 학생은 선행할 가능성이 있으므로 이 상을 주어 표창함'

로 교장선생님은 아예 패널까지 해 주었습니다. 김군이 받아 온 표창장에 부모님이 감격한 것은 말할 것도 없지요. 이후에도 교장선생님은 계속해서 김군을 칭찬하고 격려했습니다. 많은 학생 앞에서 상을 주기도 하고 김군의 능력과 가능성을 인정하는 말을 입에 달고 다녔습니다. 김군은 서서히 변해 갔습니다. 결국 김군은 자격증을 세 개나 따고 전문대학에 입학했습니다.

사람들이 하는 큰 착각 중의 하나는 꾸중이나 질책의 힘이 참 크다는 생각입니다. 잘못된 점을 지적하고 꾸중하면 상대방이 곧 고칠 거라고 생각하는 거지요. 꾸중을 받아들일 사람이 준비된 경우라면 맞는 말입니다. 하지만 전혀 준비되지 않은 경우라면 꾸중은 오히려 사태를 더 나쁘게 만들 따름입니다. 그러므로 정말 상대방을 위한다면 꾸중 말고 다른 방법을 찾는 게 현명합니다. 칭찬과 격려는 그중 하나입니다. 칭찬은 마음의 양식이라는 말이 있습니다. 그만큼 사람들은 칭찬받기를 좋아하고 칭찬을 통해 성장합니다. 칭찬을 많이 받지 못한 아이들은 풀이 죽고 위축되어 있습니다. 어른도 예외가 아닙니다. 만날 바가지만 긁히는 남편은 집 밖에 나가서도 어깨가 늘 처져 있습니다. 그러니 칭찬과 격려에 인색하게 굴지 맙시다.

아, 칭찬을 해 주고 싶은데 칭찬해 줄 거리가 손톱만큼도 없다고요? 그렇다면 자신의 창의력과 열성을 의심하세요. 원래 칭찬거리는 따로 있는 게 아닙니다. 칭찬거리는 칭찬하는 사람의 눈에 달려 있습니다. 앞의 교장선생님이 '앞으로 선행할 가능성이 있어서' 표창장을 준 것처럼 보려고 하는 사람 눈에는 칭찬거리가 보이게 되어 있습니다. 그러니 애정을 가지고 좋은 칭찬거리를 찾아내도록 노력해 보세요.

대탐소실하기

호주에 존이라는 소년이 있었습니다. 그는 행동이 어수룩해서 동네 형들에게 바보라고 놀림을 당하기 일쑤였습니다. 형들은 존이 나타나면 양손에 1달러짜리 동전과 2달러짜리 동전을 올려놓고 "존, 이리와 봐. 네가 갖고 싶은 거 아무거나 가져." 하고 말합니다. 그러면 존은 항상 1달러짜리 동전을 집습니다. 형들은 이 모습이 너무 재미있어서 배꼽을 잡고 웃습니다. 호주 동전은 1달러짜리가 2달러짜리보다 크기가 큽니다. 그러니 형들이 보기에 돈의 가치는 아랑곳하지 않고 크기에 집착해서 1달러짜리를 집어 드는 존의 선택이 그렇게 어리석어 보일 수 없습니다. 매번 형들에게 당하는 존이 안타까워 동네 할아버지 한 분이 존을 불러 세웠습니다.

"존, 너는 1달러짜리가 크니까 그게 좋다고 생각하는 모양인데 1달러짜리 두 개가 있어야 2달러와 같거든. 그러니까 다음에는 2달러짜리를 집어 들어라."

그러자 존이 천연덕스럽게 대답했습니다.

"저도 알아요. 하지만 제가 2달러짜리를 선택하면 그 순간 제 용돈은 끊어지고 말 거예요."

어수룩한 존이 영리한 동네 형들을 한판승으로 메치는 순간입니다. 동네 형들은 자기들 돈이 계속 나가는 줄도 모르고 어리석은 재미에 흠뻑 빠져 있군요. 만일에 존이 2달러를 집어 들었다면 용돈벌이는 진작 끝났을 겁니다. '소탐대실'인거죠. 하지만 그 유혹을 꾹 참고 계속 1달러를 선택한 덕분에 든든한 용돈줄을 잡게 되었습니다. '대탐소실'이라는 게 바로 이런 겁니다. 우리는 흔히 당장 손해를 보지 않으려고 작은 이득에 눈이 멀어 큰 이득을 놓치는 어리석음을 범합니다. 얼굴까지 붉혀 가며 한 푼도 못 깎아 준다고 핏대를 올리는 상인, 당리당략에 눈이 멀어 국민의 뜻을 외면하는 정치인, 논쟁에서 상대를 이기려고 기를 쓰는 교수, 돈이 아까워 고생한 부하 직원에게 밥 한 끼 사지 않는 쫀쫀한 상사, 이런저런 핑계를 대며 야간 근무를 피해 가는 얌체 직원, 텔레비전 드라마에 빠져 공부를 내팽개친 입시생은 모두 소탐대실하는 중입니다. 길게 앞을 내다보고 미래를 경영하는 사람들은 대탐소실할 필요가 있습니다. 특히 인간관계에서 그렇습니다. 당장은 손해를 보더라도 더 큰 것을 위해 양보하고 져 주고 잃어 주고 당해 주세요. 지금 '소실'하는 것이 나중에 '대탐'을 이룰 수 있는 소중한 자산이라는 점 명심합시다.

진정성으로 마음 먼저 얻기

중국 춘추전국시대 병법가 오기 장군에 대한 이야기입니다. 오기는 병사들이 자신을 따르게 하는 비법을 잘 알고 있었습니다. 전쟁터에 나가면 그는 병사들과 같은 밥을 먹고 같은 잠자리를 사용했을 뿐 아니라 병사들의 아픔과 고통을 직접 챙겼습니다. 어느 날 오기가 자기 아들의 등창을 빨아 주었다는 소식을 듣고 그 병사의 어머니가 슬프게 울었습니다. 사람들이 이상하게 여겨 이유를 물었더니 그녀는 다음과 같이 대답했습니다.

"지난번에 오기 장군이 우리 남편의 등창을 빨아 주었는데 남편은 결국 전쟁터에 나가 용감하게 싸우다 죽었습니다. 이번엔 아들의 등창을 빨아 주었으니 필시 아들도 전쟁터에 나가면 앞장서 싸우다가 죽을 것입니다. 오기 장군 때문에 남편을 잃었는데 이제는 아들까지 잃게 생겼으니 어찌 통곡하지 않을 수 있겠습니까?"

사람들과 함께 무슨 일을 꾸미려면 마음을 얻는 일이 가장 중요합니다. 마음을 얻으면 다른 모든 것이 따라오니까요. 그래서 사업을 하든 교육을 하든 우선 상대방의 마음 얻는 일에 치중해야 합니다. 진정성은 꾸미거나 속이지 않고 상대를 진심으로 위하는 마음을 말합니다. 자신의 목적을 위하여 상대방을 이용하지 않고 정말 순수하게 상대방을 인간으로 대접하는 마음을 말합니다. 이렇게 사람을 대하면 메아리처럼 그 사람에게서 응답이 들려옵니다. 자신이 받은 대접처럼 자신도 대접하겠다는 화답이지요. 목숨을 기꺼이 바치고 생사고락을 함께하려는 믿음과 의지는 이렇게 해서 생기는 겁니다. 이런 관계가 맺어진다면야 세상에 못할 것이 무엇이겠습니까. 그러니까 다른 사람들과 함께 일을 도모하려면 무엇보다도 먼저 상대방을 진정성 있게 대해 주세요. 인간 대 인간으로, 인격 대 인격으로 순수한 만남을 가지며 우정을 쌓아 간다면 머지않아 웃으며 원하는 일을 성취할 수 있을 겁니다.

숨어 있는 진심 알아주기

지금은 초등학교 선생님이 된 이수진 씨가 대학생 때 들려준 이야기입니다.

"초등학교 저학년 학생들이 겪는 문제 중 하나는 화장실에 가는 일입니다. 집에서와는 달리 학교에서는 수업시간, 쉬는 시간이 정해져 있고 화장실은 꼭 쉬는 시간에만 가야 하는데 저학년 학생들은 이것을 조절하는 일이 쉽지가 않습니다. 그래서 수업시간 중간에도 화장실 다녀오겠다는 학생들이 많이 생겨서 수업의 맥이 자주 끊어졌습니다. 급기야 선생님은 화장실은 꼭 쉬는 시간에 다녀와야 한다는 선포를 하셨습니다. 그러던 어느 날, 나는 화장실을 다녀오고 싶었는데 그만 쉬는 시간이 끝나고 말았습니다. '화장실은 쉬는 시간에 다녀와야 한다.'는 선생님의 엄한 말씀이 있었던 터라 나는 다음 쉬는 시간을 기약하며 꾹 참고 수업을 들었습니다. 힘들게 한 시간이 지나고 드디어 쉬는 시간이 왔습니다. 화장실을 가려는데 아뿔사! 이미 한계 상황을 넘었는지 나의 의지와 상관없이 바지가 젖어 오고 있었습니다. 교실에서 그만 실례를 한 것입니다. ……1학년 때도 없었던 일을 2학년 때 겪게 되다니……. 처음 있었던 일이기에 나는 무척 당황했습니다. 당시 담임선생님이었던 김혜숙 선생님은 단번에 사태를 파악하시고 아이들 앞에서 나에 대한 칭찬을 아끼지 않으셨습니다. 다른 아이들은 수업시간에도 화장실을 다녀왔는데 수진이는 선생님과의 약속을 지키려다가 그렇게 된 거라고 말씀하시면서 약속을 지키려는 나의 의지와 인내심을 칭찬해 주셨습니다. 저는 지금 김혜숙 선생님이 가신 길을 따라 초등교사가 되기 위해 열심히 공부하고 있습니다."

큰일 날 뻔했습니다. 만일 그날 김혜숙 선생님이 2학년이나 된 것이 오줌을 쌌다고 야단을 쳤더라면 수진 씨는 수치심으로 위축되어 참으로 힘든 초등학교 시절을 보낼 뻔했습니다. 아마 초등학교 선생님이 되는 일도 없었을 테고요. 위기의 순간에 수진씨의 진심을 알아채고 이를 칭찬거리로 바꾼 김혜숙 선생님이 정말 위대합니다.

인간관계에서 진심을 제대로 알아주는 일이 중요함을 우리는 모두 잘 압니다. 하지만 막상 상황이 펼쳐지면 전혀 딴짓을 하고 맙니다. 아마 맘이 급하고 여유가 없어서 그럴 겁니다. 상대방의 진심을 제대로 알아주려면 한 박자 반응을 늦추고 상황을 전체적으로 바라보는 여유가 필요합니다. 아울러 상대방의 행동 속에 무언가 긍정적인 동기가 숨어 있을 거라고 가정하고 이를 찾아내려는 따뜻한 시선이 있어야 합니다. '왜 엄마/선생님/과장님/선배/당신은 내 마음을 그렇게 몰라주십니까?' 라는 소리를 자주 듣습니까? 불평을 해대는 그 사람을 좀 더 느긋하고 여유 있게, 그리고 따뜻한 시선으로 바라보세요. 해답이 금방 튀어나올 겁니다.

동일한 논리를 따라 깊은 속 드러내기

1학년 인영이가 어머니에게 불쑥 종이 한 장을 내밀었습니다. 거기에는 다음과 같은 내용이 적혀 있었습니다.

심부름 값 1,000원
방 청소한 값 1,000원

엄마 안마해 준 값 1,000원
아빠에게 재롱부린 값 1,000원
쓰레기 버린 값 1,000원
합 5,000원

이 글을 다 읽은 엄마는 인영이가 쓴 종이 뒷면에 이렇게 적었습니다.

뱃속에 넣고 열 달 동안 키운 값 무료
아플 때 밤새워 간호해 준 값 무료
지금까지 사 준 모든 장난감 값 무료
먹이고 입혀서 키워 준 값 무료
너에 대한 나의 사랑 무료
합 무료

인영이는 엄마가 쓴 글을 보고 눈물을 뚝뚝 흘리며 엄마에게 말했습니다.
"엄마, 사랑해!"

논리를 통해 상대의 마음을 얻으려는 설득이라는 방법이 그다지 좋지는 않지만 이따금 설득에 의지해야 할 때가 있습니다. 상대가 어떤 논리를 통해 말을 걸어올 때가 그렇습니다. 설득을 할 때 가장 좋은 방법은 먼저 상대방의 논리를 정확하게 이해한 후 똑같은 논리를 통해 상황을 뒤집어 놓는 것입니다. 상대는 다른 논리가 아니라 바로 자신이 사용한 그 논리에 의해 되치기를 당하게 되니까 두 손을 들 수밖에 없습니다. 단, 되치는 논리로 두 사람의 관계를 바람직하게 이끌려고 하면 상대방을 깊이 배려할 줄 알아야 합니다. 인영이의 경우가 그렇습니다. 어머니에게 용돈을 타 내기 위해 이해타산의 논리를 들이댔는데 어머니는 이해타산의 논리를 그대로 인정하면서 인영이가 깊은 사랑을 느낄 수밖에 없는 상황으로 결론을 반전시켰습니다. 이 사건 이후 인영이와 어머니의 관계가 사랑으로 더 돈독해졌을 것은 틀림없습니다. 누군가를 설득하고 싶다면, 일단 이야기를 잘 들어 그 논리를 이해하고 그다음에 이를 반전시킬 기회를 찾으세요. 무조건 자기 주장을 앞세우면 그들은 점차 당신 곁을 떠나갈 것입니다.

동일한 행동으로 피드백하기

『지낭』에 나오는 이야기입니다. 장역이 지방정치를 감독하는 벼슬아치로 흡주에 있을 때 일입니다. 당시 지방장관이었던 송광업은 늘 술에 취해 행패를 부렸고 심지어는 살인을 저지르는 일도 있었습니다. 그렇지만 사람들은 그 위세에 눌려 감히 어떻게 해 볼 생각을 못했습니다.

어느 날 송광업이 잔치를 열어 장역을 초대했습니다. 장역은 사전에 술을 잔뜩 마시고 취한 채 갔습니다. 장역은 송광업 앞에서 술잔을 던지고 술상을 뒤집어엎고 고래 고래 소리를 지르며 공연히 트집을 잡고 욕을 했습니다. 송광업은 갑자기 당하는 일이라 몹시 당황한 채 그냥 두고 볼 뿐이었습니다. 장역은 목이 쉴 때까지 욕을 하다가 비틀거리며 자리를 떠났습니다.

그다음날부터 송광업의 태도가 달라졌습니다. 술을 마시고 행패를 부리는 일도 줄어들었고 착실하게 공무를 수행하게 되었습니다.

만일 장역이 이렇게 하지 않고 송광업을 불러들여 "술에 취해 부리는 행패를 그만두고 공무에 전념하라."라고 점잖게 타일렀다면 어땠을까요? 물론 효과가 있었을 겁니다. 감독관이 문책에 가까운 발언을 하는데 행동에 조심을 했겠지요. 하지만 장역은 그 방법보다 훨씬 더 효과가 강력하면서도 두 사람 사이의 관계에 부담이 되지 않을 방법을 찾은 듯합니다. 장역이나 송광업 모두 술에 취해 부리는 행패에 대해, 그리고 백성을 돌보는 공무에 대해 일언반구 말을 꺼내지 않고서도 충분히 뜻을 소통할 수 있었으니까요. 결국 장역은 술이 취했을 때 송광업이 할 만한 행동을 딱 한번 직접 보여 줌으로써 송광업을 변화시키는 데 성공했습니다. 제대로 된 피드백의 효과는 이렇게 큽니다. 모르긴 몰라도 이 사건 이후에 두 사람이 서로를 신뢰하고 따르는 마음은 많이 깊어졌을 겁니다.

살다 보면 우리도 상대방의 행동을 지적하고 피드백을 하는 경우가 많습니다. 그런데 피드백을 받고 나서 상대방이 좋아하기는커녕 오히려 상처를 입고 둘 사이의 관계가 나빠질 때도 있습니다. 뭔가 피드백을 잘못했기 때문이지요. 피드백을 할 때는 무엇보다도 상대방을 진정으로 배려하는 마음이 바탕이 되어야 합니다. 아울러 두 사람의 지위, 사회적 관계, 맥락 등을 잘 고려해야겠지요. 잘만 활용하면 최근에 발달한 영상 매체들도 좋은 피드백 수단이 될 수 있습니다.

필요에 맞춰 배려하기

도요토미 히데요시의 총애를 받아 이른바 '다섯 행정관'으로 발탁되어 경제 정책 분야에서 뛰어난 역량을 발휘했던 이시다 미즈나리에 관한 이야기입니다.

도요토미가 한 성의 성주로 있었던 시절이었습니다. 어느 날 사냥터에서 돌아오다가 근처에 있는 절에 들러 차를 달라고 했습니다. 그러자 열두어 살쯤으로 보이는 어린 소년이 커다란 사발 한가득 미적지근한 차를 가져왔습니다. 마침 목이 말랐던 도요토미가 이 차를 한숨에 다 비우고 다시 가져오라고 했습니다. 소년이 이번에는 보통 크기의 그릇에 따뜻한 차를 가져왔습니다. 이 차를 다 마시고 도요토미는 다시 차를 한 잔 더 가져오라고 했습니다. 그러자 이번에는 작은 잔에 뜨겁고 진한 차를 가져왔습니다. 도요토미는 이 소년이 큰 재목이 될 것임을 알아차렸습니다. 그리하여 주지에게 부탁하여 소년을 집으로 데리고 가 가신으로 키웠습니다.

왜 소년이 세 잔의 온도와 양을 달리하였을까요? 방금 사냥터에서 돌아오는 길이므로 목이 마른 탓에 첫 잔은 벌컥벌컥 마실 것입니다. 그러니 차는 미지근하고 양이 많아야 합니다. 두 번째 잔은 숨을 돌리고 마시는 것이니 차 맛을 느끼기 시작할 것입니다. 그러니 따뜻하고 양이 적당해야 합니다. 세 번째 잔은 갈증도 완전히 해소되고 차 맛을 느끼기 시작하였으니 이제 천천히 여유 있게 차 맛을 음미할 것입니다. 그러니 차는 뜨겁고 진해야 합니다.

사회생활에서 서로 배려하는 마음은 아주 소중합니다. 서로가 보살펴 주고 도우려는 마음을 느낄 때 삶이 따뜻해지고 보람을 느끼니까요. 그런데 간혹 분명히 상대방을 배려하는 행동을 했는데 상대방이 이를 몰라줘서 섭섭할 때가 있습니다. 더러는 배려해 준 행동이 오히려 원망이 되어서 돌아올 때도 있고요. 왜 이런 일이 생길까요? 첫째는 소통이 잘못되어서 그럴 수 있습니다. '나'는 배려를 했지만 상대방은 이를 배려로 생각하지 않을 수 있습니다. 이런 경우에는 소통이 잘못되었으므로 서로 마음을 열고 대화를 해 볼 필요가 있습니다.

또 하나는 '나'의 배려가 지나치게 자기중심적인 것일 수 있습니다. 상대방을 배려하는 '나'의 행동이 실은 상대를 위한 것이 아니라 '나'를 위한 것일 때가 그렇습니다. 그러니까 내 입장에서 볼 때 상대방을 배려한 것 같지만 상대방이 보기에는 전혀 배려라고 느끼지 않는 거지요. '내'가 보기에 배가 고픈 것 같아서 피자를 권했는데 한창 다이어트 중인 친구가 화를 내며 거절했다면 이런 경우에 속할 겁니다. 그래서 상대방을 배려할 때는 섬세해야 합니다. 내 입장이 아니라 상대방의 입장에서 정말 필요한 도움이 무엇인지 잘 헤아려야 한다는 거지요. 배가 부른데도 밥을 더 먹으라고 막무가내로 국에다 밥을 말아 주는 할머니의 배려에 부족함이 있다면 바로 섬세함이겠지요. 정말 섬세하게 상대방을 배려했는데도 상대방이 잘 받아들이지 않는다면 아마 그 상대방은 배려를 받을 자격이 없거나 아니면 당신이 베푸는 배려를 역이용하려는 사람일지도 모릅니다.

자신을 낮추어 상대방 높여 주기

중국 한나라 때 허무에 대한 이야기입니다. 허무는 효심이 깊고 청렴한 사람으로 태수의 추천을 받아 벼슬에 올랐습니다. 벼슬길에 오른 허무는 아우 안과 보가 아직 벼슬길에 오르지 못한 것을 안타까워했습니다. 어느 날 허무는 안과 보를 불러 재산을 셋으로 나누었습니다. 그런데 집, 전답, 하인 등 좋은 것은 모두 자기가 갖고 아우들에게는 나쁜 것을 주었습니다. 사람들은 탐욕스러운 사람이라고 허무를 욕하기 시작했습니다. 반면에 형이 탐욕을 부려도 아무 말 않고 양보하는 두 형제에 대해서 나날이 칭송이 늘어 갔습니다. 결국 고을 사람들은 두 아우를 천거하여 벼슬길에 오르게 했습니다. 그제서 허무는 친척들을 모아 놓고 그동안에 있었던 자신의 행동을 설명했습니다.

"나는 벼슬을 얻었습니다. 하지만 두 아우는 나이가 들어가는 데도 벼슬을 하지 못해서 제 마음이 무척 아팠습니다. 그래서 한 가지 궁리를 했습니다. 재산을 나누되 좋은 것은 제가 갖고 나쁜 것을 아우에게 주기로 한 것입니다. 그러면 고을 사람들은 저를 욕하는 대신 아우들을 칭찬할 것이고, 결국은 아우들을 벼슬길에 오르도록 추천할 것입니다. 정말 제 생각대로 아우들은 벼슬길에 올랐습니다. 제가 바라던 대로 되었지요. 전에 재산을 나눌 때 제가 가졌던 몫은 지금 세 곱으로 불었습니다. 이 재산은 처음부터 제 재산이 아니었으므로 두 아우에게 나누어 주겠습니다."

아우들의 인품을 높이 평가하게 하기 위해 자신을 낮춘 허무의 행동은 세간의 이목을 조작했다는 점에서 비난받을 여지가 있습니다. 하지만 동생들을 향한 허무의 충정을 생각하면 이해 못 할 바는 아닙니다. 사람들 사이에서 생기는 갈등의 상당수는 '나를 몰라준다.'는 데서 비롯됩니다. 자신의 인품이나 가치를 제대로 인정하지 않거나 깎아내린다고 생각하는 데서 갈등이 시작된다는 거지요. 따라서 좋은 관계를 유지하고 싶다면 상대방의 인품이나 가치를 제대로 인정하고 높여 주는 일이 중요합니다. 그렇다고 터무니없이 상대방을 높이는 행위는 오히려 불쾌감만 가져다줄 수도 있습니다. 그러므로 상대방을 높이되 합리적인 근거와 납득할 만한 이유가 있어야 합니다. 자칫 잘못하면 상대방을 인정하고 높여 주는 언행이 '아부' 하는 행동으로 비쳐 지탄받을 수도 있거든요. 흔히 남을 존중하고 자기를 내세우지 않는 '겸손' 의 미덕을 말하는데요, 겸손을 미덕이라고 하는 이유 중 하나가 겸손한 사람을 마주 대하면 자기가 마치 귀한 사람이 된 양 기분이 좋아지기 때문이 아닐까 생각해 봅니다. 그러고 보니 상대방을 높이는 방법이 두 가지가 있네요. 하나는 상대방의 고유한 인품과 가치를 드러내 높이는 일이고, 다른 하나는 자기를 낮춤으로써 상대방을 높이는 방법입니다. 허무가 택한 방법은 후자에 속하겠네요.

열심히 반응하는 모습 보이기

어느 날 성진 씨는 모국에서 여행을 온 친구와 술을 마시다가 화장실에 가느라 잠시 자리를 비웠습니다. 그 친구가 할 줄 아는 독일어는 ja예와 nein아니요 둘뿐이었습니다. 혼자 앉아 있는 친구를 보고 술에 취한 남자가 말을 걸어왔고 친구는 이따금 ja와 nein이라는 말을 섞어 가며 장단을 맞춰 주었습니다. 성진 씨가 화장실에서 돌아왔을 때 두 사람은 아주 재미있게 대화를 나누고 있었습니다. 술 취한 남자는 그의 말을 열심히 들어주는 성진 씨 친구에게 깊은 흥미를 느끼고 있었습니다.

함께 대화를 하다 보면 힘이 솟게 하는 사람도 있고 힘을 빠

지게 하는 사람도 있습니다. 힘이 솟게 해 주는 사람은 계속 만나서 대화를 하고 싶지만 힘을 빠지게 하는 사람은 더 만나고 싶지 않은 게 보통입니다. 왜 그럴까요? 여러 가지 이유가 있겠지만, 대화에 임하는 자세가 중요한 변수인 것 같습니다. '나'에게 관심을 갖고 대화에 적극 임하는 사람에게는 흥미가 생기는 반면에 별 관심 없이 무덤덤하게 나오는 사람에게는 흥미를 잃게 되는 거지요. 어떻게 보면 대화 내용 자체는 그리 중요하지 않을 수도 있습니다. 특히 친교를 목적으로 하는 대화일수록 그렇습니다. 말을 주고받는 대화 행위 자체가 서로에 대한 관심이요, 우정의 표현이기 때문입니다. 그러니까 대화에서 '무엇'보다는 '어떻게'가 더 중요합니다. 여자들이 많이 떤다는 '수다'가 대표적입니다. 입에 걸리는 대화 내용은 사실 별로 중요하지 않습니다. 대신 마음이 통하는 사람들과 입에 침을 튀기며 공감하는 말을 주고받는 상황이 더 중요한 거지요. 독일어를 전혀 할 수 없는 성진 씨 친구가 독일 사람의 흥미를 끌 수 있었던 것도 같은 맥락으로 보입니다. 그러므로 관계를 좋게 가져가고 싶은 사람이 있으면 상대방의 말에 장단을 맞춰 가며 열심히 반응하는 모습을 보이세요. 때로 잘 이해되지 않는 부분이 있어도 포기하지 마세요. 열심히 들으려고 하고 열심히 반응하려고 하는 당신의 모습이 그 사람에게 깊은 인상을 남길 것입니다. 상대방에게 흥미를 보이는 당신이 바로 그 상대방에게 흥미거리가 될 테니까요.

무관심하게 대하기

오스트리아 기병대의 젊은 장교들이 갈리시아의 외딴 작은 읍에 주둔하고 있었습니다. 읍내에 딱 하나 있는 찻집에서 경리로 일하는 매혹적인 젊은 아가씨는 젊은 장교들의 단조로운 병영 생활에 활력소가 되기에 충분했습니다. 많은 장교가 아가씨의 관심을 끌기 위해 온갖 방법을 동원했지만 모두 실패했습니다. 이를 지켜보던 한 젊은 장교는 전혀 다른 전략을 사용하기로 했습니다. 고의적으로 그녀를 무시하기로 한 거지요. 그날부터 그는 찻집 아가씨에게 등을 돌리고 테이블에 홀로 앉아 있었습니다. 찻집을 나설 때에도 아무 관심이 없는 듯 쳐다보지도 않은 채 돈을 건네주었습니다. 찻집 아가씨 눈에 이 장교의 행동은 매우 특이했습니다. 읍내에서 자기에게 눈길을 주지 않는 유일한 남자였으니까요. 장교의 무심한 행동은 결국 그녀의 마음을 사로잡았습니다. 마침내 아가씨는 그에게 사랑을 고백했고 젊은 장교는 아무것도 하지 않고도 아가씨를 차지하게 되었습니다.

이 경우는 앞에 '열심히 반응하는 모습 보이기'와 상황이 다르군요. 앞에서는 관심을 가져 주는 사람에 대한 행동이고 이 경우는 관심을 보이지 않는 사람에 대한 행동입니다. 사실 찻집아가씨는 젊은 장교들에게 넘치는 관심을 받고 있었기 때문에 그들과 유사한 방법으로 관심을 끌려고 해서는 성공하기가 어려웠을 겁니다. 이런 상황에서 필요한 것이 바로 차별화입니다. 이 장교는 무관심한 척 무시하는 행동으로 차별화를 시도했습니다. 사람 심리는 묘한 데가 있습니다. 잡은 고기보다 아직 잡지 못한 고기에 마음을 더 태우고 잘 따라오는 99마리 양보다 길 잃은 한 마리 양에 신경을 더 쓰니 말입니다. 젊은 장교는 찻집아가씨의 이런 심리를 교묘하게 파고들었습니다. '너 까짓것 관심 없다.'는 듯 오만한 장교의 태도에 아가씨의 오기가 발동했다고나 할까요? 어쨌거나 잘 살펴보면 사람들은 누구나 허점을 가지고 있습니다. 이 허점의 정체를 잘 파악하고 남다른 방법으로 이 허점을 파고들면 의외의 수확을 거둘 수 있습니다. 가까이하고 싶은 사람이 있습니까? 정말 그 사람과 가까이하고 싶다면 차별화된 방법으로 승부를 걸어 보세요.

구미가 당기는 실마리 던지기

톰 소여는 말썽을 부린 일로 벌을 받게 되었습니다. 높이가 3m가 넘는 집 울타리 전체를 흰 페인트로 칠하라는 겁니다. 고민에 고민을 거듭하며 페인트칠을 하고 있던 톰 소여에게 번뜩이는 아이디어가 떠올랐습니다. 자기를 놀리는 친구들을 그 일에 끌어들이려는 거지요.

"헤이, 톰, 너는 일이나 실컷 해라. 우리는 수영하러 간다. 거 참 고소하다. 용용 죽겠지?"

"일이라고? 그래, 이게 일일 수도 있지만 일이 아닐 수도 있지. 암튼 이게 나한테 멋진 기회라는 건 확실해. 재미있게 놀 수 있는 정말 좋은 기회지."

"기회라고? 페인트칠하는 게 재미있다고? 웃기지 마, 임마. 말도 안 되는 소리 하고 있네."

"말이 안 된다고? 잘 생각해 봐. 애들이 벽에다 제멋대로 페인트를 칠할 수 있는 기회가 얼마나 되냐? 아마 한 번도 없을걸!"

톰의 말에 상황은 180도 달라졌습니다. 톰의 말을 들은 벤은 먹고 있던 사과를 톰에게 주고 톰에게 페인트칠을 해 보겠다고 자청했습니다. 벤뿐이 아닙니다. 동네 아이들은 서로 페인트칠을 할 기회를 갖겠다고 아우성을 쳤습니다. 이렇게 해서 오후 한나절이 지나기 전에 울타리는 세 번이나 칠해졌고, 친구들에게 울타리 페인트칠을 맡긴 톰은 그야말로 유유자적 신나게 놀았습니다.

"기호라고? 페인트 칠하는 게 재미있다고?
웃기지 마, 임마. 말도 안 되는 소리 하고 있네."
"말이 안 된다고? 잘 생각해 봐.
애들이 벽에다 제멋대로 페인트를 칠할 수 있는 기회가 얼마나 되냐?
아마 한 번도 없을걸!"

넷, 생각을 바꾸는 전략

사람의 마음이 바뀌는 속도는 정말 빠릅니다. 처음엔 아무 관심도, 호기심도 없던 아이들이 순식간에 구미가 당겨 서로 해 보겠다고 아우성을 치니 말입니다. 이게 가능했던 것은 톰이 던졌던 중요한 실마리 때문입니다. '벽에다 제멋대로 페인트를 칠할 수 있는 기회'라는 말이 바로 그 실마리입니다. 실마리가 된 이 말은 평소 아이들 마음에 금기로 남았던 '공공장소에서 하는 낙서'를 떠올리게 했음에 틀림없습니다. 그리고 금기 사항이기 때문에 억눌러 왔던 욕구를 마음껏 발산할 수 있다니 얼마나 통쾌하고 재미있는 일이겠습니까. 톰이라는 녀석의 머리가 보통 비상한 게 아닙니다. 어쨌거나 구미가 당기게 만드는 일이 사람을 끌어들이는 좋은 방법의 하나인 것만은 분명합니다. 문제는 어떻게 해야 상대방의 구미가 당길 수 있게 만드는가 하는 거지요.

이것을 잘하려면 무엇보다도 상대방을 잘 알고 있어야 합니다. 상대방의 욕구, 관심, 흥미, 적성, 성격, 소망 등에 대하여 소상하게 알고 있어야 한다는 말입니다. 관찰은 이 과정에 큰 도움을 줄 겁니다. 자녀에게 공부를 시키고 싶은 부모님, 억지로 강제하지 마시고 어떻게 아이의 구미를 당겨 공부에 취미를 붙게 할 것인지 잘 생각해 보세요. 길은 반드시 있습니다.

자발적으로 따르게 하기

천상병 시인에 관한 이야기입니다. 언제부턴가 천상병 시인은 만나는 사람들에게 "백 원만!" 하며 손을 내밀고 돈을 달라는 버릇이 생겼습니다. 친구든 선배든 가리지를 않았습니다. "뭐하려고?" 하고 물으면 "술 사 먹으려고."가 대답의 전부였습니다. 사람들은 시인이면서 평론가로 문단의 주목을 받고 있는 천 시인의 요구를 쉽게 거절하지 못했습니다. 더구나 백 원은 많은 돈이 아니라서 귀여운 애교로 받아들였습니다. 하지만 천 시인이 100원을 수금하는 데는 일정한 규칙이 있었습니다. '하루에 딱 한 번', 그리고 '못된 놈들 돈은 받지 않는다.'는 것이었습니다. 나중에는 문단계가 천 시인의 손바닥을 본 문인과 볼 수 없는 문인으로 나뉜다는 농담이 돌기도 했습니다. 천 시인의 손바닥을 보지 못한 사람은 그에게 사람 취급도 받지 못하는 못된 놈이 되는 셈이지요. 천 시인을 만나 100원을 전해 주고 싶어 안달이 난 문인들도 제법 있었을 듯합니다.

천상병 시인이 무슨 특별한 뜻을 가지고 사람들에게 손을 벌린 것은 아닐 겁니다. 그냥 술 한 잔 하고 싶어서 가까운 사람들에게 스스럼없이 하던 행동이 습관처럼 자리를 잡았겠지요. 어쨌거나 천 시인은 무심코 한 행동일 테지만 나중에는 문인들에게 묘한 파장을 일으킨 것 같습니다. 천 시인이 100원을 받아 가는 사람들은 좋은 사람에 속하는 천상병파, 100원을 받아가지 않는 사람은 못된 사람에 속하는 비천상병파. 사정이 이렇게 되니 문인들은 기를 쓰고 천상병파에 들려고 했겠지요. 천상병파에 속하는 사람은 당당한 문인의 대열에 설 뿐 아니라 천 시인에게 인정받는 좋은 사람이 될 수 있으니까요. 따라서 아직 천 시인에게 100원을 건네지 못한 사람들은 호시탐탐 기회를 노리고 천 시인에게 접근했을 가능성이 높습니다. 일단 천상병파에 속하게 된 사람들은 자랑삼아 이 사실을 떠들고 다녔을 거고요. 이들은 아마 죽을 때까지 천 시인의 열렬한 팬이 되었을 겁니다.

천상병 시인은 참 묘한 방법으로 사람들을 자기편으로 끌어들였습니다. 구걸행동을 주고 싶어 못 견디는 자선행동으로 바꿔 놓았으니 말입니다. 이게 가능했던 것은 천 시인이 대단한 사람으로 성장했기 때문이겠지요. 사람들이 아무에게나 이런 대접을 하지는 않습니다. 존경받을 만한 '무엇'이 없는데 사람들이 기웃거릴 리가 없지요. 천 시인의 경우에는 아마 정말 순수한 사람이라는 평판, 그리고 뛰어난 재능을 가진 시인이라는 점이 그 '무엇'이었을 겁니다. 여러분은 사람이 자발적으로 따르게 할 그 '무엇'이 있습니까? 사람들이 흠모하고 따를 자기만의 상표를 만들어 보지 않으시겠습니까?

예측을 뛰어넘는 포용하기

3학년 때 선생님이 말씀하셨습니다.

"자기 마음대로 그리고 싶은 그림을 그려라."

주연이는 열심히 그림을 그렸습니다. 나뭇잎이 다 떨어져 외롭지만 뿌리를 굳게 내린 나무였습니다. 미술 시간이 끝나고 주연이가 내민 그림을 본 선생님이 말했습니다.

"이것도 그림이라고 그렸냐? 발로 그려도 이것보다 낫겠다."

4학년 때 선생님이 말씀하셨습니다.
"자기 마음대로 그리고 싶은 그림을 그려라."
주연이는 아무것도 그리지 못한 채 시간을 보냈습니다. 교실을 돌아보던 선생님이 주연이 머리를 쓰다듬으며 부드러운 목소리로 말씀하셨습니다.
"천지에 온통 하얀 눈이 가득하구나. 정말 멋진 그림이야."

주연이는 3학년 내내 미술 시간이 싫었습니다. 그림만 그리려고 하면 자신감을 잃고 주눅이 들었습니다. 어디 그림뿐이겠습니까. 담임선생님이 어렵고 무서워서 늘 피할 궁리를 했습니다. 사실 주연이는 그때 부모님과 떨어져 살았거든요. 부모님은 돈을 벌러 도시로 가시고 주연이는 언니, 동생과 함께 시골에서 살던 때였습니다. 아마도 이런 상황에서 주연이가 느끼는 외로움이 그림에 표현되었던 것 같습니다.

4학년 선생님은 주연이의 미술 기피증을 한 방에 해결하셨습니다. 선생님 기피증도 마찬가지고요. 주연이의 학교생활은 다시 활력이 넘치게 되었습니다. 4학년 선생님은 혼날 거라고 생각하며 불안에 떨고 있는 주연이의 예측을 훌쩍 뛰어넘어 따뜻하게 주연이를 안아 주고 있습니다. 선생님이 본 것은 그림이 아니

넷. 생각을 바꾸는 전략 **241**

라 주연이의 마음이었습니다. 주연이의 마음을 알아채고 주연이의 인격을 존중하면서 따뜻하고 포근하게 안아 준 것이지요.

감동은 바로 이렇게 옵니다. 어떤 사람에게 감동을 주고 싶으십니까? 그 사람의 예측을 뛰어넘으세요. 그리고 인간적으로 따뜻하게 그 사람을 감싸 안으세요. 마음 깊은 곳에서 자신을 진정으로 인정하고 포용한다고 느낄 때 사람들은 감동으로 몸을 떨게 됩니다.

사람 됨됨이 미루어 판단하기

춘추전국시대 제나라 환공과 관중 사이에 있었던 인물평입니다. 관중의 병세가 중해지자 나라의 앞날을 걱정한 환공이 찾아가 벌인 대화입니다.

"나라를 다스리는 도에 대하여 과인에게 가르쳐 줄 말이 없으십니까?"

"대왕께서는 원역아, 수숩, 상지무, 위공자 계방, 이 네 사람을 멀리하시기 바랍니다."

"무슨 뜻으로 하시는 말씀입니까? 원역아는 과인에게 맛 좋은 음식을 대접하려고 자기가 낳은 자식까지 삶아서 바친 사람인데요."

"사람으로서 자기 자식을 사랑하지 않는 사람은 없습니다. 그런데 자기 아들을 죽여 바칠 정도로 독한 사람이라면 훗날 대왕께도 독하지 않을 수 있겠습니까?"

"수숩은 어째서 그럽니까? 수숩은 과인을 위하여 자기

음경까지 거세한 사람인데요?"

"사람으로서 자기 몸을 아끼지 않는 사람은 없습니다. 그런데 제 손으로 자기 몸을 불구로 만들 정도로 독한 사람이라면 훗날 대왕께 무슨 독한 일을 못 하겠습니까."

"상지무는 어째서 그렇습니까? 상지무는 생사를 점칠 줄 알고 또 과인을 위하여 병도 고쳐 주었는데요?"

"사람이 죽고 사는 것은 하늘이 정해 준 운명이고 병을 앓는 것은 관리를 잘 하지 못해서 그렇습니다. 대왕께서 하늘이 정해 준 운명과 자신의 본분을 믿지 않고 상지무만 믿는다면 그는 이를 기회삼아 자기 뜻대로 어떤 짓도 할 수 있을 것입니다."

"위공자 계방은 어째서 그렇습니까? 위공자 계방은 과인을 15년이나 충성으로 섬겼고, 그러느라 아버지 장례에도 가지 않은 사람인데요?"

"사람으로서 자기 아버지를 존중하지 않는 사람이 어디 있습니까? 그런데 자기 아버지 장례에도 가지 않을 정도로 모진 사람이라면 훗날 대왕께도 모질게 대하지 않겠습니까?"

관중이 세상을 떠난 후 제나라 환공은 관중의 말을 따라 네 사람을 궁에서 쫓아 냈으나 3년 후에 다시 그들을 불러들였고, 그 결과 관중의 예언대로 네 사람은 제 환공을 배반하였습니다.

넷, 생각을 바꾸는 전략

사람은 누구나 자기에게 잘해 주는 사람을 좋아합니다. 그리고 그쪽으로 마음이 쏠리게 되어 있습니다. 실제로 사람의 마음을 얻는 일은 그다지 어렵지 않습니다. 그 사람이 좋아할 일을 찾아서 열심히 해 주면 되니까요. 바로 여기에 관계의 함정이 있습니다. 상대방을 전혀 좋아하지 않으면서도 잘해 주는 행동으로 그 사람의 마음을 얻을 수 있으니까요. 자기가 세워 놓은 목적을 달성하기 위해서 다른 사람들을 수단으로 여기는 사람들은 이 원리를 잘 이용합니다. 자기 자식을 죽여 가면서까지, 자기 몸을 손상시키면서까지 환공을 위해 충성을 다한 행동은 다 이 때문입니다. 그래서 사람을 사귈 때 조심해야 합니다. 자기에게 잘해 준다고 무조건 마음을 주고 믿다가는 배신의 아픔에 치를 떨게 될 때가 있을 겁니다.

그럼 어떻게 사람을 제대로 알아볼 수 있겠습니까? 그 사람의 중심을 봐야지요. 저 사람이 '나'를 진심으로 아끼는 사람인지 아니면 다른 목적을 갖고 접근하는지 그 중심을 잘 살펴야 합니다. 그 방법의 하나가 나에게 잘해 주기 위해서 저 사람이 어떤 희생을 감수하고 있는지 알아보고 그로 미루어 그 사람의 중심을 읽는 겁니다. 그가 감수하고 있는 희생이 인간적으로 이해되는 범위에 있다면 크게 문제될 게 없지만 만일 그 선을 넘어섰다고 생각되면 빨간불을 켜 두는 게 좋습니다. 목적을 향해 물불 가리지 않고 달려갈 독한 사람일 가능성이 높기 때문입니다. 그렇게 독하게 도를 넘는 희생을 할 수 있는 사람이라면 언제든 그렇게 할 수 있습니다. 지금은 내가 힘이 있으니까 내가 필요하니까 저렇게 희생을 감수하면서 나를 위하지만 언젠가 내가 힘이 빠지거나 필요가 없어지면 미련 없이 나를 희생양으로 삼을 게 틀림없습니다. 그러니까 사람들을 만날 때 잘해 준다고 좋아하지만 말고 미루어 판단하기를 잘 하세요. 특히 새롭게 만나는 사람들이라면 더욱 신중하게 대하도록 하세요.

잘하는 쪽에 초점을 맞춰 해결책 찾기

현대 최고 CEO의 한 사람으로 꼽히는 잭 웰치에 관한 이야기입니다. 웰치는 어려서 말을 더듬었습니다. 그래서 학교에 가기도 싫어했고 책 읽기도 싫어했습니다. 웰치의 행동을 관찰하던 어머니가 하루는 웰치를 불러 놓고 다정하게 말을 붙였습니다.

"아들아, 엄마 말 잘 들어 보렴. 네가 말을 더듬는 이유는 생각하는 속도가 너무 빨라서 그래. 생각이 너무 빨리 달려가니까 네 입이 그 속도를 따라잡지 못해서 말을 더듬게 되는 거야. 그러니까 너는 남보다 좋은 생각을 아주 많이 하고 있는 거지. 이제부터 엄마하고 입이 생각을 따라갈 수 있도록 연습을 하자꾸나."

그날 이후 웰치는 날마다 어머니와 책 읽기 연습을 하였습니다. 그리고 어디 갈 때에도, 혼자 있을 때에도 말하는 연습을 열심히 했습니다.

훌륭한 사람들의 어머니는 보통 사람들과 다르긴 다른 모양입니다. 잭 웰치의 어머니도 참 현명하게 처신을 했습니다. 아이가 말을 더듬고 학교에 가지 않으려고 하면 대부분의 부모는 걱정을 앞세우거나 아이에게 닦달을 해대는 게 보통인데 웰치의 어머니는 그렇게 하지 않았습니다. 오히려 차분하게 아들의 행동을 관찰하고 말 더듬 행동이 왜 생겼는지를 냉정하게 분석했어요. 그리고 관심의 초점을 말 더듬는 행동이 아니라 '빠르게 진행되는 풍부한 생각'에 두고 해결책을 찾았습니다. 이렇게 되니 말 더듬는 행동은 교정해야 할 문제행동이 아니라 오히려 생각을 빨리 잘한다는 증거로 탈바꿈되었습니다. 그러니까 웰치에게 말 더듬는 행동은 수치스러운 일이 아니라 오히려 자랑거리가 된 셈입니다. 다만, 생각의 흐름을 제대로 표현하려면 말이 생각을 따라갈 수 있도록 유창하게 말하는 훈련을 하면 되는 거지요. 훗날 웰치가 수많은 부하 직원을 이끌며 유명한 CEO로 명성을 날릴 수 있게 된 이면에는 이런 위기의 순간이 있었습니다.

그렇습니다. 웰치 어머니가 할 수 있었다면 우리 어머니들도 할 수 있습니다. 자녀들이 콤플렉스에 시달릴 때 현상 그 자체에 매달려 허우적거리는 대신 그 현상 속에서 자녀가 보이는 잠재적 능력을 예리한 눈길로 찾아 주세요. 어머니가 어떻게 하는가에 따라 위기는 기회가 될 수도 있습니다. 어찌 어머니들뿐이겠습니까?

3차원적 방법: 생각을 넘어서는 전략

셋째 방법, 즉 특정한 문제를 해결하는 데 집착하는 차원을 넘어서 존재의 의미를 따지거나 그 본질에 직접 다가서려는 3차원적 방법을 살펴봅시다.

증상 되어 보기

심리학자 민델이 진행하는 워크숍에 참여했던 한 여인의 이야기입니다. 그녀는 심한 만성 인후염으로 고생을 하고 있었습니다. 워크숍에 참여해서도 피로와 발열 때문에 자리에 누워 있었습니다. 민델은 그녀에게 인후염 통증을 있는 그대로 느끼면서 인후염 자체가 되어 보라는 지시를 했습니다. 인후염 쪽에 서서 '통증을 만드는 입장'이 되어 그 세계를 충분히 음미하고 체험하라고 한 것입니다. 여인이 인후 통증의 정체가 무엇일까를 생각하면서 통증을 느끼고 있을 때, 문득 '얼음처럼 차갑고 날카로운 금속 조각'이라는 이미지가 떠올랐습니다. 그리하여 그녀는 '차갑고 날카로운 금속 조각의 심정'이 무엇인지 진지하게 체험하려고 했습니다. 그리고 금속 조각 쪽에서 평소의 자신에게 말을 걸어 보았습니다. 이때 다음과 같은 말이 튀어나왔습니다.

"당신은 지나치게 온순합니다. 주변 사람들의 시선에

너무 신경을 많이 씁니다. 무서워 떨지 말고 당당하게 자신의 의견을 말하세요!"

여인이 주위의 이목에 신경쓰지 않고 마음껏 말을 하기로 마음을 바꿔 먹자 그녀의 인후 통증은 거짓말처럼 사라졌습니다.

개인상담이나 상담 워크숍을 하다 보면 종종 거짓말 같은 일들이 벌어집니다. 그렇게 힘들다고 호소하던 고통과 아픔이 순식간에 사라지는 거지요. 이런 현상이 왜 생기는지 한마디로 잘라 말하기는 쉽지 않지만, 사람의 심리가 참 복잡하면서도 단순할 수 있다는 사실은 분명한 것 같습니다. 방금 살펴본 증상되어보기 사례도 그중 하나입니다. 그런데 이 방법은 지금까지 앞에서 살펴본 방법들과 사뭇 다릅니다. 앞에 소개한 방법들은 항상 '나'가 중심에 자리 잡고 있습니다. 그러니까 '고통' 이나 '갈등' 은 모두 '내' 편에서 느끼는 객체화된 하나의 증상이고, '나' 는 이 증상을 제거하거나 완화시키려고 노력하는 주인공입니다. 그런데 증상되어보기는 주인공 자리에 '나' 대신 증상을 앉히고 있습니다. 그러니까 증상이 주인공이 되고 '나' 가 객체가 되는 거지요. 이렇게 증상이 주인공이 되면 증상과 '나' 사이에 소통이 가능하게 됩니다. 증상도 하나의 존재이기 때문에 그동안 무슨 '소리' 를 냈겠지만 여러 가지 장해로 그 소리가 작았거나 또는 '나'가 무시했기 때문 '나' 에게 제대로 전달이 되지 않았었는데 이제 그 장해가 사라진 겁니다. 증상 스스로 입을 열어 왜 그 증상이 생겼는지 그

증상을 통해 이루려고 하는 목적이 무엇인지를 분명히 드러낸 이상 이제 치유는 시간 문제입니다.

여기서 우리는 중요한 교훈을 하나 얻습니다. 정신적으로나 신체적으로나 고통스러운 경험을 할 때 드러나는 증상을 무시하지 말자는 겁니다. 증상도 하나의 존재입니다. 따라서 그 존재의 가치를 충분히 인정하고 동시에 중심 이동을 통해 증상 안으로 들어가면 거기에서 소중한 해결책을 찾을 수 있습니다. '나'가 소중하다는 것은 나에게 일어나는 모든 현상이 소중하다는 것 아니겠습니까? 즐겁고 기쁜 경험은 즐겁고 기쁜 대로, 고통스럽고 힘든 경험은 고통스럽고 힘든 대로 우리 삶에 뚜렷한 의미를 가지고 있습니다. 그런데도 즐겁고 기쁜 쪽에만 서려고 하는 것은 삶을 편식하는 것이나 매한가지입니다. 아니, 즐겁고 기쁜 생활을 잘 유지하려면 오히려 고통스럽고 힘든 경험을 잘 소화할 수 있어야 합니다. 이런 점에서 고통스럽고 힘들 때 증상 안으로 들어가서 '나'와 소통할 줄 아는 사람은 삶을 훨씬 더 풍부하게 살아갈 자원을 가졌다고 말할 수 있습니다.

증상되어보기를 말하는 김에 악몽에 대해서도 잠깐 언급하겠습니다. 간혹 나쁜 꿈에 시달려 잠도 설치고 깨어나 영 기운이 개운치 않을 때가 있습니다. 이럴 때 우리는 "에이, 재수 없어." 하고 그냥 지나치는데, 만일 이런 악몽이 계속 반복된다면 무언가 대책을 세워야겠지요. 그중 하나가 악몽되어보기입니다. 악몽에 시달렸다면 악몽의 원인이 된 대상이나 사건이 있었을 텐데요. 바로 그 대상이나 사건이 되어 보라는 말입니다. 꿈에 귀

신에게 쫓겨 다녔다면 이제 스스로 귀신이 되어 귀신의 입장에서 하고 싶은 말이 무엇인가를 체험해 보라는 거지요. 그러면 왜 꿈에 귀신이 나타날 수밖에 없었는지, 귀신 꿈을 통해 '나'에게 어떤 메시지가 전달되고 있는지 이해할 기회를 가질 수 있을 겁니다.

끔찍하다고요? 한번 해 보기나 하세요. 도망 다니던 자세를 전환하여 직접 귀신이 되어 보려는 마음을 먹기만 해도 뭔가 좋은 느낌을 받을 수도 있습니다. 어쨌거나 악몽 역시 그냥 생기는 게 아닙니다. 무언가 당신에게 전달할 분명한 메시지가 있어서 그럴 겁니다. 그 메시지를 알고 싶으면 '나'를 잠깐 내려놓고 주인공의 자리에 악몽을 앉혀 보세요.

다른 사람으로 살아 보기

다음 절차를 따라 다른 사람으로 살아보는 연습을 해 봅시다.

첫째, 자신의 지금 모습을 있는 그대로 노트에 적어 봅니다. 특별한 규칙 없이 머릿속에 떠오르는 대로 자신을 기술하는 겁니다. 가능하면 많은 정보를 꺼내 놓으세요.

둘째, 기록한 내용을 중심으로 나의 어디에 문제가 있는지, 어떤 측면을 바꾸고 싶은지, 그대로 유지하고 싶은 부분은 어디인지 찾아내어 밑줄을 그으세요. 이 작업을 하면서 자신을 전체적으로 바꾸고 싶은지 아니면 부분적으로 수정하는 데서 그칠 것인지 마음을 정하세요.

셋째, 바꿔야 할 부분, 그대로 남길 바라는 부분이 결정되면 이들을 포함시켜 정말 자기가 '되고 싶은 사람'을 종합적으로 적어 보세요. '되고 싶은 사람'은 가능하면 상세하고 자세하게 기술하세요. 아침에 잠자리에서 어떻게 일어나는지, 칫솔질은 어떻게 하는지, 가족과 아침인사는 어떻게 하는지, 점심시간은 어떻게 보내는지, 처음 만나는 사람에게 어떻게 말하는지, 성격은 어떤지 등 가능하면 구체적이고 자세하게 기록하세요.

넷째, '되고 싶은 사람'에 자신의 이름이 아닌 다른 이름을 붙이세요. 예를 들어, 내 이름이 남동현이라면 차현태라는 엉뚱한 이름을 붙입니다. 그리고 앞으로 최소한 한 달 동안 '실험'이라는 생각을 가지고 남동현이 아니라 차현태로 살아가기를 다짐하세요. 차현태로 살아가는 한 달 동안 남동현은 어디 여행 보냈다고 생각하고 잠시도 틈을 주지 말고 차현태로 행세해야 합니다. 차현태 속으로 들어가 그가 되어 먹고, 마시고, 자고, 생각하고, 느끼고, 행동하고……. 단, 이것이 실험이라는 사실을 잊지 마세요.

다섯째, 여러분의 갑작스러운 변신에 가족과 친지들이 놀랄지도 모르니 그들에게 여러분이 실험 중이라는 사실을 미리 알려 두세요. 그리고 할 수 있다면 그들에게도 한 달 동안 새로운 이름, 즉 남동현이 아니라 차현태로 불러 달라고 부탁하세요.

여섯째, 한 달이 지나면 스스로 평가할 시간을 갖습니다. 남동현으로 사는 게 나은지 차현태로 사는 게 나은지 엄밀하게 평가를 하는 겁니다. 그 결과 남동현으로 남을지, 차현태로 바꿀지, 아니면 남동현으로 남되 차현태로 살면서 좋았던 점을 보충할지를 선택합니다.

이 평가를 할 때 주위 사람들의 의견도 참고하세요.

우울증, 정신분열 치료에 효과가 좋다고 알려진 고정역할 시연이라고 불리는 방법입니다. 앞에 '증상되어보기'가 자신에게 일어나는 현상의 일부로 존재의 중심을 이동하는 것이라면 '다른 사람으로 살아보기'는 가상의 인물에게 존재의 중심을 전면적으로 이동하는 것입니다. 존재의 중심 이동은 몇 가지 유익한 효과를 가져옵니다.

첫째, 자기중심성을 완화할 기회를 줍니다. 다른 존재의 가치를 인정하고 그리로 옮겨 가게 되면 만물의 척도를 자기에게 두고 온통 자기에 파묻혀 지내던 삶이 전부가 아니라는 사실을 어렴풋이나마 느낄 수 있는데 이렇게 되면 자기중심성이 약화될 수밖에 없습니다.

둘째, 자기 틀에서 자유로워질 기회를 줍니다. 사람들은 누구나 세상을 보는 익숙한 자기 틀이 있습니다. 그런데 간혹 이 틀이 너무나 강해서 다르게 볼 가능성 자체를 차단시킬 수 있는데, 이렇게 되면 성장은 그 자리에서 멈춰 버립니다. 존재의 중심 이동을 해서 다른 틀에 들어가는 일은 자기 틀에서 해방될 뿐 아니라 세상을 다르게 볼 기회를 갖는다는 점에서 삶에 대한 새로운 통찰을 갖게 할 수 있습니다.

셋째, 자기를 객관적으로 볼 기회를 줍니다. 다른 사람의 삶을 산다는 것은 자기 바깥으로 나간다는 뜻입니다. 따라서 바깥에서 자기를 하나의 객체로 바라보는 일이 가능해집니다. 일단 자기를 객관적으로 바라볼 수 있으면 자기의 장단점을 냉정하게 판단하면서 보다 현명하게 사는 일이 가능하겠지요.

여기서 배우와 탤런트가 생각나네요. 연기는 존재의 중심 이동을 요구하는 활동이니까요. 이들은 연극, 영화, 드라마 등을 통해서 다양한 배역을 연기합니다. 연기 생활을 오래한 배우들이라면 자신의 일상적 삶과 아주 다른 캐릭터 역할을 많이 해 봤을 겁니다. 이 캐릭터 역할을 하면서 그들은 무엇을 느낄까요?

배우에 따라 다르겠지만 원숙한 연기자라면 다양한 역할을 통해 살아가는 법을 많이 배울 듯합니다. 비록 '잠시'지만 다른 사람의 삶을 살면서 가치관과 신념, 사고방식, 행동양식이 그렇게 다를 수 있다는 사실을 체험하기 때문이지요. 존재의 중심 이동을 제대로 함으로써 이런 역할을 잘 소화하는 배우는 그만큼 삶에 대한 유연성도 좋아지고 다른 사람을 받아들이는 삼투성도 높아질 것으로 여겨집니다. 잘만 하면 삶의 고수가 될 수도 있겠네요. 하지만 여기에 전제가 있습니다. 존재의 중심 이동을 제대로 하여 주어진 배역에 깊이 몰입할 줄 알아야 한다는 거지요. 존재의 중심 이동 없이 각본에 쓰인 대로 역할 연기를 하는 데서 그친다면 얻는 것이 그다지 많지 않겠지요. 최근에 세상을 시끄럽게 한 일부 몰지각한 배우들은 아마도 이런 부류에 속할 겁니다. 역할을 연기하느냐, 삶을 연기하느냐 그것이 문제입니다.

우주 중심의 소명의식 갖기

바울은 나면서부터 로마 시민권을 가지고 있었고 청년 시대를 예루살렘에서 살며 당시 유명한 율법학자 가말리엘의 문하에서 엄격한 교육을 받았습니다. 그리하여 그는 '율법으로는 바리새인이요, 율법의 의로는 흠이 없는 자'로 성장하였습니다. 바울 스스로도 자기 성장의 배경이 된 전통과 가문, 그리고 자신이 쌓은 지식을 자랑스럽게 여겼습니다. 이런 바울은 예수를 믿는 사람들을 핍박하고 제거하는 일에 앞장섰습니다. 초대 교회 일곱 집사 중 대표자로 일하던 스데반이 예수의 복음을 전하다가 순교를 당할 때는 스데반을 돌로 치는 사람들의 옷을 지키기도 하였습니다. 이렇게 부족함 없이 의롭고 당당하게 살아가던 바울의 삶이 한순간에 바뀝니다. 예수를 따르는 사람들을 체포하여 예루살렘으로 잡아오기 위하여 길을 떠난 바울은 다메섹 가까이 이르러 빛으로 둘러싸인 예수를 만나게 됩니다.

"땅에 엎드러져 들으매 소리가 있어 이르시되 사울아 사울아 네가 어찌하여 나를 박해하느냐 하시거늘, 대답하되 주여 누구시니이까. 이르시되 나는 네가 박해하는 예수라."

이 사건 이후 그는 아나니아에서 세례를 받고 다메섹 각 회당에서 예수가 하나님의 아들이심을 전파하였습니다. 그리고 전도 영역을 소아시아와 유럽까지 넓혀갔습니다. 바울은 세 차례에 걸쳐 전도 여행을 하면서 많은 사람을 얻었고, 또 교회를 세웠습니다. 그는 항상 순교를 각오하고 전도하였습니다. 유대인에게서 사십에서 하나 감한 매를 다섯 번 맞았으며 세 번 태장으로 맞고, 한 번 돌로 맞고, 세 번 파선하고, 일주야를 깊은 바다에서 지냈으며, 수고하고 애쓰고 여러 번 자지 못하고 주리며 목마르고 여러 번 굶고 춥고 헐벗기도 하였으며, 전도 여행을 하면서 강의 위험, 강도의 위험, 바다의 위험, 동족인 유대인의 위험, 이방인의 위험, 물줄기의 위험, 광야의 위험, 형제의 위험을 다 겪었습니다. 하지만 이렇게 엄청난 고난과 핍박 속에서도 예수의 도를 전파해야 한다는 소명의식은 바울을 산처럼 바위처럼 지켜 주었습니다. 그리하여 '이제 내가 사는 것이 그리스도니 죽는 것도 유익하니라.'는 고백이 절로 흘러나옵니다. 바울이 받은 소명이 그의 삶 전체를 뒤집어 놓았던 것입니다.

지금 우리는 개인주의 시대에 살고 있습니다. 개인의 욕구와 욕망이 무엇보다 중요한 시대가 되었다는 말입니다. '내가 진정으로 하고 싶은 것은 무엇일까?' '나의 인생 목표는 무엇일까?' '나는 어떻게 하면 행복하게 살 수 있을까?' '어떻게 하면 나의 욕구를 부족함 없이 충족시키며 살까?' 우리는 끊임없이 이런 질문을 하면서 개인적으로 보다 나은 삶, 행복한 삶을 꿈꾸고 삽니다. '나'를 우주의 중심에 두는 한 이 같은 사고는 너무나 자연스러워 보입니다. 모든 존재가 '나를' 위하여, 또는 '나를 중심으로' 움직인다고 생각할 때 나의 욕구 충족은 그 무엇보다 우선할 테니까요. 그런데 이렇게 자신의 욕구를 중시하고 이를 충족시키는 삶을 계속 추구하다 보면 점점 욕망의 함정에 끌려들어 가기 쉽습니다. 그리하여 더 많이, 더 깊이, 더 다채롭게 욕구를 채우는 일에 혈안이 됩니다. 좀 더 심해지면 세상의 다른 모든 존재를 자신의 욕구를 채우기 위한 도구나 수단으로 간주할 수도 있습니다. 이쯤되면 자기가 욕구를 충족시키는 것이 아니라 욕구가 자기를 끌고 가는 본말전도 현상이 발생하게 되는데, 계속 채워도 완벽하게 채워지지 않는 욕구의 특성 때문에 욕구를 좇는 피곤한 삶이 끝없이 이어집니다. 일단 이 같은 악순환이 시작되면 생활이 고단해지겠지요. 아울러 왜 사는지 삶의 의미가 점점 희미해지고 공허해집니다. 이런 상태에서 감당하기 어려운 문제가 터지고 고민거리가 생기면 쉽게 좌절하고 무너질 수 있습니다. 자살? 그것도 그리 어려운 선택이 아닙니다.

빅토르 프랭클은 인생을 건강하고 보람 있게 살려면 욕구 중심의 생활방식에서 의미 중심, 소명 중심의 생활방식으로 바꾸라고 충고합니다. 그러니까 '나' 중심의 이기적 삶이 아니라 '의미' 중심의 우주적 삶을 살라는 겁니다. '이 우주에 내가 태어난 이유는 무엇일까?' '나의 인생은 내가 무엇을 하기를 바라는 것일까?' '나를 진정으로 필요로 하는 사람은 누구일까?' '내가 해야 할 그 무엇과 나를 필요로 하는 사람을 위해서 내가 할 수 있는 일은 무엇일까?' 끊임없이 이런 질문을 하면서 자신이 세상에 존재하는 우주적 의미와 가치를 실현하며 살라는 겁니다. 한마디로 자기중심의 삶에서 우주 중심의 삶으로 전환하라는 거지요. 삶의 중심을 자기에서 우주로 옮겨 놓으면 살아가면서 겪는 각종 '문제'와 '고뇌'의 의미가 달라집니다. 이들은 제거해야 할 대상이 아니라 삶의 의미를 찾고 소명을 찾게 하는 열쇠가 되는 거지요. 그리하여 사람은 문제와 고뇌의 담금질을 통과하면서 깨닫고 배우는 성장의 길을 계속 걸어갈 수 있습니다.

청년 바울은 자기 시대의 정점에 도달했던 사람입니다. 명문

가문에서 출생하여 높은 학식을 닦았을 뿐 아니라 율법적 기준에 조금도 문제가 없이 행동하는 완벽한 유대인이었거든요. 자기중심적 차원에서 보면 최고의 자리까지 올라갔던 거지요. 하지만 우리는 그에게서 자기중심적 세계의 한계를 분명하게 볼 수 있습니다. 자기 신념에 충실함으로써 모질게 사람들을 핍박하고 심지어 사람을 죽이는 일에 동참하였으니까요. 이랬던 바울이 빛 속에서 예수를 만나면서 완전히 다른 사람으로 거듭납니다.

예수를 통해 자신이 새롭게 살아가야 할 존재의 의미와 우주적 소명을 발견했기 때문입니다. 그 이후 바울의 삶은 급격하게 변해서 '이제 사는 것은 내가 아니요 내 안에 예수그리스도' 라는 말을 거침없이 합니다. 아무리 심한 핍박도, 목숨이 위태로운 상황도 바울을 위협할 수는 없었습니다. 너무나 뚜렷한 존재의 이유, 그리고 평생을 바쳐도 아깝지 않은 소명의식이 바울의 내면에 태산처럼 버티고 있었으니까요.

프랭클이 권고한 우주 중심적 삶이 바울에게서 잘 나타나 있습니다. 하기야 어디 바울만 그랬겠습니까. 역사에 기록이 남은 수많은 영적 지도자, 스승, 봉사자 역시 유사한 길을 걸어갔다고 봐도 틀리지 않을 겁니다. 그렇다고 기가 죽을 필요는 없습니다. 우주 중심적으로 사는 원리만 제대로 알고 있다면 존재의 의미를 묻고 소명의식을 따라 사는 길은 누구에게나 열려 있으니까요.

전체인 '나'로 살아가기

마음을 편안하게 하고 몸을 이완시킨 상태에서 참 나가 누구인지 하나씩 나누어서 생각해 봅시다.

'나는 몸을 가지고 있지만, 나의 몸이 곧 나는 아닙니다. 나는 내 몸을 보고 느낄 수 있습니다. 따라서 내가 보고 느끼는 내 몸이 곧 나일 수는 없습니다. 나는 몸이 아닙니다.'

'나는 감각을 가지고 있지만, 나의 감각이 곧 나는 아닙니다. 나는 내 감각을 느낄 수 있습니다. 따라서 내가 느끼는 내 감각이 곧 나일 수는 없습니다. 나는 감각이 아닙니다.'

'나는 생각을 갖고 있지만 내가 곧 생각은 아닙니다. 나는 나의 생각을 인식합니다. 따라서 내가 인식하는 나의 생각이 곧 내가 될 수는 없습니다. 수많은 생각이 나에게서 일어나기는 하지만 이들이 바로 나라고 말할 수는 없습니다. 나는 생각이 아닙니다.'

'나는 감정을 갖고 있지만 내가 곧 감정은 아닙니다. 나는 나의 감정을 느낍니다. 따라서 내가 느끼는 감정이 곧 내가 될 수는 없습니다. 수많은 감정이 나에게서 일어나기는 하지만 이들이 바로 나라고 말할 수는 없습니다. 나는 감정이 아닙니다.'

'나는 의지를 갖고 있지만 내가 곧 의지는 아닙니다. 나는 원하고 바라는 의지가 나에게 있다는 것을 압니다.

넷, 생각을 바꾸는 전략

따라서 원하고 바라는 그것이 곧 내가 될 수는 없습니다. 수많은 의지가 나에게서 일어나기는 하지만 이들이 바로 나라고 말할 수는 없습니다. 나는 의지가 아닙니다.'

'그렇다면 나는 참으로 누구일까요?'

그렇습니다. 이렇게 생각하면 정말 내가 누구인지 궁금해집니다. 진짜 여러분은 누구입니까? 몸입니까? 감각입니까? 생각입니까? 감정입니까? 의지입니까? 이 모든 것이 '나'에게 있는 것은 분명하지만 그것들 하나하나를 '나'라고 말할 수는 없습니다. 이를테면 얼굴이 나를 대표한다고 해서 나를 얼굴이라고 말할 수는 없지요. 그렇다면 '나'는 이 여러 부분을 종합하고 결합한 하나의 전체라고 봐야 할 겁니다. 커다란 전체로 존재하면서 자기를 구성하는 여러 부분에 참여하는 존재 말입니다. 즉, 자기에게 속한 모든 것을 하나의 전체로 아우르면서 '나'라는 뚜렷한 의식으로 수렴되는 주체입니다. 좀 어렵기는 하지만 바로 이것이 '나'인 것 같습니다.

'나'가 이렇게 전체적인 존재라면 부분들 때문에 전체가 망가지는 일은 없어야 할 겁니다. 예를 들어, 돈, 명예, 사랑, 애인, 건강을 잃었다고 자포자기한다거나 신체적 · 정신적으로 고통이 너무 심해서 자살을 한다는 것은 말이 안 된다는 뜻입니다. 부분의 충격 때문에 전체가 잠시 흔들릴 수는 있지만 전체가 통째로 허물어질 수는 없는 일입니다. '나'가 전체라는 사실을 안다면 일시적인 고통과 충격 때문에 삶을 포기하는 일은 없을 것 같네요.

'나'가 뚜렷한 주체의식이라는 점에도 주의를 기울일 필요가 있습니다. 주체의식이라는 말은 '주인'이라는 말입니다. 그러니까 '나'는 자기 인생을 총괄하는 '주인'이요, 무슨 일에서든 주인 역할을 해야 한다는 뜻입니다. 따라서 주체의식이 뚜렷한 사람은 늘 주인으로서 살아갈 수 있어야 합니다. 어떤 경우에도 자신을 잃어버리지 않고 상황과 처지에 시달리지 않아야 합니다. 자신이 주인의 자리에 서 있기만 한다면 언제, 어디서, 무엇을 하든 그 일은 바로 '나'의 일이고, '나'의 삶이 됩니다. '나'라는 주체의식이 뚜렷하면 아무도 나의 인생을 흔들 수 없습니다. 설혹 나를 비방하고 욕을 하는 사람이 있더라도 그 일에 내가 꿈쩍하지 않으면 그건 내게 아무런 영향을 미칠 수 없습니다. 다른 사람들 때문에 삶이 힘들고 고단합니까? 자신의 내면을 둘러보세요. 그리고 거기 진정한 '나'가 주인으로 제대로 자리 잡고 있는지 확인해 보세요.

현대의 자아심리학자들도 사람의 내면이 객관적 실체로 존재하는 것이 아니라 자아라는 주체에 의해 생성되고 구성되는 것이라고 주장하였습니다. 이 자아self에는 두 가지 속성, 즉 객체로서의 자아와 주체로서의 자아가 포함되어 있습니다. '나'의 생각, 감정, 의지라고 할 때 지칭되는 '나'의 특성은 객체로서의 자아를 말하고, 내가 그러한 특성을 가지게끔 주도하는 역할을 수행하는 것이 주체로서의 자아입니다. 그런데 이 두 자아는 모두 고정되어 있지 않습니다. 객체로서의 자아는 물론이요, 자아의 중심이라고 할 수 있는 주체로서의 자아 역시 늘 역동적으로 움직입니다. 따라서 어느 한 시점에 드러나는 모습이나 특성을 '나'라고 규정하고 거기에 매달리는 일은 참 바보 같은 짓입니다. 그보다는 자유로운 자아 구성적 존재로서 변화하는 상황과 환경에 적극적으로 대응하며 성장을 꾀하는 편이 훨씬 더 현명합니다. 어제보다 나은 오늘, 그리고 오늘보다 나은 내일은 이런 과정을 통해서 이루어진다는 점을 잊지 마세요.

하고 싶은 일을 찾아 한계에 도전하기

『갈매기의 꿈』의 주인공 조나단 리빙스턴 시갈에 관한 이야기입니다.

대부분의 갈매기는 나는 일을 아주 간단하게 생각하고 더 배우려고 하지 않았습니다. 나는 일보다 먹는 일이 더 중요했기 때문에 날아서 먹이를 찾을 수 있으면 그것으로 족했으니까요. 그러나 조나단은 달랐습니다. 조나단은 먹는 일보다 나는 일을 더 사랑했고, 그래서 더 높이, 더 멀리, 더 빨리 비행하는 법을 배우기 위해 혼신의 힘을 다했습니다. 결국 나는 일의 깊은 의미를 깨달은 조나단은 자신의 한계를 뛰어넘기 위하여 끝없는 도전을 펼쳐 나갔습니다. 그리하여 힘을 덜 들이고 더 오래 공중에 머무는 법을 배우고, 갈매기 속도의 세계 신기록을 세우고, 한계 속도를 넘어 수직 하강하는 법을 배우고, 공중에서 잠자는 법을 배우고, 천국의 비행술을 배우고, 바위를 관통하여

당신의 눈이 알려 주는 것을 믿지 마세요.
눈으로 보는 모든 것에는 한계가 있습니다.
이해력을 갖고 보고, 이미 알고 있는 것을 발견하세요.
그러면 한계를 넘어서서 나는 방법을 알게 될 겁니다.

넷, 생각을 바꾸는 전략

나는 법을 배우고, 찬란하게 빛나는 은빛 갈매기가 되어 생각만큼 빠르게 날아가는 사고비행을 성공하고, 마침내 삶과 죽음의 경계를 넘어섰습니다. 이 과정에서 조나단은 몸이 산산이 부서지는 것 같은 죽을 고비도 여러 번 넘기고 갈매기 무리로부터 이단자라는 공격을 받고 추방을 당하는 고통을 경험합니다. 하지만 아무리 힘들고 어려운 경험도 조나단을 멈추게 할 수는 없었습니다. 자기 존재의 의미가 나는 데 있음을 누구보다도 깊이 깨닫고 있었으니까요.

조나단에게 나는 일은 자신의 참된 본질을 표현하는 일이요, 아무런 제한이 없는 완전한 자유로 가는 길이었습니다. 그리하여 조나단은 자기가 배운 귀한 교훈을 젊은 갈매기들에게 가르치기 시작합니다. 모든 갈매기가 나는 일을 통해 자기 안에 있는 참된 가능성을 실현하여 온전한 갈매기로 살아가기를 바라면서요.

조나단은 이렇게 말합니다.

"우리들 하나하나는 사실 위대한 갈매기의 전형이며 아무런 제한도 없는 자유의 화신입니다. 그리고 정확한 비행은 우리의 참된 본질을 표현하기 위한 하나의 단계입니다. 우리는 우리를 구속하는 모든 것을 버려야 합니다. 그것이 우리가 고속비행, 저속비행, 곡예비행을 하는 이유입니다. ……이쪽 날개 끝에서 저쪽 날개 끝까지 우리의 육체는 우리가 볼 수 있는 형태로 되어 있을 뿐 우리가 생각하는 것보다 더 나을 게 없습니다. 생각의 사슬을 끊어 버리세요. 그러면 육체의 사슬도 끊어집니다. ……당신의 눈이 알려 주는 것을 믿지 마세요. 눈으로 보는 모든 것에는 한계가 있습니다. 이해력을 갖고 보고, 이미 알고 있는 것을 발견하세요. 그러면 한계를 넘어서서 나는 방법을 알게 될 겁니다."

허구로 꾸민 이야기지만 우리 삶에 대하여 많이 생각하게 하는 소설입니다. '사람은 먹기 위해 살까요, 살기 위해 먹을까요?' 양식이 넉넉하지 않은 어린 시절 흔히 듣던 질문입니다. 이따금 끼니를 굶은 적이 있어서 배고픔의 고통을 잘 알던 저는 먹기 위해 산다는 쪽에 서 있었습니다. 먹는 일보다 더 즐겁고 신나는 일이 없었으니까요. 그래서 세상 사는 일이 먹는 거 준비하는 일이라고 생각했었습니다. 그러다 대학을 다니고, 하고 싶은 일이 생기기 시작하면서 살기 위해 먹는다는 쪽으로 생각이 바뀌었지요. 먹는 일도 중요하지만 세상을 살아가는 존재의 이유가 더 중요하게 여겨진 겁니다. 그렇게 하고 싶은 일을 찾고 차츰 그 일에 몰입해 들어가면서 세상을 바라보는 저의 눈에 변화가 일어났습니다. 그리고 제가 존재하는 이유랄까 삶의 의미랄까 하는 것이 점점 더 뚜렷해졌습니다.

상담 공부를 할 때 저는 한없는 자유를 느끼며 싱싱해지고 세상을 살아가는 보람과 희열에 몸을 떱니다. 공부에 깊이 몰입할수록 눈앞에 새로운 세계가 펼쳐지고 내 존재가 한 차원 높아진다는 느낌을 받습니다. 때로는 벽에 부딪혀 힘들고 어려워도 포기하지 않고 매달릴 때 한계가 부서지며 안목이 활짝 열리는 수직 상승 경험은 나를 사로잡습니다. 아직도 갈 길은 멀지만 지금 저는 이 길을 가며 더할 나위 없이 행복합니다. 그래서 그런지 만나는 사람들에게 상담 공부를 하라고 성화를 부리고 제자를 키우는 일에 헌신하는 중입니다.

슬쩍 제 이야기를 섞었지만, 우리 주위에는 한 차원 높은 삶을 향해 끊임없이 한계에 도전하며 살아가는 사람들이 참 많습니다. 가장 쉽게 눈에 띄는 사람들로 스포츠맨을 들 수 있습니다. 최근 온 국민을 흥분의 도가니로 몰아넣었던 장미란, 박태환, 김연아 선수를 아시지요? 그들이 세계기록을 깨고 챔피언 자리에 오르기까지 얼마나 피나는 노력을 했겠습니까. 아마 이들은 신체적 한계를 극복하려고 노력하는 과정에서 깊은 성취감과 내적 희열을 만끽했을 겁니다.

인간의 한계를 극복한 대표적인 사례로 산악인들을 꼽기도 합니다. 허영호, 엄홍길을 아시지요? 이들은 남극점, 북극점, 에베레스트 정상 등 세 극지점과 7대륙의 최고봉을 밟는가 하면, 8,000미터가 넘는 히말라야 산봉우리 16좌를 모두 올라가기도 했습니다. 때로는 산소통도 없이 8천 미터가 넘는 산을 넘기도 했고요.

어디 스포츠맨만 그런가요. 사실 거의 모든 영역에서 인간의 한계에 도전하는 사람들이 즐비합니다. 학문의 세계를 볼까요? 고등학교 졸업장을 받지도 못한 아인슈타인은 물리학과 수학에 대한 공부를 거듭하여 결국 인류의 역사를 바꾼 일반상대성 이론과 특수상대성 이론을 발표하게 되었고요, 루게릭병에 걸려 생명의 위협을 받으면서도 스티븐 호킹은 블랙홀 이론과 시공간 특이성 이론을 구성하면서 우주의 비밀과 시간의 역사를 밝혀냈습니다.

방바닥에 복사뼈가 닿아 살이 썩어들어 갈 만큼 학문에 열중하여 한자가 발명된 이후 한자로 된 서적을 세상에서 제일 많이 써냈던 다산 정약용 선생, 삶을 마감하는 날까지 한 점 흐트러짐 없이 성리학의 실천적 삶에 충실했던 퇴계 이황 선생, 생각 하나로 동서양을 아우르는 철학 체계를 완성한 혜강 최한기 선생 역시 학문 영역에서 인간의 한계에 도전하고 이를 극복한 엄청난 분들입니다. 일일이 나열할 수 없을 정도로 많은 사람이 모든 분야의 최첨단에서 인간의 한계를 극복하고 새로운 세계를 창조해 가고 있을 것입니다. 아마 지금도 그들은 자기 일에 몰두하여 시간 가는 줄 모르고 작업 중일 겁니다.

그렇다고 한계에 대한 도전이 꼭 거창한 업적으로 나타나야 하는 것은 아닙니다. 제 눈에는 하루도 빼지 않고 매일 새벽 기도를 나가는 크리스천들, 새벽 서너 시에 일어나 법회에 참여하는 스님과 신도들 모두 인간의 한계에 도전하면서 자기 세계를 찾아가는 분들로 보입니다. '생활의 달인'이라는 텔레비전 프로그램은 일상생활에서 만나는 평범함을 비범함으로 승화시킨 분들을 소개하고 있습니다. 저도 가끔 이 프로그램을 보는데요, 달인들은 역시 평범한 일상의 한계를 깨고 자기의 일과 삶을 의미 있게 만들 줄 아는 사람들로 손색이 없습니다.

그렇습니다. 살면서 하고 싶은 일을 찾고, 그 일에 헌신하는 것은 우리의 삶에 의미를 주고 우리를 성장시키고, 우리의 존재에 변형을 일으킵니다. 그리고 때로는 인간으로서 우리가 가진 한계를 뛰어넘게 만듭니다. 우리의 인생에 슬픔과 고통, 아픔과 좌절이 왜 없겠습니까? 하지만 헌신할 대상을 찾아 몰입할 때, 그리고 한계에 도전하면서 인간으로 태어난 자유를 만끽할 때 그런 것들은 문제가 되지 않습니다. 삶이 지루하고 고통스럽고 아프십니까? 그렇다면 흥분으로 몸을 떨게 할 도전거리를 찾아 새로운 인생을 향해 출발해 봅시다.

존재의 본질로 치고 들어가기

달마대사가 소림사에서 수도하고 있을 때 일입니다. 자신의 팔뚝을 잘라 바침으로써 달마의 제자가 된 혜가 스님과 달마대사 사이에 있었던 문답입니다.

"스님, 제 마음이 편안치 않습니다. 자비를 베푸사 제 마음을 편안하게 하여 주십시오."

"너의 편안치 않은 마음을 가지고 오라. 그러면 내가 편안하게 해 주리라."

"스님, 아무리 찾아도 마음을 찾을 수가 없습니다."

"내가 이미 너의 마음을 편안하게 해 주었노라."

'안심문답'이라고 불리는 아주 유명한 선문답입니다. 일반인

에게 선문답은 전혀 엉뚱한 대화처럼 들리지만, 사실 선문답은 삶에 대한 깊은 통찰을 주고받는 대화입니다. 우리는 이런 점을 안심문답에서 잘 찾을 수 있습니다. 안심문답에서 혜가 스님은 자잘한 일상의 문제를 가져와 해결을 청합니다. 자잘하다고 말했지만 사실 생활인에게 이 자잘한 일상은 무척 중요합니다. 직장 상사에게 잘 보이고, 발표를 잘 하고, 시험을 잘 보고, 실적을 올리고, 쌓이는 스트레스를 잘 풀어내는 일들이 생활의 큰 부분을 차지하니까요. 그런데 달마대사는 혜가 스님이 가져온 일상의 자잘한 문제를 삶의 본질 차원으로 끌어올려 풀어내고 있습니다. 편안치 않은 마음을 해결해 달라는 혜가 스님을 이끌어 마음의 본질을 꿰뚫어 볼 수 있게 도와주고 있으니까요.

엉뚱한 듯하지만 달마대사의 이런 접근은 혜가 스님의 불편함을 한 방에 날려 버렸을 뿐 아니라 혜가 스님의 삶에 근본적인 방향 전환을 일으켰습니다. 선문답의 묘미는 바로 이런 데 있는 것 같습니다. 작고 보잘것없고 지엽적인 문제를 물고 들어오는 사람을 대번 존재의 본질과 마주하도록 이끌어 들이니 말입니다. 제가 만일 달마대사였다면 아마도 혜가 스님이 질문한 수준과 똑같은 수준에서 반응했음에 틀림없습니다. 언제 편안치 않은 마음이 드는지, 편안치 않은 마음이 드는 원인은 무엇인지, 편안치 않은 마음을 없애기 위해서 어떤 방법을 사용해야 하는지 등등을 탐색하고 해결하려고 했겠지요. 이렇게 지엽적인 문제에 매달렸다면 혜가 스님의 편안치 않은 마음을 달래는 데 어느 정도 도움을 줄 수 있을지는 모르지만 이 사건을 계기로 그의 삶에 일대 전기를 마련하는 계기를 주지는 못했을 겁니다.

보통 사람이 큰스님들처럼 선문답을 자유롭게 사용할 수는 없습니다. 하지만 선문답이 지향하고 있는 자유로운 세계, 즉 언어적인 통념을 깨뜨리고 곧장 삶의 근본으로 들어가 문제를 대면하는 자세는 배우지 못할 것도 없습니다. 당신을 괴롭히는 사건이 있습니까? 스트레스를 받아 불편한 문제가 있습니까? 그렇다면 그 사건이나 문제가 정말 고민할 가치가 있는지 살펴보세요. 혹시 마음 한번 바꾸면 날아갈 일은 아닌지요? 만일 그게 마음의 문제라면 아주 옛날 옛적에 달마대사가 이미 해답을 내놓았습니다.

"있지도 않은 마음에 속지 마라."

말은 쉽게 했지만 근본에 뿌리를 두고 사는 삶이 그렇게 쉬운 것은 아닌 모양입니다. 큰스님들끼리도 서로 경계하며 다그치는 다음 장면을 보면 더욱 그런 생각이 듭니다.

어느날 회양이 마조를 찾아갔습니다. 그때 마침 마조는 좌선을 하고 있었습니다.
"스님은 무엇을 하기 위해 좌선을 하고 계십니까?"
"불성을 얻으려고 합니다."
그러자 회양은 근처에 있던 기왓장을 하나 집어 들어 갈아 대기 시작했습니다.
"기왓장은 갈아서 무엇에 쓰시려는 겁니까?"
"거울로 쓰려고 합니다."
"그렇게 갈아 댄다고 기왓장이 거울이 되겠습니까?"
"기왓장이 거울이 될 수 없다면 좌선을 한다고 부처가 되겠습니까?"
"그렇다면 무엇을 해야 합니까?"
"수레를 소에 매고 끌고 가는데 수레가 움직이지 않는

다면 수레를 다그쳐야 하겠습니까, 아니면 소를 다그쳐야 하겠습니까?"

마조는 아무 말도 할 수 없었습니다.

"스님은 부처를 흉내 내고 싶은 것입니까? 아니면 선을 배우고 싶은 것입니까? 만일 부처를 흉내 내고 싶다면 부처는 정해진 모양이 따로 있지 않다는 점을 명심하세요. 만일 선을 배우고 싶다면 선이란 결코 앉거나 눕는 것이 아니라는 점을 명심하세요. 진리는 머무는 법 없이 영원히 계속 이어지는 것입니다. 부처를 흉내 내는 것은 곧 부처를 죽이는 일이요, 앉음새에 집착하면 정작 깊은 이치를 깨달을 수 없습니다."

집중하기로 '나'를 넘어서기

불가에서 활용된 바 있는 유명한 화두들입니다.

- 만법귀일: 만법이 하나로 돌아가니, 하나는 어디로 돌아가는가?
- 부모미생전: 부모에게 태어나기 이전의 자신의 모습은 어떠했는가? 미혹됨과 깨달음, 그리고 속됨과 거룩함을 초월한 바로 그 본체는 무엇인가?
- 사료소료: 죽어서 한 줌의 재가 되면, 너의 주인공은 어느 곳에 있는가?
- 목전일기일경: 눈앞에 있는 현재 마음의 작용은 어떠한가?

- 임마불임마총부시: 이렇거나 저렇지 않거나 간에 모두 옳지 않다.
- 마서근: 어떤 것이 부처입니까? 삼 서근이니라.
- 간시궐: 어떤 것이 부처입니까? 밑씻개용으로 만든 주걱같이 된 나무판이니라.
- 정전백수자: 조사가 서쪽에서 온 뜻이 무엇입니까? 마당 앞에 잣나무니라.
- 구자무불성: 개도 불성이 있습니까? 없다.
- 입문편봉조문편할: 문에 들어오면 방망이로 때리고 문에 이르도록 할을 한다.

화두는 깨달음을 얻으려는 수행자들이 참선 수행을 위한 실마리로 삼는 어구입니다. 원래 화두는 그 뿌리를 공안에 두고 있습니다. 공안은 선사와 후학 사이에 벌어지는 간단한 선문답을 일컫는데, 공안을 구성하는 선문답 중에서 특히 선사의 언급이나 답변을 뽑아 화두라고 합니다. 화두를 든다고 하는 것은 선사의 답변을 본격적으로 참구^{공부}하는 행위를 말합니다. 그러니까 선사의 답변을 머리에 집어넣고 자나 깨나 이 화두에 매달려 자기 존재 전체를 의심의 덩어리로 만드는 거지요. 이렇게 하다 보면 어느 순간 자의식의 틀이 깨지고 참 진리의 세계를 직관하는 순간이 온다고 합니다.

앞에서 보았듯이 화두로 제시된 내용은 너무 어렵습니다. 상식적인 생각으로는 도저히 그 의미를 이해하기 힘들 뿐 아니라 그렇게 했다가는 선사에게 혼쭐이 납니다. '이해'가 아니라면 화두를 들게 하는 목적이 무엇일까요? 저는 '집중하기'라고 말하겠습니다. 그러니까 잠시도 다른 데 한눈팔지 않고 온 생각을 화두에 매어 놓고 집중하는 겁니다. 그리하여 화두가 자기인지 자기가 화두인지 모를 정도로 화두와 일체가 되게 하려는 거지요. 이해하기 쉬운 화두라면 이런 효과를 거두기 어렵겠지요. 어쨌거나 화두는 마치 빛을 끌어모아 종이를 태우는 볼록렌즈 역할을 하는 듯합니다. 볼록렌즈로 모인 빛이 종이를 태우듯, 화두에 의해 집중된 에너지가 깨달음을 얻게 하니까요.

사람의 마음을 집중시키는 볼록렌즈 역할을 하는 방편은 화두만 있는 게 아닙니다. 염불이 그렇고, 다라니 암송이 그렇고, 만다라가 그렇고, 108배가 그렇고, 요가가 그렇습니다. 불가에서 사마타 또는 지법이라고 부르는 모든 명상법도 집중명상에 속합니다.

이렇게 마음을 하나로 모아 특정 대상에 고요히 집중하는 방법은 불가뿐 아니라 다른 여러 종교나 심신수련법에서도 발견할 수 있습니다. 마음을 다스리거나 깨달음을 얻거나 존재에 대한 새로운 인식을 얻는 데 정신 집중의 효과가 그만큼 크다는 사실은 이미 잘 알려져 있습니다. 문제는 아는 것만으로 충분하지 않다는 점입니다. 안다면 실천을 해야지요. 이미 널리 알려진 명상법을 사용해도 좋고, 또는 개인적으로 발견한 방법도 좋습니다. 잡생각을 끊고 마음을 한곳으로 모을 수만 있다면 어떤 방법이라도 좋습니다. 저는 스키, 산악자전거와 같이 속도감을 느낄 수 있는 운동을 좋아하는데, 그 이유의 하나는 어느 정도 속도가 올라가면 다른 생각을 할 겨를 없이 순간순간에 집중할 수밖에 없기 때문입니다. 정적인 방법이든 동적인 방법이든 마음을 한곳에 집중시키는 방법을 찾아 꾸준히 수련을 해 보세요. 아마 수련하는 자신이 놀랄 정도로 몸과 마음에 힘이 생기고 이전의 '나'와 다른 경지를 체험할 수 있을 겁니다.

제가 경험한 예를 하나 들어 보겠습니다. 7년 전 캐나다에 객원교수로 가 있을 때 일입니다. 그때 사회교육원에서 운영하는 하타 요가 수련에 참여한 적이 있었는데요, 요가 동작 중에 고양이 움직임을 모방한 동작을 반복하는 도중에 엄청나게 강렬한 전류가 내면에서 일어나 저를 휩쓰는 경험을 했습니다. 수십만 톤의 폭포수가 저에게 쏟아지는 듯, 온 우주를 삼키고도 남을 것 같은 강력한 에너지가 속에서 펑펑 솟아오르는데 정말 저 스스로 무지하게 놀랐습니다. 수분간 지속된 이 경험은 저의 몸에 대한, 또는 저의 존재에 대한 지금까지 저의 인식을 완전히 바꿔 놓았습니다. 저는 165cm의 키에 갇혀 있는 그렇게 작고 보잘것없는 존재가 아니었습니다. 잘 알고 잘 쓰기만 하면 온 세상을 뒤덮을 만큼 충실하고 힘찬 에너지를 보존하고 있는 고귀한 존재가 바로 저였습니다. 그 이후 저의 삶이 어떻게 달라졌겠습니까? 궁금하신 분은 집중하기 수련을 통해서 직접 경험해 보시지요.

알아차림으로 '나'를 넘어서기

『대념처경』에 나오는 느낌 관찰에 대한 내용입니다.

수행자들이여, 느껴 받아들이는 것을 어떻게 관찰하여 머물 것인가? 즐거움을 느끼면 '나는 즐거움을 느낀다.'고 알아차리고, 괴로움을 느끼면 '나는 괴로움을 느낀다.'고 알아차리며, 괴롭지도 않고 즐겁지도 않음을 느끼면 '나는 괴롭지도 않고 즐겁지도 않음을 느낀다.'고 알아차린다. 혹은 육체의 괴로움을 느끼면 '나는 육체의 괴로움을 느낀다.'고 알아차리고, 정신의 괴로움을 느끼면 '나는 정신의 괴로움을 느낀다.'고 알아차리며, 육체의 괴롭지도 즐겁지도 않은 느낌을 느끼면, '나는 육체의 괴롭지도 않고 즐겁지도 않은 느낌을 받는다.'고 알아차린다. 이처럼 혹은 안으로 받아들이는 느낌에 대하여 관찰하여 머물고, 밖으로 받아들이는 느낌에 대하여 관찰하여 머물며, 또한 안과 밖의 모든 느낌에 대하여 관찰하여 머문다. 혹은 생겨나는 느낌을 관찰하면서 거기에 머물고, 사라지는 느낌을 관찰하면서 거기에 머물며, 또한 생겼다가 사라지는 느낌을 관찰하면서 거기에 머문다.

집중하기는 일정한 시간을 따로 내어 수행해야 하므로 일상생활에서 자연스럽게 수련하기 어렵다는 단점이 있습니다. 이에 비해 알아차리기는 자기에게 일어나는 현상을 있는 그대로 주시하는 것이므로 일상생활 어느 곳, 어느 때나 수행이 가능하다는

알아차림 명상은 흔히 관법 또는 위빠사나라고 불리기도 합니다. 마음을 깨워 둔 상태에서 자신에게 일어나는 온갖 현상을 주의 깊게 관찰하는 방법이지요.

장점이 있습니다. 알아차림 명상은 흔히 관법 또는 위빠사나라고 불리기도 합니다. 마음을 깨워 둔 상태에서 자신에게 일어나는 온갖 현상을 주의 깊게 관찰하는 방법이지요. 위빠사나는 주의 깊게 관찰해야 할 대상으로 몸, 느낌, 마음, 법을 꼽고 있는데요, 『대념처경』은 그 요령을 자세히 일러 줍니다. 앞에 든 예는 느낌을 관찰하는 방법에 대한 것입니다.

알아차리기가 가져오는 효과는 크게 두 가지로 나눌 수 있을 듯합니다. 객체화와 생멸인연법에 대한 통찰이 그것입니다. 객체화는 자기에게서 일어나는 현상을 하나의 대상으로 대할 수 있는 역량을 말합니다. 알아차리기를 하기 전에는 오로지 행하는 자기만 있었다면, 알아차리기를 시작하면서 행하는 자기와 행하는 자기를 알아채는 자기 등 두 개의 자기가 작동하게 됩니다. 그리고 알아채는 자기 입장에서 행하는 자기를 객관적으로 관찰하는 일이 가능하게 되는 거지요. 자기를 객관적으로 관찰하게 되면 사람이 냉정해지고 지금까지 써 온 억지와 무리수를 걷어들이게 됩니다. 2차원의 전략 중 '지켜보기'에서 말한 마음의 힘을 빼앗는 효과는 이렇게 해서 나타납니다.

생멸인연법에 대한 통찰은 생기고 사라지는 모든 것이 인연을 따라 이어진다는 사실을 깨닫는 것을 말합니다. 자기에게 일어나는 현상을 자세히 관찰하고 알아차리다 보면 모든 것이 엄청나게 빠른 속도로 생겼다 사라진다는 사실, 그리고 이들이 생기고 사라지는 과정에 자기가 관여할 틈이 별로 없다는 사실을 알게 됩니다. 그리하여 점차 '좋다' '싫다'고 판단하는 분별 자체에 의미를 부여하지 않게 되고 모든 일을 평등하게 받아들이는 수준에 이르게 됩니다. 잘은 모르겠지만 불가에서는 이 단계를 열반 상태라고 말하는 듯합니다.

보통 사람들이 매 순간을 놓치지 않고 철저하게 자기를 객체화하거나 사리분별을 초월하여 열반 상태에 들어가기는 결코 쉬운 일이 아닙니다. 하지만 띄엄띄엄 하는 알아차리기라도 효과가 있는 것은 분명합니다. 우선, 알아차리는 일은 우리 삶을 풍요롭게 합니다. 아침 밥상을 대할 때 밥상에 오른 반찬을 놓고 한 가지씩 그 맛을 알아차리면서 먹는다면 우리 입은 호사를 누릴 수 있습니다. 뭐가 바쁜지 다른 생각을 하면서 맛도 모르고 먹을 때와 비교하면 얼마나 풍요로운 아침입니까? 호흡을 할 때도, 길을 걸을 때도, 사람들과 대화를 나눌 때도 마찬가지입니다. 알아차리기는 우리를 마비된 상태에서 깨어나 삶을 제대로 맛볼 수 있게 합니다.

별것 아닌 일에 자신이 지나치게 반응한다는 사실을 알려 주는 것도 알아차리기가 하는 역할입니다. 대수롭지 않은 아내의 말에 분노하는 자기 모습을 알아차리면 속으로 머쓱해져서 내던 화도 빨리 거두게 되고, 가볍게 여겨도 될 직장 상사의 질책에 지나치게 주눅이 들어 기를 펴지 못하고 있는 자기 모습을 알아차리면 옹졸함을 털어 내고 가슴을 펴게 됩니다. 알아차림으로써 사태를 객관적으로 바라볼 수 있으면 넘치지도 않고 모자라지도 않게 상황에 어울리는 반응을 할 수 있는 능력이 향상됩니다.

자기에 대한 지나친 자만심이 줄어들 수도 있습니다. 알고 보니 화조차도 자기 뜻대로 할 수가 없습니다. 세상 어떤 사람이 자기 마음대로 화 내고 싶을 때 화를 내고 화를 그치고 싶을 때 그칠 수 있습니까? 화는 의지와 상관없이 자기 인연을 따라 전개되고 있을 따름입니다. 이렇게 정말 자기 것으로 알았던 자기 감정조차 자기 뜻대로 통제할 수 있는 것이 아니라는 사실을 알아차릴 때 우리는 겸손해질 수밖에 없겠지요. 하물며 다른 사람의 마음 또는 세상 돌아가는 일에 대해서는 말해 무엇하겠습니까? 그리하여 알아차림이 깊어질수록 인품이 부드러워지고 수용적으로 바뀌어 갑니다. 정말 그렇게 될 수 있냐고요? 한 번 실천해 보세요. 아무런 효과도 없는데 수천 년 동안 수없이 많은 사람이 이 방법으로 수련을 하지는 않았겠지요. 부처님도 이 방법으로 수련을 하셨답니다. 알아차림에 몰입하여 자기를 넘어서다 보면 부처님처럼 득도할지 누가 알겠습니까?

꾸밈없이 자연스럽게 살아가기

장자의 부인이 죽자 장자는 옹기를 두드리며 노래를 하고 있었습니다. 혜자가 이를 보고 민망히 여기며 말했습니다.

"이보세요, 아내가 죽은 마당에 슬퍼하기는커녕 장단을 맞추며 노래를 부르다니 무례하지 않습니까?"

"그대 말도 옳습니다. 내 아내가 죽었는데 나라고 왜 아무런 감정이 없겠습니까? 하지만 가만히 생각해 보니 사람은 본래 생명도 형체도 기운도 없지 않았습니까? 있는 듯 없는 듯한 자연의 변화 가운데 홀연히 기가 생기고 기에서 형체가 나오고 형체에서 생명이 나온 거 아닙니까? 지금 내 아내는 춘하추동 사계절의 변화처럼 자연스럽게 죽음의 변화를 맞은 것입니다. 내 아내가 이미 대자연의 침실에 편안히 안식하고 있는데, 내가 크게 곡을 하고 슬퍼한다면 이는 자연의 이치를 알지 못하는 어리석은 사람이나 하는 짓 아니겠습니까?"

아내가 죽은 마당에도 장단을 맞추며 노래를 부를 수 있는 장자의 배포가 정말 대단합니다. 이렇게 행동했다가는 요즘 세상에도 욕을 바가지로 먹을 게 틀림없는데 하물며 가족관계를 중시하던 전통사회에서야 오죽했겠습니까? 그럼에도 장자는 조금도 흔들리지 않고 자기주장을 펼쳐 나갑니다. 삶과 죽음을 바라보는 확실한 시각이 있었기 때문입니다. 장자에게 '삶'과 '죽음'은 사람들이 만들어 놓은 인위적인 개념에 불과했던 것 같습니다. 삶과 죽음은 원래 자연스런 현상에 불과합니다. 기가 모여 형체가 만들어지고 형체가 모여 생명이 만들어졌다가 기가 쇠하니 생명과 형체가 스러지고 원래 없던 제 자리로 돌아갔을 따름입니다. 그런데 사람들은 형체를 얻고 생명이 붙으면 이를 '삶'이라 이름 붙이고 생명을 잃고 형체를 벗어 버리면 이를 '죽음'이라 이름 붙여 놓은 다음, 삶과 죽음 사이에 분명한 경계선을 긋고 제 기분 내키는 대로 기뻐하고 슬퍼합니다.

어디 삶과 죽음만 그렇습니까. 사람들은 자신들이 스스로 만들어 놓은 온갖 이름과 관념과 기준에 사로잡혀서 원래 있는 자연스러움을 왜곡하고 우왕좌왕할 때가 많습니다. 고통에 대해서도 마찬가지입니다. 신체적 고통이든 정신적 고통이든 고통도 하나의 자연스러운 현상입니다. 기가 막히거나 뭉치거나 끊어지면 자연스럽게 고통이라는 현상이 나타나는 거지요. 그렇다면 고통 역시 있는 그대로 받아들이면 그만입니다. 물론 고통이 없으면 좋기야 하겠지만, '고통' 자체가 삶에서 없어져야 할 것은 아니라는 말입니다. '고통 없음'이 그러하듯이 '고통' 역시 우리가 살면서 관통해야 할 자연스러운 경험 내용의 하나이니까요.

그런데 사람들은 그렇게 하지 않습니다. 고통을 존재의 부자연스러운 모습이라고 여기고 어떻게 해서든 제거하려고 합니다. 그리하여 고통에 대한 여러 가지 인위적인 조작을 감행합니다. 미리 고통을 예방하려고 하고, 고통의 의미를 과장하거나 축소하고, 고통을 피하려고 하고, 고통을 느끼지 못하게 마비시키는 방법을 개발하는 등 인위적으로 고통을 자연스럽게 경험할 기회를 없애려고 합니다. 이렇게 되면 행복이 오면 그냥 행복해하고 고통이 오면 그냥 고통스러워하는 삶의 자연스런 체험 과정이 파괴되고 맙니다. 조금만 살펴보면 '삶'과 '죽음'의 경계가 뚜렷하지 않은 것처럼 '고통'과 '고통 없음'의 경계도 그렇게 뚜렷하지 않습니다. 그렇다면 삶과 죽음이 함께 있는 것처럼 고통과 고통 없음 역시 함께 공존하는 자연스런 모습으로 받아들이는 편이 낫습니다.

자신이 지어낸 헛된 관념과 싸우지 않고 평화롭게 사는 길이 여기에 있습니다. 삶을 풍성하게 누리며 살고 싶으십니까? 억지로 꾸미고 지어내지 말고 삶에서 일어나는 일들을 있는 그대로 받아들이는 연습부터 해 봅시다. 아마 다음 예화를 보시면 어떻게 하라는 건지 조금 힌트를 얻을 수 있을 거 같습니다.

한 스승이 제자들과 이야기를 나누고 있었습니다. 스승은 온 세상이 그 자체로 완전하다는 점을 강조하고 있었습니다.

"삶은 완전합니다. 이 세상 모든 것이 다 완전하고 모든 사람이 다 완전합니다."

주변에 있다가 이 말을 들은 곱사등이가 일어나 소리쳤습니다.

"거짓말하지 마세요. 이 세상은 완전하지 않습니다. 나를 보세요! 나야말로 세상이 완전하지 않다는 증거입니다. 내 모습이 얼마나 추합니까? 내가 얼마나 불편하게 세상을 살아가는지 아십니까? 이 세상도 완전하지 않고 나도 완전하지 않습니다. 당신은 지금 거짓말로 사람들을 속이고 있습니다."

스승은 이렇게 대답했습니다.

"그렇습니까? 하지만 그대는 내가 지금까지 보아 온 사람들 중에서 가장 완전한 곱사등이입니다!"

머무름 없이 마음을 내기

두 스님이 길을 가는 중에 어떤 시내를 건너게 되었는데 시냇가에 한 아리따운 여인이 있었습니다. 그 여인 역시 시내를 건널 참이었으나 물살이 세고 깊은데다 징검다리조차 없어서 망설이고 있던 중이었습니다. 한 스님은 여인을 못 본 체하고 혼자서 시내를 건넜습니다. 다른 스님은 여인을 등에 업어서 시내 저쪽에 내려놓았습니다. 두 스님은 다시 발길을 재촉하여 길을 갔습니다. 여인을 업지 않았던 스님은 한참을 망설이다 화난 목소리로 말했습니다.

"여보게, 수도하는 몸으로 여인의 몸에 손을 대다니 부끄럽지도 않은가?"

여인을 업었던 스님은 아무 대꾸도 하지 않은 채 그냥 걷기만 했습니다. 스님은 더욱 화가 나서 다시 큰 소리로 나무랐습니다.

"자네는 단지 그 여인을 도와주었을 뿐이라고 말하고

싶겠지. 하지만 여인을 가까이 하는 것은 계율을 어기는 짓이라는 걸 모르는 건 아니겠지?"

질책을 듣고 있던 스님이 껄껄 웃으며 대답했습니다.

"스님, 나는 벌써 두어 시간 전에 그 여인을 시냇가에 내려놓고 왔다네. 그런데 자네는 아직도 업고 있군 그래."

우리가 누릴 수 있는 순간은 지금-여기뿐이니 지금-여기를 누리고 살자는 말을 많이 합니다. 그렇습니다. 우리가 누릴 수 있는 순간은 항상 지금뿐입니다. 과거, 현재, 미래 중에 우리가 누릴 수 있는 유일한 시간은 현재뿐입니다. 아름다운 과거, 희망찬 미래는 우리가 품고 소유할 수 있을 따름이지 지금 즐기고 누릴 수 있는 삶이 아닙니다. 삶에서 성공하려면 지금 이 순간에 승부를 걸어야 합니다. 사실 지금 이 순간을 잘 들여다보면 그 안에는 '이미' 일어난 과거가 흔적으로 남아 있고, 동시에 '아직' 오지 않은 미래가 뿌리를 내리고 있습니다. 누구 말처럼 '과거는 현재 속에서 재구성되고 미래는 현재 속에서 새롭게 구성됩니다.' 그러니 과거와 멋지게 화해하고 미래를 황홀하게 창조하는 작업을 지금 이 시점에서 시작해야 합니다. 이것이 현재를 누리는 가장 훌륭한 방법이며 과거와 미래를 함께 포용하는 최상의 길입니다.

그렇다면 어떻게 해야 현재를 제대로 누릴 수 있을까요? 무슨 구체적인 방법이 없을까요? 있습니다. 『금강경』에 나오는 '응무소주 이생기심', 즉 '머무는 바 없이 마음을 내기' 또는 '마음을 내되 거기 머물지 않기'가 그 길입니다. 이 어구에서 우리는 마음에 대한 두 가지 태세를 찾을 수 있습니다. 하나는 마음을 '일으키는' 것이요, 다른 하나는 '머물지 마라.'는 것입니다. 그러니까 마음을 일으키는 동시에 놓으라는 모순적인 요구를 하고 있습니다. 하지만 언뜻 들으면 모순 같은 이 어구 속에 행복하게 사는 비결이 들어 있습니다. 자, 그럼 이 말이 무슨 뜻인지 조금 더 자세히 풀어 봅시다.

마음은 어떤 대상을 만나면 움직이기 시작합니다. 그 대상이 바깥에 있든 개인 내부에 있든 대상과 만나면서 자연스럽게 마음이 일어납니다. 이렇게 일어나는 마음은 시간이 지나면 또는 에너지가 쏠리는 다른 대상을 만나면 자연스럽게 소멸됩니다. 즉, 자연스럽게 일어나서 자연스럽게 소멸되는 것이 마음의 특성입니다. 따라서 처음 마음이 생길 때 그랬듯이 소멸되는 마음을 그냥 내버려 두면 됩니다. 문제는 소멸되는 마음을 그냥 내버려 두지 못하고 억지를 써서 꽉 붙잡고 늘어질 때 발생합니다. 이렇게 하면 마음에 남아 짐이 되는 대상이 많아져 몹시 힘이 들지요. 아울러 새롭게 접하는 대상에 온전하게 마음 쏟는 일도 어려워집니다. 그리하여 마음이 혼란스럽고 늘 지치게 됩니다. 결국 억지를 써서 꽉 붙잡고 늘어지는 마음, 다시 말해 집착이 문제입니다. 그냥 흘러가야 할 대상에 마음을 매어 놓고 희로애락에 빠져 있으니 자유로울 수가 없습니다. 이렇게 집착하는 대상이 많아질수록 마음에 부담이 커지고 삶이 괴로워집니다.

시냇물을 건너지 못하고 안타까워하는 여인이 있습니다. 여인을 시냇물 저쪽으로 건네주고 싶은 마음이 일어납니다. 그래서 여인을 업어서 건네줍니다. 여인을 건네주니 이제는 갈 길을 재촉해 갈 따름입니다. 한 스님은 이렇게 막힘 없이 물 흐르듯 자연스럽게 마음의 흐름을 따라 행동했습니다. 이 스님의 행동을 바라보며 다른 스님은 마음이 막힙니다. 길을 가는 두어 시간 내내 스님의 마음은 여인을 업은 스님을 비난하는 생각으로 가득합니다. 두어 시간이 넘게 마음에 무거운 짐을 지고 있었던 거지요. 여인을 업은 스님은 여인에게서 자유로워졌는데 여인을 업지 못한 스님은 오히려 여인에게 사로잡혀 버렸습니다.

머무름 없이 마음을 내는 행동이 익숙해지면 참 자유로워집니다. 세상 어느 것에도 매이는 바가 없기 때문입니다. 마음에 일어나는 온갖 것들은 순간 그 자리에서 존재할 뿐 흔적을 남기지 않고 사라집니다. 그러니 마음은 늘 순수하고 투명하게 새로운 대상을 만날 준비가 되어 있습니다. 물론 보통 사람이 '머무름 없이 마음을 내는' 행동을 완전하게 실행할 수는 없지만, 이런 태도를 간직하기만 해도 벌써 마음이 가벼워지고 자유로움이 느껴집니다.

임제 스님이 말했습니다.

"도를 배우는 벗들이여! 불법은 애써 공을 들여 무엇을 하는 것이 아닙니다. 그저 평상대로 일없이 인연 따라 살아가는 것입니다. 똥 싸고 오줌 누고 배고프면 밥 먹고 피곤하면 눕는 것입니다."

살다보면 아무리 합리적으로 따져 봐도 뫼비우스의 띠처럼
답을 찾을 수 없을 때가 있습니다.
우리 삶에서 합리적 생각이나 형식적 논리로
해결할 수 없는 일이 벌어진다면 선택은 간단합니다.
합리적 생각에 집착하지 않고 현실을
보다 유익하게 해결할 수 있는 다른 방법을 받아들이는 것입니다.

다섯,
생각의 발달에 대한
대담한 가설

다섯, 생각의 발달에 대한 대담한 가설

<mark>그냥 글을</mark> 마무리하려고 했더니 어딘가 밋밋한 생각이 듭니다. 그래서 어설프기는 하지만 생각의 발달 단계에 대하여 최근 제 머릿속에 맴돌고 있는 아이디어를 잠시 꺼내 볼까 합니다. 이 아이디어는 어디까지나 하나의 가설에 불과하고, 그래서 앞으로 과학적 검증이 필요하다는 점을 미리 말해 둡니다.

'생각의 발달'이라고 하면 교육을 접해 본 사람은 흔히 피아제를 떠올립니다. 이른바 발생적 인식론이라는 이름으로 피아제가 인지발달이론을 제시했는데, 이 이론은 교육학과 심리학을 하는 사람들에게 일종의 성경처럼 의심할 수 없는 '진리'로 여겨지고 있습니다. 피아제 이론의 핵심은 '조작 operation' 능력에 있습니다. 조작은 어떤 현상을 이해하고 또 주어진 환경에 적응하는 데 핵심적으로 작용하는 정신적인 행위를 말합니다. 좀 쉽게 '생각하는 능력'이라고 할 수도 있습니다. 피아제는 조작 능력의 유무 또는 유형에 따라서 인지발달이 단계적으로 이루어진다고 보고, 이를 감각운동기, 전조작기, 구체적 조작기, 형식적 조작기의 넷으로 나누었습니다. 이 발달 단계에서 보듯이 조작이 매우

중시되고 있습니다. 조작 능력이 등장하고 점차 세련되는 과정을 중심으로 네 가지 단계로 나누었으니까요.

만 11세가 되면 피아제의 발달 단계에서 최종 단계에 속하는 형식적 조작기에 도달한다고 합니다. 이때가 되면 아동은 자기 중심성을 벗어나 논리적으로 사고할 줄도 알고 추상적인 개념을 바탕으로 추론할 줄 아는 능력도 발달시킵니다. 조작 능력이 최고조에 달하는 거지요. 11세 이후에는 이 조작 능력이 기능적으로 더 숙달되고 효율성이 높아지는 것 외에 더 올라갈 단계가 없습니다. 피아제는 11세가 된 아동의 사고와 그 이후 성인의 사고 사이에 본질적 차이가 없다고 생각한 것 같습니다.

피아제가 말하는 조작 능력은 결국 합리적 사고를 할 줄 아는 능력이라고 여겨집니다. 자기 중심성 벗어나기, 논리적으로 사고하기, 추상적인 개념으로 추론하기 등 조작 능력의 최고 수준을 일컫는 내용들이 모두 이치에 맞게 사리를 따지는 '합리성'이라는 말로 집약될 수 있기 때문입니다. 그런데 이 합리성은 매우 형식적인 특성을 갖추고 있습니다. 그러니까 생각하는 방식과 틀이 뚜렷하게 정해져 있다는 말입니다. 대표적인 예가 '삼단논법'과 '가설연역적 사고'입니다. 대전제와 소전제 두 개의 전제와 하나의 결론으로 이루어진 연역적 추리법이 삼단논법이고, 관찰을 통해 가설을 세우고 이 가설을 구체적인 자료를 가지고 귀납적으로 검증하는 사고가 가설연역적 사고인데, 이들은 모두 엄격한 형식적 절차에 따라 사고를 진행한다는 특성을 갖추고 있습니다. 그렇기 때문에 논리 전개가 깔끔하고 정확할 뿐 아니라 신뢰할 수 있다는 장점이 있습니다.

하지만 이게 우리 생각의 전부일까요? 최고 수준의 합리적 생각을 전개할 수 있으면 세상을 행복하게 살아갈 수 있을까요? 세상에는 합리적 생각으로 설명할 수 없는 일들이 발생하기도 하는데, 그런 사태를 이해하고 적절하게 대응하려 할 때 이를 넘어서는 새로운 생각이 필요한 것은 아닐까요? 또 아동기에 멈추는 것이 아니라 성인이 되어서도 우리의 생각은 계속 발달하는 게 아닐까요?

제 문제의식은 여기서 출발합니다. 제가 보기에 '조작 능력'을 최대한 발달시켜 합리적으로 잘 생각하는 일은 우리 삶의 기본이라고 여겨집니다. 이 기본 위에 더 높은 수준의 생각법 또는 다른 종류의 생각법이 발달해야 삶이 보다 더 윤택해지고 풍성해질 수 있습니다. 그래서 생각의 발달이 이루어지는 시기를 삶 전체로 확장하여 크게 네 가지 단계로 나눌 것을 제안합니다. 단계별로 세부 내용을 자세하게 다듬는 일은 훗날을 기약하기로 하고, 여기서는 각 단계의 핵심 특성을 간단히 짚어 보겠습니다. 제가 제안하는 네 단계는 합리성 단계, 통합 단계, 초월 단계 그리고 포월 단계입니다.

합리성 단계

합리성 단계는 조작 능력을 중심으로 합리적 사고를 할 줄 아는 단계를 말합니다. 앞에서 살핀 대로 '조작'은 피아제로 대표되는 인지발달론자들이 중시하는 능력이기도 하고, 이성과 합리성을 중시하는 서구 사회에서 큰 힘을 발휘했던 능력입니다. 현대에는 동서양을 막론하고 제도교육을 통해 학생에게 키워 주려고 하는 능력이기도 합니다.

세상을 살아가는 데 합리적으로 생각하는 능력은 반드시 필요합니다. 사리에 맞게 이치를 따지고 판단할 줄 아는 능력이 없다면 아마 인생은 온통 혼돈으로 뒤엉켜 버릴 것입니다. 따라서 개인의 정신건강을 위해서나 사회의 안녕을 위해서 합리적으로 생각할 줄 아는 능력은 꼭 필요합니다. 흔히 현대를 과학문명이 지배하는 사회라고 말하는데, 이 문명의 배경에는 합리성이 자리 잡고 있습니다. 합리적 사고를 다른 말로 과학적 사고라고 말하는 이유가 여기에 있습니다. 인류의 역사를 돌이켜 보면 합리적 사고에 일찌감치 눈뜬 나라들이 세계를 제패했을 뿐 아니라 현대에도 강대국과 선진국 대열을 형성하고 있음을 알 수 있습니다. 합리적으로 생각하는 힘이 과학을 발달시켰기 때문입니다. 어디 과학만 그렇겠습니까? 합리적 생각은 삶의 다양한 영역에서 그 힘이 매우 실제적임을 유감없이 드러냅니다. 왜 그렇게 현대인이 합리적 사고에 집착하는지, 왜 후속 세대에게 합리적 사고를 가르치지 못해 안달하는지 이유가 분명하지요?

마음을 괴롭히는 생각들의 정체를 분석하고 좋은 생각을 끌어들이기 위해 제가 앞에서 소개했던 방법들도 대부분 합리적 방법입니다. 생각을 합리적으로 바꿈으로써 마음의 평화를 얻을 수 있는 내용들이지요. 생각을 바꾸는 전략에서 소개한 1차원적 방법도 기본적으로 합리적 생각에 초점을 두고 있습니다. 이렇게 합리적 생각은 정신건강에 미치는 영향력도 막강합니다.

통합 단계

살다 보면 아무리 합리적으로 따져 봐도 답을 찾을 수 없을 때가 있습니다. 이를테면 뫼비우스의 띠 같은 게 그렇습니다. 뫼비우스의 띠는 경계가 하나밖에 없는 2차원 도형으로 안과 밖의 구별이 없는 물체입니다. 어떻게 이게 가능할까요? 안과 밖은 분명하게 구별되는 두 개의 평면인데 이 두 개가 하나의 평면으로 연결된다는 사실은 아무리 머릿속으로 따져 봐도 답이 나오지 않습니다.

역설과 모순 현상도 마찬가지입니다. 역설은 언뜻 보면 일리가 있어 보이지만 잘못된 결론이나 모순으로 결말이 나는 논증을 말합니다. '화살의 역설'이라는 게 있습니다. 화살이 날아가고 있다고 가정할 때 시간이 지남에 따라 화살은 어느 한 점을 지날 것입니다. 한 순간 동안이라면 화살은 어떤 한 점에 머물러 있을 것이고, 그다음 순간에도 화살은 어느 한 점에 머물러 있을 것입니다. 따라서 화살은 항상 머물러 있으므로 사실은 움직이지 않아야 한다는 이야기입니다. 그런데 실제로 시위를 떠난 화살이 제자리에 서 있는 거 보신 적이 있습니까? 모순을 말할 때

살다 보면 아무리 합리적으로 따져 봐도 뫼비우스의 띠처럼
답을 찾을 수 없을 때가 있습니다.
우리 삶에서 합리적 생각이나 형식적 논리로
해결할 수 없는 일이 벌어진다면 선택은 간단합니다.
합리적 생각에 집착하지 않고 현실을
보다 유익하게 해결할 수 있는 다른 방법을 받아들이는 것입니다.

대표적으로 등장하는 다음 예화는 어떻습니까? "모든 크레타 섬 사람들은 거짓말쟁이다."라고 말하는 크레타 섬 사람이 진실을 말하고 있는 것일까요, 아니면 거짓말을 하고 있는 걸까요? 진실을 말한다고 하면 이 사람은 거짓말쟁이가 되는 셈이어서 모순되고, 거짓말을 한다고 하면 이 사람은 진실을 말하는 셈이 되어 모순됩니다. '논리'의 세계에서도 형식적 논리로는 쉽게 해결할 수 없는 역설과 모순이 이렇게 버젓이 존재하는데 생활의 세계에서야 말할 것도 없지 않겠습니까? 한 번 유행가 가사를 음미해 보세요. 머릿속 생각과 가슴속 느낌이 반대로 움직여서 가슴앓이를 한다는 내용이 얼마나 많습니까? 합리적 생각과 맹목적 감정의 충돌! 이것은 우리 삶의 현장에서 매일 일어나는 일상입니다.

우리 삶에서 합리적 생각이나 형식적 논리로 해결할 수 없는 일들이 종종 벌어진다면 선택은 간단합니다. 합리적 생각에 집착하지 않고 현실을 보다 평화롭고 유익하게 해결할 수 있는 다른 방법을 받아들이면 됩니다. 형식 논리로 해결되지 않을 때 현실 논리를 받아들이고, 직선적 논리로 해결되지 않을 때 역설과 모순을 받아들이고, 감정이 논리를 따라오지 않을 때 감정을 그대로 받아들이는 겁니다. 그러니까 이 단계로 진입한 사람은 때와 장소와 상황에 따라 합리적 생각과 탈합리적 생각을 자유롭게 통합적으로 적용할 줄 알아야 합니다. 그러기 위해서 탈합리적 생각을 비웃고 배척하는 대신 오히려 수용적인 태도를 가지고 열심히 배워야 합니다. 우리가 사는 세상을 설명하는 논리가 얼마든지 다양할 수 있다는 사실, 학교에서 배워서 우리가 익숙한 합리적 논리는 그중 일부에 불과하다는 사실, 합리적 논리와 탈합리적 논리가 병존하고 상호 보충할 수 있다는 사실을 알아야 합니다. 그리고 탈합리적 생각의 유형과 종류에 대해서도 배워야 합니다. 혹시 이 주장을 논리가 미약한 자의 자기 정당화나 현실에 순응하려는 자의 나약한 변명이라고 생각한다면……. 글쎄요, 우리 삶은 참 복잡하지요. 마음의 평화를 가져오기 위하여 앞에서 소개했던 2차원적 방법은 대부분 탈합리적 생각에 초점을 두고 있습니다.

초월 단계

합리적이든 탈합리적이든 생각 자체를 넘어서려는 단계가 초월 단계입니다. 생각을 넘어서는 초월 단계를 지향하는 사람은 보통 사람은 아닐 겁니다. 아마도 무언가 깊은 깨달음을 얻으려는 사람이겠지요. 생각을 넘어선다는 것은 생각의 중요성이나 가치를 인정하지 않거나 생각하는 기능 자체를 끊어 낸다는 뜻입니다. 그런데 이들이 말하는 생각은 무엇이며, 또 이들은 왜 그것을 넘어서려고 할까요? 제가 보기에 생각은 두 가지로 나뉘는 듯합니다. 하나는 이른바 사량분별이라고 해서 이것저것 따지고 구별하는 생각을 말하고, 다른 하나는 흐트러짐 없이 온힘을 다하여 마음을 모으는 집중력을 말합니다. 앞의 생각은 우리가 지금까지 말해 온 보통 의미의 생각을 뜻하고, 후자는 보통의 생각을 초월하기 위하여 방편으로 사용되는 생각입니다. 그러니까 이들이 넘어서려고 하는 생각은 앞에 말한 생각, 즉 이것저것 따지고 구별하는 사량분별로서의 생각을 뜻하는 거지요. 집중력으로서의 생각은 이들이 오히려 권장하고 장려하는 바람직한 생각입니다. 그렇다면 왜 사량분별로서의 생각을 초월하려고 할까요? 따지고 분별하는 합리적 행위가 무엇 때문에 문제가 될까요? 잘은 모르지만, 따지고 분별하는 행위가 원래 자신의 진짜 모습을 있는 그대로 보는 데 방해가 된다고 여기는 것 같습니다. 존재의 본질을 직접 맞닥뜨려야 하는데 사리를 따지고 분별하는 생각이라는 놈이 중간에서 부당하게 거르는 역할을 하여 사실을 자꾸 왜곡한다는 겁니다. 따지고 분별하는 일이 모종의 기준을 가지고 선과 악, 좋고 나쁨, 옳고 그름을 가르는 행위라는 점을 생각하면 이해가 갑니다. 관념이 생기고, 선입관이 생기고, 고정관념이 생기고, 편견이 생기는 원인이 모두 따지고 분별하는 생각에서 비롯되니까요.

　생각을 넘어서려는 초월적인 접근은 예로부터 동양에서 많이 발달했습니다. 특히 불가에서는 온통 이 문제에 관심을 쏟았습니다. 그리하여 한편으로 사량분별하는 생각을 끊어 버리고 다른 한편으로 집중력을 높이기 위하여 많은 방편을 개발하였습니다. 참선하기, 화두들기, 선문답하기, 염불하기, 경 암송하기, 묵언수행하기, 관찰하기, 육바라밀, 할큰 소리 지르기, 방막대기로 때리기 등은 모두 이 방편에 속합니다.

생각 넘어서기를 주로 활용하는 집단이 삶의 본질을 깨달으려는 수도자들이라고 해서 이 방법이 보통 사람들에게 닫혀 있다고 생각할 필요는 없습니다. 생각을 대하는 자세, 그리고 생각을 넘어서기 위해 개발된 다양한 방편은 생활인의 삶에도 커다란 도움이 되니까요. 특히 아집이 심하고 고정관념과 편견에 사로잡혀 있는 사람이 생각의 무용성과 폐해를 알게 되면 득이 많을 겁니다. 동서양을 막론하고 최근에 다양한 명상법이 생활선으로 자리 잡아 가고 있는데요, 이런 현상은 마음의 평화를 얻는 수단으로써 생각을 초월하려는 방법이 효과가 있음을 잘 보여 줍니다. 앞에서 소개했던 몇몇 3차원적 방법은 생각을 초월하는 데 초점이 맞춰진 전략들입니다.

포월 단계

'품으며 넘기' 또는 '넘어서도 품기'를 뜻하는 용어로 포월包越이라는 말을 만들어 봤습니다. 생각을 초월했으나 생각을 버린 것이 아닌 상태를 포월 단계라고 할 수 있습니다. 새로운 용어를 만들고 설명을 하려고 하니 쉽지 않네요. 이렇게 생각해 봅시다.

포월 단계에 도달한 사람은 생각을 하려고 하지도 않고 생각을 하지 않으려고도 하지 않습니다. 그저 어떤 생각이 들어오면 생각이 나갈 때까지 자연스럽게 그 생각에 머물러 있을 따름입니다. 그러니까 자연스러운 흐름에 따라 들어오는 생각을 허용은 하되 거기에 특별한 고집이나 집착을 부리지 않는다는 거지요. 그리하여 마음이 늘 평상심을 유지합니다. 생각 때문에 흔들릴 일이 없으니 말입니다. 이 경지야말로 정말로 생각에서 자유로운 듯합니다. 생각을 잘하려고 하는 일이나 생각을 끊어 버리려고 하는 일은 겉으로 보면 다른 것 같지만 생각에 매어 있다는 점에서는 다를 바 없습니다. 이 매임을 풀어내고 자유로워지는 길이 바로 생각이 자기 본성대로 움직일 수 있도록 자연스럽게 대해 주는 거지요. 들어오면 들어오는 대로 나가면 나가는 대로 말이지요. 자연스러움으로 생각의 매임에서 풀려난다는 말은 곧 따지고 분별하는 기능에서 자유로워진다는 뜻이기도 한데요, 정말 이렇게 되면 선과 악, 좋고 나쁨, 옳고 그름을 판단하는 일 자체가 무의미해집니다. 심리학적으로 말하면 이 상태는 자아가 없는 상태나 마찬가집니다. 그야말로 '심리'가 없는 무심한 경지지요. 무심의 경지에서는 따지고 분별하는 자아가 없으니까 절대적인 자유를 누리는 일이 가능하겠네요.

앞에 소개한 3차원 방법 중에서 '꾸밈없이 자연스럽게 살아가기'와 '머무름 없이 마음을 내기'는 생각의 포월에 초점을 맞춘 전략입니다. 경허선사가 남긴 선시 하나가 생각을 포월하는 경지를 잘 표현하는 듯해서 여기에 소개합니다.

남이 나를 옳다고 하든 그르다고 하든
곧은 마음을 끊지 마라.

다른 사람이 잘하든 잘못하든
내 마음으로 예단하여 참견하지 말고
좋은 일을 겪든지 좋지 않은 일을 당하든지
항상 마음을 편안히 하고 무심을 유지하라.
또한 바보같이 지내고 병신같이 지내고
벙어리같이, 소경같이, 귀머거리같이, 어린애같이 지내면
마음에 절로 망상이 사라지리라.

지금까지 생각 발달의 네 단계를 나름대로 정리해 보았습니다. 제가 생각하기에 다음 단계로 진입할수록 사람들의 마음이 넓어질 뿐 아니라 고통에서 벗어나 평화로운 삶을 유지하고 살아갈 확률이 높습니다. 제 말에 일리가 있다고 여기십니까? 보다 차원 높은 생각을 발달시켜서 행복한 삶을 마음껏 누리시기 바랍니다. 또 선시라서 미안합니다만, 생각의 발달 단계에 대해 지금까지 제가 한 주장을 뒷받침하는 의미에서 선시 하나를 덧붙입니다. 성철 스님이 말했다고 해서 유명해졌지만 원래는 송나라의 청원선사가 읊은 선시의 일부입니다.

도를 배우기 전에는, 산은 산이고 물은 물이로다.
도를 배우면서 보니, 산은 산이 아니고 물은 물이 아니로다.
도를 깨닫고서 보니, 산은 산이고 물은 물이로다.

저자 **박성희**는 서울대학교 교육학과에서 학사, 석사, 박사학위를 취득하였다. 한국행동과학연구소 상담실 책임연구원, 미국 위스콘신 대학교 상담학과와 캐나다 브리티시 컬럼비아 대학교 상담학과에서 객원교수를 지냈으며, 현재 청주교육대학교 교수로 재직 중이다.

저서로는 『동양상담학 시리즈 13권』, 『상담학 연구방법론』, 『공감학: 어제와 오늘』, 『상담과 상담학 시리즈 3권』 등의 전문서적과 상담지식을 대중화한 『마시멜로 이야기에 열광하는 불행한 영혼들을 위하여』, 『황희처럼 듣고 서희처럼 말하라』, 『동화로 열어가는 상담 이야기』, 『꾸중을 꾸중답게 칭찬을 칭찬답게』, 『담임이 이끌어 가는 학급상담』, 『공감』, 『원더풀 티처스 시리즈-선생님은 해결사 10권』 등이 있다.

저자는 지금까지 했던 작업의 초점이 상담학의 학문적 기초를 다지는 것이었다면, 앞으로는 한국상담학의 원형을 찾아 현대화하는 일과 상담지식을 대중화하는 일에 더 많은 힘을 모을 생각이라고 한다. 현재 초등학교 교사들과 함께 진행 중인 '초등학교 현장에서 필요한 상담지식'을 정리하는 작업도 계속할 예정이다. 저자는 상담지식을 통해 온 세상 사람들을 행복하게 하는 일에 신의 축복이 있기를 바라는 마음으로, 꾸준히 상담의 대중화를 위해 노력하고 있다.

행복한 삶을 위한
생각처방전

2010년 12월 10일 1판 1쇄 발행
2016년   3월 25일 1판 4쇄 발행

지은이 | 박성희
펴낸이 | 김진환
펴낸곳 | (주)**학지사** · INNER BOOKS 이너북스

04031 서울특별시 마포구 양화로 15길 20 마인드월드빌딩
대표전화_ 02-330-5114   팩스_ 02-324-2345
등 록 | 2006년 11월 13일 제313-2006-000238호
홈페이지 | www.hakjisa.co.kr
ISBN 978-89-92654-38-8 03180

가격 13,000원

- 저자와의 협약으로 인지는 생략합니다.
- 파본은 구입처에서 바꾸어 드립니다.
- 이 책을 무단으로 전재하거나 복제할 경우 저작권법에 따라 처벌을 받게 됩니다.

※ 이너북스는 학지사의 자매회사입니다.